Entdecke
die Welt!

Entdecke die Welt!

100 außergewöhnliche Reiseideen und Geheimtipps

BRUCKMANN

Inhalt

Der Kultur auf der Spur

01 Hollywood im Märchenland 8
02 Mit Fahrrad und Ochsenkarren von Tempel zu Pagode 14
03 Gerewol – das Fest der schönen Männer 20
04 Heilige Stätten im Hochland 26
05 Blut und Spiele auf Sumba 32
06 Perlen an der historischen Seidenstraße 38

07 Avdat S. 44 • 08 Haida Gwaii S. 45 • 09 Die Kurische Nehrung S. 45 • 10 Isles of Scilly S. 46 • 11 Von Hanoi nach Saigon S. 46 • 12 Auf dem Inkaweg S. 47 • 13 Merv an der Seidenstraße S. 48 • 14 Dali S. 48 • 15 Im Kaokoland S. 49

Letzte Paradiese

16 Im Land der Dzongs 52
17 Der Himmel auf Erden 58
18 Jeden Tag geht die Sonne auf 64
19 Bird Island – Aug' in Aug' mit der Natur 70
20 Cirali – Im Zeichen der Schildkröte 76

21 Auf dem Jiuquxi S. 82 • 22 Fiordland-Nationalpark S. 82 • 23 Samaná S. 82 • 24 Ilha Grande S. 83 • 25 Hardangervidda S. 83 • 26 Bucco Reef S. 84 • 27 Iriomote S. 85 • 28 Cuc Phuong S. 85 • 29 Namibias Tierparadies S. 86 • 30 Kosi Bay S. 87 • 31 Regeninsel Yakushima S. 87 • 32 Mapungubwe National Park S. 87

Reisen ans Ende der Welt

33 Durch Patagonien zum Riesenfaultier 90
34 Begegnungen mit dem letzten Trapper am Yukon 96
35 Die Osterinsel – ein faszinierendes Freilichtmuseum 102
36 Auf der größten Insel der Erde: Ein Besuch in Ostgrönland 108
37 Tauschversuch mit Muscheln 114

38 Pite Havsbad S. 120 • 39 Cañón de Cotahuasi S. 121 • 40 Auf dem Te Awa o Whanganui S. 121 • 41 Golden Bay S. 122 • 42 Robinsons Insel S. 122 • 43 Chachapoyas S. 123

Endlose Weiten, ungezähmte Natur

44 Salzseen und Wüsten des Altiplano 126
45 Vom Rand der Gobi zu den Gletschern des Altai 132
46 Mit einem Aborigine unterwegs im Regenwald 138
47 Frühstück mit den Gletschertrollen 144
48 Durch die Negev-Wüste 150

49 Über die Rocky Mountains S. 156 • 50 La Catarata Gocta S. 156 • 51 Ilha de Marajó S. 157 • 52 Sierra Maestra S. 157 • 53 Unterwegs im Lónsöræfi S. 158 • 54 Fjaðrárgljúfur S. 158 • 55 Nationalpark Con Dao S. 158 • 56 Durch die Catlins S. 159 • 57 Nationalpark Peneda-Gerês S. 159 • 58 Reich der Samen S. 160 • 59 Longji titian S. 160 • 60 Von der Skelettküste ins Kaokoveld S. 161 • 61 Rocktail Bay S. 161

Warum in die Ferne …

62	Londonderry – eine Stadt erfindet sich neu	164
63	Im Hochmoor auf dem Venn-Plateau	170
64	Timişoara – Wien im Banat	176
65	Argithea im Pindos-Gebirge	182
66	Almen, Aliens, Artefakte – Gruyère	188
67	Auf dem Korfu-Trial über die Oliveninsel	194

68 Dänische Inseln S. 200 • **69** The Lizard S. 200 • **70** An der Quelle des Guadalquivir S. 201 • **71** Im Gebirgsmassiv Kverkfjöll S. 202 • **72** Am Porsangerfjord S. 203 • **73** Im New Forest S. 203 • **74** Westküste Portugals S. 203 • **75** Exmoor-Nationalpark S. 203 • **76** Cabo da Roca S. 204 • **77** Nationalpark Cilento S. 204 • **78** Weliko Tarnowo S. 205 • **79** Banská Štiavnica S. 205

Reise zu dir selbst

80	Kamel-Trekking in der Wüste Thar	208
81	Ayurveda im Hochland	214
82	Dem Glück mit hängenden Affen nachhelfen	220
83	Tibetische Heilmethoden	226
84	Im leeren Viertel, wo alles begann	232

85 Mar Saba S. 238 • **86** Dartmoor-Nationalpark S. 239 • **87** Elbrus S. 240 • **88** Lago de Atitlán S. 241

Der Weg ist das Ziel

89	Mit dem Frachtschiff zu den Marquesas-Inseln	244
90	Mit der »MS Stockholm« in die Arktis	250
91	Mit dem Drahtesel zum Ohridsee	256
92	Auf dem Pferderücken Texas erleben	262
93	Im Seidenstraßenexpress durch das Siebenstromland	268
94	Mit dem Boot um das Tapón del Darién	274

95 Mit dem Zug in die Anden S. 280 • **96** Hoch zu Ross in Schonen S. 281 • **97** In der Wahiba-Wüste S. 282 • **98** Stewart Island S. 283 • **99** In Islands Osten S. 283 • **100** Jetboottour im Mount Aspiring National Park S. 283

Die Autoren	**284**
Register	**286**
Impressum	**288**

DER KULTUR AUF DER SPUR

Marokko

01 Hollywood im Märchenland

Alle lauschen dem Geschichtenerzähler. Er berichtet von einem Berber aus Imilchil, der auf dem Heiratsmarkt seine Tochter an einen guten Mann bringen will. Der Lärmpegel auf dem Gauklermarkt ist hoch. Gleich daneben geben Trommler ihr Bestes, der Schlangenbeschwörer bläst mit vollen Wangen in seine Flöte, und der Dattelverkäufer preist seine zuckersüßen Früchte an.

Marrakesch und der als Gauklerplatz berühmt gewordene Place Djemaa el-Fna sind ein Angriff auf die Sinne. Schon der Name Marrakesch klingt exotisch und verführerisch, gar ein wenig verrucht kommt er daher. Yves Saint-Laurent sagte einmal: »Marrakesch hat mich gelehrt, Farben zu nutzen.« Denn vor seinem ersten Besuch in der Medina, die seit 1981 Weltkulturerbe der UNESCO ist, arbeitete der Modeschöpfer ausschließlich mit Schwarz und Weiß. Marrakesch wird auch »rote Stadt« genannt, weil man, um der traditionellen Lehmbauweise der Berber gerecht zu werden, beim Hausanstrich nur zwischen 22 Rottönen auswählen darf.

Eine ganz andere Farbe in die viertgrößte Stadt Marokkos bringt seit 13 Jahren das »Festival International du Film Marrekech«. Beim letzten Mal war Martin Scorsese der Jury-Vorsitzende. Aber Marrakesch sollte ja nur der Anfangs- und Endpunkt einer Entdeckungsreise auf der Straße der Kasbahs, der Filme und Märchen sein. Deshalb Szenenwechsel nach Ouarzazate, jenseits des Hohen Atlas und gut 150 kurvenreiche Kilometer weiter südlich.

Filmstars und ...

Tuareg, die helfen, den Jeep wieder flott zu bekommen (o.), ein Berber im Drâatal (M.) und Berber-Kinder auf Eseln an der Straße der Kasbahs (u.). Als ob es eine Fatamorgana wäre: Dromedare, die sich vorsichtig ihren Weg im Dünengebiet Erg Chebbi bahnen (r. o.). Darunter die Wohnburgstadt Ait Benhaddou, die schon Martin Scorsese als Filmkulisse wählte.

Ouarzazate hat sich mit 341 regenfreien Sonnentagen pro Jahr als Zentrum der Filmwirtschaft etabliert. Die surreal schöne Wohnburgstadt Ait Benhaddou wurde für »Die letzte Versuchung Christi« (1988) von Martin Scorsese fast vollständig restauriert. In den Atlas-Studios wird nach allen Regeln der Zunft gearbeitet. »Für eine Neuverfilmung von

Marokko

Eine Wasserquelle in der Wüste ist mehr wert als Geld, Gold oder Öl (o.). Der Eselparkplatz von Zagora wirkt, als sei die Zeit dort stehen geblieben (M.). Genauso versteckt wie verwunschen zeigt sich diese Kasbah im Drâatal (u.). Abenteuerlich und sagenhaft zugleich: Die Fahrt mit dem Jeep durch das schroffe Drâatal gleicht einem Traum (r.).

›Cleopatra‹«, deutet Mohamed El Achkar auf ägyptische Pappmaché-Tempel und davor parkende Kampfwagen. Auf einer tund 500 mal 500 Meter großen Fläche werden Massenszenen und Wagenrennen gedreht. »Mein achter Film hier«, berichtet der Requisiteur stolz. »Am verrücktesten war die Scorsese-Produktion: Sie dauerte genau ein Jahr!« Und wie beiläufig: »Ich durfte auch schon mit Timothy Dalton, Michael Douglas und Jean-Claude Van Damme arbeiten ...« – kurze Pause – »... und für Alain Delon, der sich außerhalb von Ouarzazate eine Villa in Kasbah-Form hat bauen lassen.« Spätestens seit »Casablanca« (1942) spielt Marokko in der Filmbranche eine wichtige Rolle. Der Schlusssatz hat symbolische Bedeutung: »Das ist der Beginn einer wunderbaren Freundschaft« – nicht nur zwischen dem Café-Besitzer Rick (Humphrey Bogart) und dem Polizeipräfekten Renault (Claude Rains), sondern auch für Marokko und die Filmindustrie. Robert Aldrich drehte dort »Sodom und Gomorrha« (1962) und Bernardo Bertolucci »Der Himmel über der Wüste« (1990). Große Namen – große Filme.

... manche Heimlichkeit

Delon ist Mohameds Favorit. Wie auch die anderen Marokkaner liebt er die Traumwelten aus Zelluloid. Für die 1928 gegen die Franzosen erbaute Kasbah Tamnougalt interessierte sich jahrzehntelang kein Mensch, bis Bertolucci sie vier Monate lang zur Hauptkulisse in »Der Himmel über der Wüste« machte. Dann kamen abends Liebespaare auf ein Tête-à-tête, um sich mit dem Hauch von Hollywood zu umgeben. Die Chance für Ait El Abas, als inoffizieller Wächter ein paar Dirham zu verdienen: »Ich garantiere ihnen, dass sie auch wirklich ungestört bleiben ...« Dazu hat er auch eine Kochstelle eingerichtet. Kurz angefacht, wird aus der Glut schnell ein Feuer, und der frische Minztee für die Liebenden ist in zwei Minuten fertig, alles im Preis inklusive. »Das erste Glas Tee soll bitter wie das Leben schmecken, das zweite sanft wie die Liebe, das dritte süß wie der Tod sein«, erläutert Ait. »Die meisten wünschen nur zwei Gläser ...« Nach Tamnougalt kommen aber nur die gebildeten jungen Leute. Vielfach ist die Moderne aber noch nicht in den Süden Marokkos gekommen. Die Berber finden ihre Frauen noch heute auf dem Heiratsmarkt von Imilchil. Der Erzähler in Marrakesch hatte also Wahres zum Besten gegeben.

Marokko

Ein Packesel wartet im Schatten eines Felsens auf eine neue Fuhre (o.). Prächtig und echt sind das Stadttor und die Moschee von Zagora (M.), während Ali den Tuareg nur mimt, auch wenn es prächtig aussieht (u.). Zagoras wohl berühmtestes Verkehrsschild: Ganze 52 Tage dauerte einst die Reise nach Timbuktu (r. o.). Auch Autor Jochen Müssig hüllte sich in blaues Tuareg-Tuch (r.u.).

Perfekte Kulissen

»Du bist doch kein Tuareg!«, Ali fühlt sich ertappt. Natürlich ist er kein Tuareg. Die blau gewandeten Nomadenstämme ziehen rund 1500 Kilometer südöstlich von Tinerhir durch die Zentralsahara. Mit seiner großen Oase hebt sich das Kreisstädtchen als grüner Farbtupfer vor der braunen Steppe des Hohen Atlas ab. Eine perfekte Kulisse, die Ali für seine ganz eigene Inszenierung nutzt. Er mimt den Tuareg nur gegen harte Dirhams, versteht sich. Sein Job ist es, pittoreske Fotos von sich machen zu lassen oder einen Kamelritt anzubieten. »Ich bin Berber wie meine Stammesbrüder, die Tuareg«, entschuldigt er sich.

Echte und falsche Tuareg sowie die elegante Mischung aus Gastfreundschaft und Geschäft gehören zum Süden von Marokko wie der Hohe Atlas und die Sahara, wie Ziegen und Dromedare, wie Kasbahs und Moscheen. Marokko ist wie großes Kino. Realität und Fiktion gehen für die Dauer der Vorführung eine faszinierende Symbiose ein.

Laute Esel und der Weg nach Timbuktu

Ahmed scheint nicht ins Bild und schon gar nicht ins 21. Jahrhundert zu passen. Denn Ahmed ist Parkplatzwächter – für Esel. Viele Berber reisen für mehrere Tage zum Wochenmarkt nach Zagora, dem letzten Posten der Zivilisation vor der Wüste. Als sei die Zeit für sie stehen geblieben, geben die Männer ihre Lastenträger für einen Dirham pro Tier in die Obhut von Wächtern auf dem Eselparkplatz hinter dem Souk. Ein schöner Tag für die angeblich so sturen Tiere, können sie doch mit anderen Artgenossen Bekanntschaft schließen und ihren Trieben freien Lauf lassen. Laut geht es auf dem Parkplatz zu, denn die Tiere verleihen ihrer Freude tief röhrend Ausdruck … Der Besucher staunt – und wird seinerseits von Ahmed und seinen Kollegen bestaunt. Als ob es eine Szene aus »Zurück in die Zukunft« wäre.

Dazu passt auch das bekannteste Verkehrsschild von Zagora: Tombouctou 52 jours – 52 Tage nach Timbuktu. Diese Zeit brauchten die Kamelkarawanen, um von Zagora in die berühmte Lehm-Metropole im heutigen Mali zu gelangen. Motiv-Scouts haben das Schild bereits entdeckt und suchen nach weiteren filmreifen Plätzen für einen Streifen mit Jean-Claude Van Damme, der sich in der Wüste als brutaler Legio-

Mehr Nordafrika als die Umgebung von Marrakesch geht einfach nicht. Die Erwartung wird sogar noch von der realen Welt vor Ort übertroffen.

när seinen Unterhalt verdient. Erg Chebbi, ein 40 Kilometer langes, zehn Kilometer breites und mehr als hundert Meter hohes Dünengebiet, rund 200 Kilometer westlich von Zagora kurz vor der algerischen Grenze, ist dazu ausersehen, der Hauptdrehort zu werden. Erst flimmernd, dann immer schärfere Konturen annehmend, so präsentieren sich die Sandberge, wenn man mit dem Allradfahrzeug über die Piste aus Richtung Erfoud kommt. Keine Frage: ein idealer Platz für Hollywood, das Märchenländer zu schätzen weiß.
Jochen Müssig

Praktische Reisetipps

ANREISE
Direktflüge aus Deutschland nach Marrakesch.

VISA
Kein Visum notwendig. Deutsche Staatsangehörige benötigen einen Reisepass.

GESUNDHEIT
Keine Impfungen erforderlich. Kein Leitungswasser trinken! Gefahr von Darmerkrankungen!

REISEZEIT
Ganzjährig. Im Sommer kann es bis zu 50 °C heiß werden. Im Winter klettert das Thermometer meist über 20 °C. Sehr guter Sonnenschutz nötig.

UNTERKUNFT
In Marrakesch gibt es Unterkünfte, die von einfach bis luxuriös (z. B. Hotel Amanjena) einzuordnen sind. Ouarzazate, Tinerhir, Erfoud und Zagora haben jeweils zwei bis drei Mittelklassehotels, zum Teil im Kasbah-Stil und mit Pool. Alle anderen Unterkünfte entsprechen nicht mitteleuropäischem Standard.

REISEPLANUNG
Von Marrakesch über den Hohen Atlas nach Ouarzazate (150 km), nördlich davon Ait Benhaddou. Richtung Osten die Straße der Kasbahs entlang durch das Dadèstal nach Tinerhir (300 km; von dort nach Imilchil im Norden, 400 km). Weiter ostwärts nach Erfoud (450 km) und zum Erg Chebbi. Von Ouarzazate Richtung Süden durch das Drâatal nach Tamnougalt (200 km) und Zagora (300 km). – Entfernungsangaben von Marrakesch. Am besten ein geländetaugliches Allradfahrzeug als Mietwagen nehmen. Französisch- oder Arabischkenntnisse sind auf diesen Touren sehr nützlich.

INFOS
www.visitmorocco.com (Marokkanisches Fremdenverkehrsamt)

Myanmar

02 Mit Fahrrad und Ochsenkarren von Tempel zu Pagode

Einzigartig ist Bagan (Pagan), der Ort, »an dem Himmel und Erde einander begegnen«. Mit der Kutsche oder dem Fahrrad erkundet man das rund 40 Quadratkilometer große Tempelareal. Den Sonnenaufgang genießt man auf einer Ballonfahrt über die zahlreichen weißen, terrakottaroten oder goldschimmernden Stupas und Tempel, während man den Sonnenuntergang am eindrucksvollsten von der Plattform eines Tempels aus erlebt.

Der Ebene von Bagan, die in einem Trockengürtel Myanmars liegt, nähert man sich am stilvollsten mit dem Boot auf dem Ayeyarwady (Irrawaddy). Schon sehr früh morgens begebe ich mich deshalb zur Anlegestelle in Mandalay. Auf der Fahrt – im Gleichklang mit dem Wellenschlag des langsam dahinfließenden Flusses – lernt man Menschen und Landschaft ganz ohne Hast kennen und kann die vielfältigsten Eindrücke in Ruhe einsinken lassen.

Zunächst tuckert das Boot am Ufer von Sagaing entlang, wo ich zahlreiche Pagoden erblicke. Auf den Hügeln bis nach Mingun leben Tausende von Mönchen und Nonnen, Novizen und Novizinnen. Die Landschaft strahlt eine friedliche Stimmung aus – unabhängig davon, ob, wie jetzt, in der Kühle des frühen Morgens, oder am Abend, wenn die untergehende Sonne die ganze Landschaft in ein irrational wirkendes Licht taucht. Baumstämme treiben den Fluss hinunter, unser Boot gleitet an kleinen Inseln vorbei. Während der Zwischenstopps werden Fische zum Kauf angeboten, auf den harten Schiffsplanken landen an den Füßen gefesselte Hühner, große Bananenstauden und Obstkörbe werden vom Ufer herübergereicht und an Bord verstaut.

Nach etwa zehn Stunden Fahrt wird am Spätnachmittag die Hauptstadt des ersten birmanischen Reiches erreicht. Die größte Sehenswürdigkeit, eine der prächtigsten Bauten in Bagan, ist bereits vom Schiff aus zu sehen: der goldene Zedi der Shwezigon-Pagode. Im Hotel angekommen, zeigt sich der Kampf der letzten Sonnenstrahlen mit dem dunkler werden-

Unterschiedliche Eindrücke erwarten den Reisenden während einer Bagan-Reise: Rauchende Frau mit Cheroot-Zigarre (o.), vielfältige Kaufangebote während der Schiffsreise (M.), Pferdedroschke in Bagan (u.).
Beeindruckend der Htilominto-Tempel in Bagan (r. o.) und die Bootsfahrt auf dem Ayeyarwady vorbei an den Pagoden von Sagaing (r. u.).

Großartige Sicht auf Tempel und Pagoden Bagans während einer Ballonfahrt am frühen Morgen, aber auch von einer Terrasse höher gelegener Tempel (r.). Am Flussufer warten die Ausflugsboote auf den Reisenden (M.), an Land die bunten Märkte (o.) und die Ochsenkarren, mit denen man zu einigen der zahlreichen Sehenswürdigkeiten gelangen kann (u.).

Myanmar

den Horizont als blutrote Kulisse in der Ferne, bis die Nacht den Sieg über einen unvergesslichen Tag davonträgt.

Tempel, Pagoden – und Sand in den Augen

Die aufgehende Sonne des folgenden Tages taucht die Pagoden und Tempel in ein goldenes Licht. Ringsum herrscht eine ungewohnte Stille.

Kennern gilt Myanmar als das ursprünglichste, landschaftlich und kunsthistorisch schönste Land in ganz Asien. Und lange Zeit schien das frühere Birma ein Shangrila für zivilisationsmüde Nostalgiker zu sein, die den Spuren eines Rudyard Kipling oder William Somerset Maugham folgten und sich an den Gongs in den Klöstern erfreuen und dem Duft von Räucherstäbchen berauschen wollten. Ein Urlaubsland für Bequeme und hurtig Reisende ist Myanmar bis heute nicht. Man muss schon eine gehörige Portion Entdeckerfreude und Abenteuerlust mitbringen, um das Land kennenzulernen und genießen zu können.

Zu den bedeutendsten Tempelanlagen von Bagan nimmt man am besten eine Mietkutsche oder ein Mietfahrrad, weil man auf diese Weise die Landschaft um einiges hautnaher und intensiver erlebt als hinter den getönten Scheiben eines Touristenbusses. Mir wird jedoch schnell klar, dass ich auf dem riesigen Gelände nur eine kleine Auswahl von Sehenswürdigkeiten besichtigen kann. Ich entschließe mich deshalb zu einer 15 Kilometer langen Radtour. Mit dem Fahrrad bin ich unabhängiger als mit Ochsenwagen oder Pferdekutsche, die sandigen Wege und zahlreichen Dornen machen die Fahrt allerdings recht mühselig. Ich schlucke unentwegt Sand, er knirscht auch noch mittags zwischen den Zähnen, als ich eine Nudelsuppe verspeise.

Staunend und ehrfürchtig stehe ich vor den Pagoden mit ihren in der heißen Sonne goldglitzernden Stupas. Im Innern der massiven Bauten sind Reliquien Buddhas eingemauert, die man aber nicht zu Gesicht bekommt. Die Tempel selbst kann man dagegen betreten; in den Hallen empfangen den Besucher Buddha-Statuen. Es gibt Tempel mit einem zentral gelegenen Schrein, solche mit einem quadratischen Turm wie der Ananda-Tempel mit seinem maiskolbenförmigen Stupa, und solche mit einem pyramidenförmigen Turm wie der Mahabodhi-Tempel. Die Pagoden haben entweder kegelartige oder, wie die Shwezigon-Pagode, glockenförmige

Myanmar

An einem Zwischenstopp werden Früchte angeboten (o.). Die großartigste Pagode Bagans ist die Shwezigon-Pagode (M.), mit drei Terrassen sowie einer Zwischenplattform, auf der die glockenförmige Kuppel (*anda*) ruht. Eher selten werden die Payathonzu-Tempel besucht (u.). Der hohe Ananda-Tempel mit der maiskolbenförmigen Stupa gehört zu den schönsten Tempeln Bagans (r.).

Kuppeln. Unzählige Male gehe ich durch dunkle, klaustrophobisch enge Gänge und steige steile, schmale Treppenstufen hinauf auf die Terrassen. Seitlich am Treppenabsatz stehen freundliche Mädchen und mahnen den Besucher, sich Zeit zu lassen: »Laaangsam, gaaanz langsam.«

Feiner Dunst, zarte Nebel

Am kommenden Tag stehen morgens keine Tempel und Pagoden auf meinem Besichtigungsprogramm, sondern der Markt. Ich schlendere die Auslagen entlang und genieße den Duft von Gemüse, Früchten und Gewürzen, die es in großer Vielfalt gibt; die Marktfrauen sind farbenfroh gekleidet, eine pafft in aller Seelenruhe eine riesige Cheroot-Zigarre. Besonders in Erinnerung bleiben mir die Herzlichkeit und Gastfreundschaft der Menschen.

Das warme »Bagan-Licht« des späten Nachmittags will ich auf jeden Fall während einer romantischen Fahrt mit der Pferdekutsche oder dem Ochsenkarren genießen. Deshalb schließe ich mich nach dem Lunch einer Gruppe an, die sich für einen Ochsenkarren entschieden hat. Die Fahrt führt mitten hinein ins ländliche Leben. Auf den staubigen Straßen drängeln sich Fußgänger in bunten Longyis, Fahrräder und Gespanne. Gemächlich geht es durch das große Tempelareal. Der feine Dunst macht das Licht weich und hüllt alles in einen zarten Schleier. Erneut beeindruckt mich, wie es den Menschen gelingt, trotz widrigster politischer und wirtschaftlicher Bedingungen der hektischen und lauten »zivilisierten« Welt eine Alternative aus stiller Heiterkeit, innerer Anmut und natürlichem Charme entgegenzusetzen – scheinbar unerschütterlich, mit großer Gelassenheit und gewinnendem Lächeln.

Eine gute Gelegenheit, einen Sonnenuntergang zu genießen, bietet sich auf einer Treppenstufe der weiß getünchten Shwesandaw-Pagode (»Goldene Haarreliquie«). Die pyramidenförmige Pagode hat fünf nach oben kleiner werdende Terrassen, wovon ich gerade die erste schaffe. Aber auch von dort lässt sich der Sonnenuntergang bestens beobachten. Je tiefer die Sonne sinkt, desto mehr verwandeln sich die prächtigen Bauten in nur noch vage erkennbare Silhouetten – ein fantastischer Anblick.

Am nächsten Tag steht ein weiterer Höhepunkt auf dem Programm meiner Entdeckungsreise. Diesmal will ich den

Die weiten Ebenen mit in der Ferne schimmernden Konturen sanfter, blauer Hügel – dazwischen weiße und goldene Pagoden: Diese Eindrücke werden mir immer in Erinnerung bleiben.

Sonnenaufgang genießen – und zwar vom Fesselballon aus; dieses Abenteuer habe ich bereits Tage zuvor gebucht. So erlebe ich die Pagoden-Landschaft von oben wie ein in sanften Pastellfarben hingetupftes Gemälde. Während der Ballon seinen Weg lautlos über die noch von dünnem Morgennebel bedeckte Landschaft nimmt, entfaltet die Sonne ihren wärmenden Strahlenkranz. Ihr Licht weckt die unzähligen Tempel und Stupas wieder zum Leben. Ein wunderbarer neuer Tag in einem zauberhaften Land beginnt.
Rainer Waterkamp

Praktische Reisetipps

ANREISE
Die Deutsche Lufthansa fliegt mehrmals wöchentlich nach Yangon (Rangun), Zwischenstopp wird in Bangkok eingelegt. Die gesamte Reisedauer beträgt ungefähr 15 Stunden. Für den Flug von Yangon nach Bagan (Pagan) muss man weitere anderthalb Stunden rechnen. Neuerdings gibt es mehrmals pro Woche direkte Flüge von Bangkok nach Mandalay.

REISEZEIT
Die beste Reisezeit liegt zwischen Mitte Oktober und Ende Februar.

UNTERKUNFT
Gute bis sehr gute Hotels findet man sowohl in Yangon als auch in Bagan.

INDIVIDUELLE REISEPLANUNG
Die 45 Minuten dauernden Ballonfahrten kosten etwa 270 Euro. Fahrradfahrten können gebucht werden über One World – Reisen mit Sinnen, Roseggerstr. 59, 44137 Dortmund, www.reisenmitsinnen.de. Fahrten mit Ochsenkarren und Pferdekutschen sind an den jeweiligen Unterkünften zu erfragen. Eine Bootsreise auf dem Ayeyarwady von Mandalay nach Bagan ist vom Wasserstand des Flusses abhängig.

BESONDERER TIPP
Für die Besichtigung der Tempel ist eine Taschenlampe sinnvoll.

REISELEKTÜRE
Amtiav Gosh: Der Glaspalast, Goldmann 2002

INFOS
• www.botschaft-myanmar.de: Botschaft der Republik der Union von Myanmar in Deutschland
• www.auswaertiges-amt.de: Hiweise auf Reise- und Sicherheitsbestimmungen

Als Vorbereitung für das Gerewol-Fest beginnen die Männer, sich sorgfältig zu schminken (o.). Höhepunkt ist der Yaake-Tanz (r. o.). Um dieses Ereignis miterleben zu können, ist eine beschwerliche Anfahrt mit dem Geländewagen erforderlich (M.). Die Mahlzeiten des Kochs versöhnen mit den Strapazen (u.), ebenso die eindrucksvolle Moschee von Agadez (r. u.).

Niger

03 Gerewol – das Fest der schönen Männer

In Zentral-Niger, zwischen der Sahara und dem Grasland, erstreckt sich eine weite Steppe, die übersät mit dürren Büschen und mageren Baumgerippen ist – der Sahel. In dieser kargen Gegend leben die Bororo, die nomadischen Fulani nennen sie Wodaabe, »Volk der Tabus«. Sie sind groß und schlank, ihre Haut glänzt wie Bronze. Die jungen Männer der Wodaabe treten am Ende der Regenzeit unter den kritischen Augen der Frauen zum Schönheitswettbewerb an.

Wir folgen den großen Viehherden, die einem einzigen Punkt zuzustreben scheinen. Uns begegnen stolze Kamelreiter in bunten Gewändern, mit wagenradgroßen Hüten auf dem Kopf und großen Schwertern an der Seite. Als Antwort auf unsere Fragen zeigen sie immer nur in eine Richtung – im Nordwesten muss ein Versammlungsplatz für das Gerewol sein.

Vier Tage sind wir nun zwischen Tahoua, Barmou und Kao unterwegs, dann treffen wir einen Dorfältesten. Nach den üblichen Begrüßungsformeln – »Ça va?« – und Erkundigungen nach dem Wohlergehen der Familie und der Tiere wagen wir es, nach dem Gerewol-Fest zu fragen. Es werde in den kommenden Tagen stattfinden, erhalten wir zur Antwort. Mehr ist zunächst nicht herauszufinden. In einem Hain nahe einer moskitoverseuchten Wasserstelle bei Tchin-Tabaraden, zu der die Bororo ihre Tiere führen, schlagen wir unser Lager auf und versuchen vorsichtig Kontakt herzustellen. Am folgenden Tag beobachten wir, wie eine kleine Gruppe junger Männer beginnt, sich zu schminken. Das Fest kann nicht mehr lange auf sich warten lassen.

Nach allen Regeln der Kunst

Beim Gerewol-Fest wetteifern die jungen Männer bei Tänzen und Wettbewerben darum, zum schönsten Mann erklärt zu werden. Viele Stunden bringen sie damit zu, sich vor kleinen Handspiegeln zu schmücken und zu schminken. Mit Gri-

Stolz zeigen sich die Männer der Wodaabe-Bororo mit ihrem Schmuck (M.), großer Wert wird auch auf die Gesichtsbemalung gelegt (o.). Die Frauen stehen den Männern in der sorgfältigen Auswahl ihres Schmucks nicht nach (u.). Kunstvoll aufgezäumt sind die Kamele (r. o.). die Bororo-Reiter mit ihren Tieren sind geradezu das Sinnbild des Sahelgebiets (r. u.).

Niger

massen versuchen sie, sich gegenseitig zu übertrumpfen. Stundenlang dauert die Prozedur, die sehr aufwändig ist: Eine Paste aus gelbem Pulver bildet eine Art Maske, auf die weiße und rote Punkte gemalt werden. Der Haaransatz wird abrasiert und das Haar zu kunstvollen Zöpfchen geflochten. Der Kopf wird mit einem Turban umwickelt, an dem zum Schutz gegen böse Geister ein Lederamulett und eine Straußenfeder befestigt werden. Die Kupfer- und Messingschmuckplatten am Turban werden meist von Haussa- oder Bella-Handwerkern angefertigt. Das Gesicht wird eingerahmt von einem messingüberzogenen Lederriemen mit Kaurischnecken; den Körper bedeckt eine kunstvoll gestickte ärmellose Tunika. Vor der Brust baumeln ein lederner Brustbeutel und Amulette mit Spiegeln und Glasketten. Als Ellbogenschmuck dienen weiße Haarbüschel aus Bocksbärten. Die Enden des Lederschurzes hängen bis zu den Waden herunter. An der Seite tragen die jungen Männer in einer reich und kunstvoll verzierten Scheide ein großes Tuareg-Schwert.

Einige Frauen haben ihr Haar über der Stirn gebündelt, um das Gesicht länger erscheinen zu lassen. Zum traditionellen Wodaabe-Schmuck gehören auch die Gesichtstätowierungen, vor allem Dreiecke an den Mundwinkeln. Die Frauen arbeiten in ihre Rockstickereien oft kleine Spiegel und Sicherheitsnadeln ein und befestigen an ihren Ziergürteln lederne Amulettbeutel. In die gefalteten Kopftücher werden fantasievoll Messingketten und Perlen eingearbeitet. Die jungen Frauen tragen dazu einen dunkelblau gefärbten Wickelrock, eine ärmellose Bluse und riesige Messing-Fußspangen. Zierhaarnadeln aus Aluminium und Messing sowie bis zu elf Ohrringe werden einzig und allein zu diesen Festen angelegt.

Tanzen, stampfen – und verschwinden

Das Fest, das wir erleben, dauert drei Tage. An zwei Abenden wird getanzt und gewählt. Der Ruume ist der erste Kreistanz. »Um'baama, um'baama«, ertönt es im Chor – »herzlich willkommen«. Der Zeremonienmeister steht in der Mitte und singt einige Worte vor, die von den Tänzern dann wiederholt und variiert werden. Die jungen bilden einen Kreis um die ältesten Männer und tanzen singend, stampfend und händeklatschend um sie herum. Die Alten feuern die Tanzenden

Niger

Stolz präsentiert sich ein Teilnehmer mit seinem aufwändig bemalten Gesicht der Kamera (o.) Der Ruume-Kreistanz ist der Begrüßungstanz, der den Beginn eines jeden Gerewol-Festes einläutet (Mitte). Mein Kuppelzelt hat einen schönen und vor allem angenehm kühlen Platz im Schatten der weit ausladenden Akazien-Bäume gefunden (unten).

dabei an, während junge Mädchen unter Schirmen keck paradieren und die Tänzer mit aufmerksamen Blicken taxieren. Ganz plötzlich bricht der Gesang ab, und der Rhythmus verändert sich. Die Tänzer vollführen kurze, schnelle Sprünge. Im Takt der Füße, die im Wechsel mal heftig stampfen mal zurückhaltend auftreten, ertönt der metallene Klang der Fußringe.

Aufmerksam und schweigend haben die Frauen, im Schatten der umstehenden Bäume und unter Sonnenschirmen verharrend, das festliche Treiben beobachtet. Die Mädchen lassen mit schüchternen Handbewegungen erkennen, welchen Tänzer sie begehren. Als die Sonne sinkt, verschwinden nach und nach einige von ihnen mit einem Tänzer in der Savanne. Erwählt sich eine verheiratete Frau auf diesem Wege einen neuen Mann, muss sie allerdings ihre Herde dem Verlassenen überlassen. Weitere Formalitäten sind nicht erforderlich.

Die Nacht legt sich wie ein Bühnenvorhang über das im Schwarz versinkende Land. Beiderseits des schmalen, sandigen Weges glimmen überall kleine Feuerstellen und flackert der gelbe Schein von Kerosinlampen. In deren Licht backen die Frauen Hirsepfannkuchen und Männer grillen Hammelfleisch-Spießchen. Je fetter das Essen ist, umso begehrter scheint es zu sein.

Weiß und schwarz – Gesang und Echo

Am Spätnachmittag des kommenden Tages versammeln sich die jungen Männer zum Yaake, dem Tanz der Schönheit und des Charismas. In kleinen Gruppen nähern sie sich dem Lagerfeuer und bilden dort, Schulter an Schulter, eine lange Reihe. Auf Zehenspitzen balancierend, bewegen sie ihre Häupter, blecken die Zähne zwischen schwarz gefärbten Lippen und versuchen durch heftiges Augenrollen das Weiße leuchten zu lassen.

Ein Solist trägt zunächst leise ein Lied vor, das von den anderen Sängern aufgegriffen, abgewandelt und wiederholt wird. Abrupt bricht der Gesang ab, um kurz darauf erneut anzuheben, begleitet von schwingenden Arm- und langsamen Kopfbewegungen. Während des Tanzes wiederholen sie, dabei immer leiser werdend, unermüdlich denselben Refrain. Andere Männer aus dem Kreis der Zuschauer antworten im Chor, wie ein Echo.

Die Wahl des Schönsten

Die Frauen bewegen sich nun auf die Tänzer zu, begutachten sie mit kritischen Blicken aus ihren dunkelbraunen Augen und verbeugen sich in Hüfthöhe vor denjenigen Männern, die sie besonders attraktiv und anziehend finden. Nach mehreren Stunden unermüdlichen Tanzens kommt endlich der Moment, auf den alle gewartet haben: Der Gewinner des Gerewol wird gekürt. Die zehn Schönsten beginnen erneut zu tanzen. Sie stolzieren gemessenen Schrittes einher, rollen wieder mit den Augäpfeln und blecken die blendend weißen Zähne. Fünf Minuten lang verharren sie in Bewegungslosigkeit, dann sinken sie in die Knie. Nach einigen Minuten gehen die Mädchen langsam auf ihren Favoriten zu. Die linke Hand verschämt-spielerisch an der linken Wange haltend, berühren sie den Auserwählten und ziehen ihn fort aus dem Licht des Feuers, während die Umstehenden kleine Schreie des Entzückens ausstoßen.

Am Nachmittag des dritten Tages liegt eine eigenartige Melancholie über der Szenerie. Der Gesang wirkt nun traurig und getragen. Viele Familien sind mit ihrem Vieh bereits weitergezogen – immer auf der Suche nach neuen Weideplätzen, denn die Tümpel werden bald ausgetrocknet sein.
Rainer Waterkamp

Zwischen der großen Sahara-Wüste und dem Grasland, liegt eine immense Steppe. Das ist die Welt der Wodaabe-Bororo. Ihre hageren und hoch aufgeschossenen Gestalten in traditioneller Lederbekleidung mit Hirtenstab und oft wagenradgroßen Hüten sind geradezu der Prototyp eines sahelischer Hirten.

Praktische Reisetipps

ANREISE
Von Paris nach Niamey, Flugdauer: 5–6 Stunden. Von dort weiter mit dem Geländewagen.

ÜBERNACHTEN
In Niamey findet man gute Hotelzimmer. Besucher müssen sich in jeder Stadt, in der sie übernachten, bei der Polizei melden. Während der Tour wird gezeltet.

REISEZEIT
Die beste Reisezeit ist von Dezember bis März.

REISEPLANUNG
Obwohl das Fest nur 3–7 Tage dauert, sollte man für die Tour etwa zwei Wochen einplanen, da man zuerst Ort und Zeit herausfinden muss. Die Reise sollte nur mit erfahrenen einheimischen Reiseveranstaltern durchgeführt werden. Von der Regierung gesponserte Veranstaltungen für Touristen finden bei Ingall statt.

REISELEKTÜRE
Carol Beckwith/Angela Fisher, Nomads of Niger, 1983

INFO
In den letzten Jahren sind Reisen in die Nordregion Nigers wegen krimineller Banden und Überfällen sehr gefährlich, wenn nicht unmöglich geworden. Aktuelle Informationen über die Sicherheitslage in der Sahelzone findet man unter www.auswaertiges-amt.de.

Kolumbien

04 Heilige Stätten im Hochland

Eine Reise durch Kolumbiens Hochland ist auch eine Reise zu heiligen Stätten. In präkolumbischer Zeit vollzog das Volk der Muisca dort seine geheimnisvollen Kulte. Die Epoche der aus Spanien eingefallenen Konquistadoren brachte außer der Jagd nach Gold die spirituelle Eroberung des Landes mit der Gründung christlicher Klöster mit sich. Das kulturelle Erbe Kolumbiens ist daher vielschichtig. Auf meiner Spurensuche komme ich mit verschiedenen Jahrhunderten in Kontakt.

Stille liegt über den Bergen. Die Luft ist dünn und klar. Der Pfad führt auf einen Aussichtsvorsprung, dann sehe ich sie in der Tiefe unter mir, die Laguna de Guatavita. Dichtes Buschwerk reicht bis an die Ufer des kleinen, fast kreisrunden Sees hinunter. Aus den Grüntönen stechen Exemplare der *Befaria resinosa* hervor, einer rot blühenden Blume, die Alexander von Humboldt auf seinen Forschungsreisen »schöne Alpenrose der Anden« nannte.

Wind kräuselt den Wasserspiegel, auf dem sich ein kurzes Sonnenglitzern verliert. Hier also war es. In einer Höhe von mehr als 3000 Metern sollen sich jene Kulte abgespielt haben, die nach dem Einfall der spanischen Konquistadoren den Mythos von Eldorado, dem »Goldland«, schürten. Gold! Der Gedanke an sagenhafte Schätze stachelte die Gier der europäischen Eroberer an und ließ sie zur Laguna de Guatavita vorrücken. Für das indigene Volk der Muisca war es jener »Heilige See«, auf den der jeweils neue Stammesfürst während seiner Einführungsriten auf einem Floß hinausgerudert wurde und Opfergaben versenkte, darunter Smaragde und Edelmetalle. Für die Ureinwohner hatten die Preziosen keinen materiellen Wert. In welchem Umfang die spanischen Invasoren in der entlegenen Gebirgswelt fündig wurden, verliert sich im Dunkel der Geschichte. Fest steht, dass die Spanier im 16. Jahrhundert unter Hernán Pérez de Quesada erstmals versuchten, das Gewässer trockenzulegen. Weitere Unternehmungen folgten. Die Grundidee war ein-

Lichter- und Farbspiele im Zeichen des Kreuzes beeindrucken in der Salzkathedrale von Zipaquirá (r. o.). In herrlicher Bergesstille liegt das Kloster Nuestra Señora de la Candelaria (r. u.), unverändert bewohnt von Augustinermönchen (o.). Idyllische Kompositionen: die Gassen in Barichara (M.) und der Kreuzgang im Kloster Ecce Homo bei Villa de Leyva (u.).

Kolumbien

Dem Volk der Muisca war das Sonnenobservatorium im heutigen Archäologischen Park Monquirá heilig (r.). Die spirituelle Eroberung der Spanier zog die Gründung von Klöstern nach sich, darunter das Karmeliterkloster in Villa de Leyva (M.) und das Heiligtum Monserrate (o.). Auf Goldobjekte wie diese Maske im Goldmuseum in Bogotá (u.) hatten es die Spanier abgesehen.

fach: Der See sollte leer laufen. Dazu schlugen Trupps an einer Begrenzungsseite eine riesige Bresche in die Steilhänge. Doch die Natur ließ sich nicht besiegen. Und die Goldfunde waren bereits bei Quesadas Versuchen enttäuschend, wie ich einer Infotafel entnehme. Geblieben ist die Bresche, die der Laguna de Guatavita wie eine Narbe im XL-Format anhaftet. Ich kann mich kaum von dem Anblick lösen, spüre den Schauer der Geschichte den Rücken runterlaufen. Ob noch Schätze auf dem Seegrund liegen? Wer kann das schon wissen.

Symbole der Fruchtbarkeit

Sesquilé, rund 50 Kilometer nordöstlich der Hauptstadt Bogotá, heißt der nächste Ort in Reichweite, den wir bereits bei der Hinfahrt zum Naturpark Laguna de Guatavita passiert haben. Wir stellen das Auto am Hauptplatz ab, ordern in einem Café *arepas de queso*, Maisfladen, warm und gefüllt mit Käse. Die Stärkung hält bis Villa de Leyva, einem der schönsten Kolonialstädtchen Kolumbiens. In dessen Nähe lernen wir eine weitere Sakralstätte der Muisca kennen.

Der Archäologische Park Monquirá, bestehend aus kleinen Säulenreihen in Ost–West–Ausrichtung, bewahrt das wiedererrichtete Sonnenobservatorium. »Die Muisca waren große Landwirtschaftsexperten und erstellten hier ihren astronomischen Kalender«, erläutert Führerin Elsa beim Rundgang. »Dadurch konnten sie genau berechnen, wann die Winter- und die Sommersonnenwende war, und den richtigen Zeitpunkt für Einsaat und Ernte bestimmen.«

Monolithe in Form von männlichen Sexualorganen wurden aufgestellt – Symbole der Fruchtbarkeit. Den christlichen Eroberern gingen die erigierten Attribute unter die Gürtellinie. Für sie waren die Steinblöcke Teufelswerk, weshalb sie dem Areal den Namen Infiernito, »kleine Hölle«, gaben – und es zerstörten. Manche Monolithe wurden erneut aufgerichtet, andere blieben umgestürzt im Erdreich. Ich nehme Maß und schätze manche Werke mit deutlich herausskulptierter Glans auf vier Meter Höhe.

Klöster in den Bergen

Unterwerfung, Ausbeutung, Überlagerung. Kulturell, politisch, religiös. Das historische Kolumbien teilte sein Schicksal mit anderen Ländern Lateinamerikas. Die territoriale Er-

Kolumbien

oberung durch die Europäer ging mit der spirituellen einher und brachte diverse Ordensgemeinschaften ins Land. Sie gründeten Klöster, die bis heute überlebt haben. Das Schicksal mancher Gemeinschaft ist aber ungewiss, wie ein weiterer Ausflug von Villa de Leyva aus zeigt: Ihr Kloster Santo Ecce Homo, das es seit 1620 gibt, haben die Dominikaner fast aufgegeben. Zu aufwändig war die Unterhaltung des Gebäudekomplexes. Nur noch zwei Brüder leben in einem Haus gegenüber. Einzig die Kirche nutzen sie. Der begrünte Kreuzgang als Hort der Einkehr steht Besuchern offen; in der Mitte baumelt ein Wassereimer über dem Ziehbrunnen.

Zurück in Villa de Leyva, überrascht mich das Kloster der Karmeliter. Offizielle Öffnungszeiten gibt es nicht, doch eine freundliche Anfrage am Empfang hilft weiter – und schon öffnet sich der Kreuzgang mit seiner überbordenden Blütenpracht aus Bougainvilleen in Purpur und Violett, Rosenstöcken und Christsternen.

Der Zauber setzt sich im Monasterio de Nuestra Señora de la Candelaria fort, für mich eines der schönsten Bergklöster Südamerikas. Im Taleinschnitt des Río Gachaneca, nahe Ráquira auf einer Höhe von knapp 2300 Metern gelegen, war es der erste Sitz der Augustiner-Rekollekten auf dem Kontinent. Heute leben dort vier Padres und sieben Novizen. Einen von ihnen treffe ich im beschaulicheren der beiden Kreuzgänge, an dessen Wänden großformatige Gemälde Szenen aus dem Leben des Augustinus zeigen. Im Alter von 20 Jahren habe er auf unerklärliche Weise den Weg zu Gott gefunden, erzählt mir der Novize. Er habe »eine innere Stimme« gehört. Wie er im Candelaria-Kloster lebe? Denkbar einfach. In einer Zelle mit Pritsche und Matratze und Tisch, aber ohne Computer und ohne Handy. Ich bitte ihn

Spaniens Eroberer stießen sich in diesem Kultzentrum der Muisca (heute Archäologischer Park Monquirá) an phallischen Skulpturen (o.). Dass es Nachwuchs unter Mönchen gibt, beweist dieser Novize im Augustinerkloster Nuestra Señora de la Candelaria (M.). Im Heiligtum Monserrate hinterlassen viele Gläubige Dankestafeln (r. o.), weitere Details sind Buntglasfenster (u.).

um ein Foto. Er willigt ohne größeres Zögern ein. Dass er am linken Handgelenk eine Digitaluhr trägt, entdecke ich erst zu Hause bei der Bildauswertung. Ein kleines Zeichen des Fortschritts in der Abgeschiedenheit. In geradezu kitschigem, aber dennoch beeindruckendem Kontrast dazu steht die Salzkathedrale von Zipaquirá, ein tief in einem Salzbergwerk erbautes Gotteshaus ganz aus Salz, das in fluoreszierendem Kunstlicht erstrahlt.

Kolumbien, das ist für mich magischer Realismus, ein Eintauchen in eine Welt, in der Raum und Zeit verschwimmen!

Heiliger Schlusspunkt in Bogotá

Den Schlusspunkt setzt der Monserrate, der heilige Hausberg von Bogotá, auf den ich mit der Gondel fahre. Das Stadtpanorama, das sich dort oben bietet, ist grandios. Im Fokus der heiligen Stätte steht ein Christusbildnis, das Ankömmlinge mit seinem intensiven Schmerzensausdruck betroffen macht. Die Skulptur soll menschliches Haar tragen.

Sonntags ist Hauptwallfahrtstag. Dann wieseln Fotografen vor den Treppen hin und her, dann hat die Schneise der Andenkenläden Hochkonjunktur. Stiller geht es an der Rückseite der Kirche zu. Dort füllen Marmortäfelchen der Gläubigen ganze Wände. Hinzu kommen handschriftliche Botschaften. »Lass meine Augen gesunden«, lese ich. Ein Stück weiter: »Danke für mein Spanien-Visum.«
Andreas Drouve

Praktische Reisetipps

ANREISE
Direktflug nach Bogotá ab Frankfurt am Main, Umsteigemöglichkeiten beispielsweise in Madrid (Spanien) oder Miami (USA).

REISEPLANUNG
Für Individualisten stellt der auf Kolumbien spezialisierte Veranstalter Kontour Travel (Bergstr. 40, D-91227 Diepersdorf, Tel. 09120/183217, www.kontour-travel.com) Reisebausteine zusammen.

UNTERWEGS
Mit Bussen, Kleinbussen und Sammeltaxis. Zu beachten im Mietfahrzeug: Mautstationen, Straßenzustand und die riskante Fahrweise der Kolumbianer! Im Hochland ist Sicherheit meist kein Problem, in der Altstadt von Bogotá sollte man allerdings nicht in der Dunkelheit unterwegs sein.

REISESTATIONEN
Bogotá – Sesquilé – Laguna de Guatavita – Villa de Leyva – Archäologischer Park Monquirá – Kloster Santo Ecce Homo – Ráquira – Kloster Nuestra Señora de la Candelaria – Zipaquirá – Bogotá. Dauer: zehn Tage

INFOS
• www.colombia.travel/de: Offizielles Tourismusportal
• www.botschaft-kolumbien.de: Botschaft der Republik Kolumbien in Deutschland
• www.auswaertiges-amt.de: aktuell gültige Reise- und Sicherheitshinweise

Indonesien

05 Blut und Spiele auf Sumba

Auf einer abgelegenen indonesischen Insel profitiert eine archaisch lebende Bevölkerungsgruppe von sanftem Tourismus und einer Stiftung, die für sauberes Trinkwasser, medizinische Versorgung und schulische Bildung sorgt. Sumba, eine der kleinen Sundainseln, ist nur halb so groß wie Hessen. Dort leben etwas mehr als 600 000 Menschen.

Blut, überall Blut. Es färbt den Sand des sonst staubtrockenen Bodens zu rotem Schlamm. Barfuß waten die Männer darin. Viel mehr ist nicht zu sehen von dem Gemetzel. Heute war Schlachttag in Waihola. Die zwei Büffel haben sie inzwischen längst zerlegt, direkt auf dem Dorfplatz, dem Zentrum des Ortes, der Festplatz, Versammlungsort und Begräbnisstätte zugleich ist. Dort befinden sich auch einige der für Sumba typischen Megalithgräber. Sie sehen aus wie große Steintische und sind mal mehr, mal weniger reich mit Ornamenten verziert, je nach Status des Verstorbenen. Auch in Waihola steht demnächst eine Beerdigung an, und die Gäste wollen im Anschluss daran verköstigt werden. Das Fleisch hängt bereits in kleine Bröckchen portioniert und zum Trocknen aufgefädelt auf einer Leine, die über den Dorfplatz gespannt ist. Auf den Grabsteinen liegen noch die beiden abgetrennten Köpfe der Büffel. »Die werden erst morgen gekocht«, sagt einer der Männer.

Götter und Geister unter einem Dach

Früher stellten sie hier auch die Köpfe ihrer Feinde zur Schau. Erst seit 1962 ist auf Sumba die Kopfjagd offiziell verboten. Manche Dörfer liegen jedoch so abgelegen, dass verfeindete Clans ihre oft blutig endenden Stammesfehden noch immer lieber unter sich austragen. In Sumba, gerade mal eine Flugstunde von Indonesiens Touristenzentrum Bali entfernt, ist das Leben noch vollkommen archaisch. Genau nach so einem Ort haben Claude und Petra Graves lange gesucht. Der gebürtige Amerikaner und seine Frau, die aus

Der Büffel ist geschlachtet: Auf Sumba gehört das zum Alltagsleben einer Familie (o.). Die Affenschädel sind Zeichen des archaischen Glaubens (M.). Bauern arbeiten weitgehend autark auf den Feldern (u.), und in den Dörfern wird noch von Hand gewebt (r. o.). Für die Surfer vor Nihiwatu sind die Wellen der maßgebliche Inbegriff von exklusiver Freiheit (r. u.).

Große Wäsche am Fluss: eine oder mehrere Pferdestärken sollen bald frisch glänzen (o.). Für den Transport sind Büffel unabdingbar (M.). Bildlich bestätigen dies auch Grabdenkmäler der Insel (u.). Für Pferdekämpfe wird lange und gut trainiert, wie hier am Strand von Nihiwatu (r. o.). Die Touristen schwimmen währenddessen lieber eine Rund im Pool des Resorts (r. u.).

Indonesien

Frankfurt am Main stammt, waren schon viel in der Welt herumgekommen, als sie 1988 Nihiwatu fanden. Es war der Platz, an dem sie leben wollten und der sich zudem dafür eignete, ein umwelt- und sozialverträgliches Resort zu bauen.

Berge teilen die Insel in zwei klimatisch ganz unterschiedliche Gebiete. Im kargen Osten mit seinen zerklüfteten Hügeln und flachen Grassavannen werden vorwiegend Pferde gezüchtet. Im Westen fällt mehr Regen, weshalb sich die grüne, hügelige Region zum Reisanbau eignet. Aufgrund seiner abgeschiedenen Lage haben auf Sumba viele Traditionen überlebt. Magische, unsichtbare Kräfte haben hier seit jeher größeren Einfluss auf das Leben als die sichtbaren. »Marapu« heißt der weit verbreitete Glaube an Götter, Geister und Ahnen, der sich sogar in der Architektur niederschlägt. Die mit Gras gedeckten Bambushütten mit ihren hutähnlich aussehenden Dächern sind ein verkleinertes Abbild des Kosmos. Ganz unten zwischen den Stelzen leben die Tiere, im Mitteltrakt die Menschen und in den Dächern wohnen die Marapu. Dort oben werden auch wertvolle Gegenstände wie Schmuck und Ikats aufbewahrt. Für diese Webarbeiten bedarf es oft monatelanger Handarbeit.

Büffel als Zahlungsmittel

Die Graves waren die ersten Weißen, die sich in Nihiwatu niederließen und vier Jahre wie die Einheimischen ohne fließendes Wasser und ohne Strom in einer einfachen Hütte am Strand lebten. Sie waren notgedrungen zu Selbstversorgern geworden, denn viele Sumbanesen litten an Malaria und waren oft zu geschwächt, ihre Felder zu bestellen. Darüber hinaus gab es enorme Verständigungsprobleme. Bis heute können sich nicht einmal alle Clans problemlos miteinander unterhalten, denn auf der Insel gibt es etwa 18 Dialekte. Schnell waren sich die Graves bewusst, was es bedeutete, in diese Kultur einzudringen. Als die Stammesführer schließlich bereit waren, ihnen Land abzutreten, wollten sie aber kein Geld haben. Denn für sie war das nichts weiter als bedrucktes Papier, das sie nicht essen konnten. Büffel dagegen schon. Und so mussten die Graves erst einmal eine Herde besorgen, um sie gegen Nihiwatu einzutauschen.

Bereits die Bauarbeiten am Resort brachten den Dorfbewohnern Arbeitsplätze. Bis heute gehört es zur Firmenpolitik, dass 95 Prozent der Angestellten Einheimische sind. Alle

Indonesien

Auf Sumba lebt man noch auf sehr ursprüngliche Weise: Die Häute der geschlachteten Tiere trocknen im Freien auf großen Holzgestellen (M.). Das Flechten von Matten und Haushaltsgegenständen gehört traditionell zum Arbeitsbereich der Frauen (u.). Und in den Arbeitspausen greift man gern einmal zur Zigarette – die aber natürlich selbst gedreht ist (o.) .

Gebäude wurden ausschließlich mit lokal verfügbaren Materialien wie Holz, Bambus und Stein errichtet. Den Energiebedarf deckt eine Biodieselanlage, die mit Kokosnussöl betrieben wird. »Mit Biodiesel konnten wir 75 Prozent der Emissionen reduzieren. Und Kokosnüsse sind noch dazu ein preiswerter, nachwachsender Rohstoff, an dessen Verkauf ausschließlich die Einheimischen verdienen«, schwärmt Claude. Dabei gibt es einen wunden Punkt, an dem für Claude Graves Schluss ist mit dem Gutmenschentum. Zum Surfen duldet er keine externen Besucher auf den Wellen, die er zu den besten der Welt zählt. Diese besonderen Momente sollen seine Gäste exklusiv genießen.

Eine Stiftung für die Armen, Urlaub für die Reichen

Bereits in den Anfangsjahren stellte sich heraus, dass die Einnahmen, die das Resort abwarf, nicht ausreichen, um die Lebensbedingungen in den Nachbardörfern entscheidend zu verbessern. »Armut bedeutet hier weit mehr, als einfach nur zu wenig Geld haben«, erklärt Claude. Die Idee, eine Stiftung zu gründen, war aus reinem Frust darüber entstanden, dass hier die Menschen nicht einmal das hatten, was für die meisten von uns selbstverständlich ist: genügend Wasser, eine Krankenstation, eine Schule und einen Job. So gründeten die Graves die Sumba Foundation, eine gemeinnützige Stiftung, die seither unabhängig vom Nihiwatu Resort Hilfsprojekte auf den Weg bringt. Bislang wurden 60 Quellen erschlossen, 240 Wasserstationen und 16 Grundschulen im Umkreis von 162 Kilometern errichtet und fünf Kliniken finanziert. Noch vor 15 Jahren waren 62 Prozent der getesteten Kinder von unter fünf Jahren mit Malaria infiziert. Dabei ist es heute mit Medikamenten und der Verwendung von Moskitonetzen recht einfach, die Krankheit in den Griff zu bekommen.

Die Finanzierung solcher Projekte braucht natürlich eine zahlungskräftige Kundschaft. In Nihiwatu logieren deshalb vorwiegend Gäste, die sich auch sonst die teuersten Hotels der Welt schmerzfrei leisten können. Menschen, die alles haben und nichts vermissen. Fast nichts. Wenn eine solche Klientel reist, ist sie vor allem auf der Suche nach perfekten Momenten und nach jemandem, der ihnen die Zeit dafür frei hält. Zum Stammpublikum gehören nach Auskunft des

Resortbesitzers Designer und Eigentümer von Firmen mit illustren Namen wie Louis Vuitton, Sisley und Hermès.

Schaukampf zu Pferde

Wenn in der Trockenzeit die Felder brachliegen, kann man in einigen Dörfern Zeuge archaischer Fruchtbarkeitsrituale werden. Das bekannteste Fest ist Pasola, eine martialisch anmutende Reiterveranstaltung, die jedes Jahr im Februar und März abgehalten wird. Hunderte Reiter liefern sich rituelle Schaukämpfe, in denen die Tradition der Stammeskriege fortgesetzt wird. Zwei Teams versuchen, sich mit Holzspeeren und Stöcken gegenseitig vom Pferd zu stoßen. Einmal ging der Wettstreit für einen Reiter im wahrsten Sinne ins Auge, als ein Speer seine Augenhöhle durchbohrte und ihn tötete. Für den Angreifer hatte der Zwischenfall kein Nachspiel. Schließlich glauben die Sumbanesen, dass die Marapu bestimmen, wann es Zeit ist zu sterben. Der Blutzoll tränkt noch dazu die Erde und macht sie fruchtbar für die kommende Ernte. Je mehr Blut also fließt, desto besser.
Margit Kohl

> Wenn man auf Sumba nur mehr das zur Verfügung hat, was man wirklich zum Leben braucht, darf man als Europäer nicht zimperlich sein. Den Einheimischen sichern wenige Medikamente und Moskitonetze das Überleben und schützen sie vor der gefährlichen Malaria.

Praktische Reisetipps

ANREISE
Von Deutschland nach Denpasar (Bali) mit Singapore Airlines (Flugdauer ca. 14 Stunden). Weiterflug mit Merpati Airlines nach Tambolaka auf Sumba (dauert ungefähr eine Stunde). Weiter mit dem Auto nach Nihiwatu (Transfer ca. 1,5 Stunden).

VISA
Deutsche Staatsangehörige erhalten bei der Einreise nach Indonesien als Touristen ein Visum mit einer Gültigkeitsdauer von 30 Tagen.

GESUNDHEIT
Vor Reiseantritt ist die Beratung bei einem Tropeninstitut oder Tropenmediziner erforderlich (www.dtg.org).

REISEZEIT
Beste Reisezeit ist von Oktober bis Mitte Dezember, wenn die Landschaft durch vereinzelte Regenfälle etwas grüner geworden ist, und nach dem Monsun von April bis Juni. Surfsaison ist von Mai bis Oktober. Durchschnittstemperaturen zwischen 27 und 36 °C.

AUSRÜSTUNG
Leichte Baumwollkleidung, dazu Anorak/Pullover für Bergregionen. Schuhwerk für Dschungeltrekking. Sonnen- und Regenschutz. Robuste Wasserflasche, Taschenlampe, Reiseapotheke und Moskitonetz.

UNTERKUNFT
Nihiwatu Resort (www.nihiwatu.com) mit Sumba Foundation (www.sumbafoundation.org)

INFOS
www.tourismus-indonesien.de (offizielles Tourismusportal des Landes)

Usbekistan

06 Perlen an der historischen Seidenstraße

Samarkand und Buchara. Was kommt einem bei diesen legendären Namen nicht alles in den Sinn: Kamele und Karawanen, Emire und traumhafte Moscheen im fernen Morgenland. So fern, dass die meisten gar nicht wissen, dass diese Orte heute in Usbekistan liegen. Eine Reise in das zentralasiatische Land ist eine spannende Entdeckungstour in eine Welt, die, obwohl Weltkulturerbe (Samarkand, Buchara, Chiwa), Europäern weitgehend noch unbekannt ist.

Das Abenteuer beginnt am Flughafen von Taschkent, der Hauptstadt Usbekistans. Vor dem Verlassen des Terminals muss man – ganz wichtig – in doppelter Ausführung eine Zollerklärung ausfüllen und bei einem mürrischen Grenzbeamten abgeben. Eine der beiden Erklärungen erhält der Besucher mit einem Stempel versehen zurück. Bei der Ausreise muss dieses Dokument wieder vorgelegt werden, damit kontrolliert werden kann, ob man nicht mehr Geld ausführt als man eingeführt hat. Fehlt es, drohen hohe Geldstrafen. Unangenehm kann es auch werden, wenn man bei der Ausreise jene kleinen Kontrollzettel – lückenlos nach Datum geordnet – nicht nachweisen kann, mit denen man zeigt, im welchem Hotel man wann übernachtet hat. Die kafkaeske Bürokratie kann zu unangenehmen Zwischenfällen mit den Ordnungsbehörden führen, sofern man sich nicht an diese Vorschriften hält.

Man sollte nicht in einer Gruppe reisen. Der Zauber der ehemaligen Sowjetrepublik, die an vielen Orten noch nicht in der Gegenwart angekommen zu sein scheint, erschließt sich erst demjenigen, der sich als Einzelreisender dorthin wagt. Am privaten Guide und einem Fahrer für den Mietwagen sollte man aber nicht sparen, soll das Abenteuer kalkulierbar sein. Auch 70 Jahre Sowjetherrschaft haben der laizistischen Moderne in Usbekistan nicht zum Durchbruch verholfen. Die Menschen leben immer noch in einer vom Islam bestimmten Kultur. Viele Usbeken kleiden sich wie ihre Großeltern und leben in Ortschaften, die wie Bühnenbilder von Historienfilmen wirken.

Wände mit mehrfarbigen Kacheln (o.), kunstvoll gestaltete Minarette (M.) und beeindruckende Koranschulen (r.): muslimische Architektur vom Feinsten in Samarkand und Chiwa. Zwischen den uralten Kulturstädten finden sich wieder Baumwollfelder (u.). Sie liefern einen Großteil der landwirtschaftlichen Einnahmen, verarbeitet wird der Rohstoff allerdings nicht im Land.

Usbekistan

Der berühmteste Platz Zentralasiens

Über staubige und löchrige Straßen geht es von der modernen Metropole in vier Stunden durch wüstenartige Steppe nach Samarkand. Immer wieder überholen wir Eselskarren. Vor ihren Häusern dicht an der Straße stehen Männer mit farbigen Jacken, die weit unters Knie reichen. Barfüßige Kinder treiben Ziegen und Schafe vor sich her – Szenen wie in Gemälden aus dem 19. Jahrhundert, als die ersten europäischen Maler sich in diese Region trauten und die Szenerien, die sich ihnen boten, begeistert aufgriffen.

Samarkand ist modern und alt zugleich. Den beeindruckenden Registan, einen nach einer Seite offenen Platz, säumen die drei gigantischen Medresen Schir Dor, Tillja Kari und Ulug Beg. Diese Koranschulen aus dem 15. bis 17. Jahrhundert werden jeweils durch einen Iwan oder Liwan, ein bis zu 35 Meter hohes Eingangsportal, betreten. Jeder Iwan ist mit chromatischen Majoliken (Fayence-Kacheln) geschmückt. Bei den Pflanzenmotiven und geometrischen Ornamenten herrschen Blautöne von Türkis bis Lila vor. Die Wände der Innenräume sind goldfarben. Platz und Bauten gehen auf den Tamerlan (auch Timur der Lahme, 1336–1405), einen grausamen, aber kunstsinnigen Abkömmling von Dschingis Khan, zurück. Unter seiner Herrschaft wurde Samarkand zu einem bedeutenden Zentrum der islamischen Welt. Die unter Tamerlan errichtete Mosche Bibi Hanim, aufwändig rekonstruiert und über und über mit Majoliken geschmückt, galt im Mittelalter als die schönste Moschee des gesamten Orients.

Zentrum islamischer Gelehrsamkeit

Auf solche kunsthistorische Superlative stößt der Reisende in Usbekistan immer wieder. Zwar wirken die kleinen Ortschaften rechts und links der Straßen auf den ersten Blick heruntergekommen und armselig. Die wirtschaftliche Ausbeutung Usbekistans in sowjetischer Zeit und die Unterentwicklung des seit 1991 unabhängigen Landes haben dazu geführt, dass nur wenig historische Bausubstanz durch moderne ersetzt und somit zerstört wurde. Viele Innenstädte haben sich deshalb noch ihren historischen Zauber bewahrt. Das gilt vor allem für das ebenfalls legendäre Buchara rund vier Autostunden westlich von Samarkand.

In ländlichen Gegenden kleiden sich die meisten Frauen und Männer traditionell (o. und u.), das Gesicht wird nie verschleiert. In bunten Farben präsentieren sich die reich gestalteten Kachelmotive religiöser Bauten (M. und r. o). Außerhalb der historischen Ortschaft liegen Felder, oder es beginnen gleich die steinigen Wüsten, die das Land charakterisieren (r. u.).

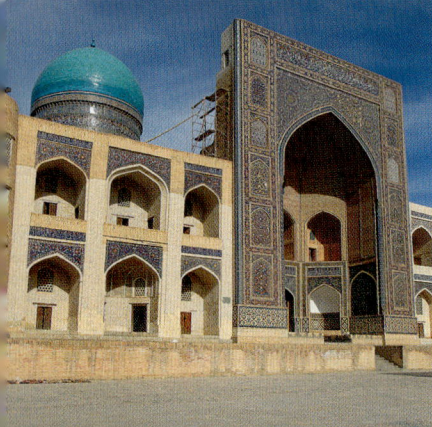

Nicht nur ältere Männer benutzen die für Uzbekistan typischen Kopfbedeckungen, die in der Regel reich verziert sind und oft Auskunft über den gesellschaftlichen Stand oder beruflichen Status eines Mannes geben (o.). Die Frauen tragen farbenfrohe Kleidung (u.). Koranschulen erkennt man an ihrem hohen, eine ganze Fassade einnehmenden Hauptportal (M.).

Usbekistan

Die Oasenstadt inmitten endlos erscheinender Steppe und Wüste war im Mittelalter eine Metropole an der Seidenstraße. Damals kamen angesehene Gelehrte aus der ganzen islamischen Welt hierher, um an den Medresen zu unterrichten. Darunter war auch der weltberühmte persische Philosoph und Mathematiker Ibn Sina, der im Abendland unter dem Namen Avicenna bekannt ist.

Der historische Stadtkern ist eine Art Open-Air-Lexikon der islamischen Architektur. Wie in Samarkand und Chiwa sind auch hier Bauwerke aus verschiedensten Stilepochen auf engstem Raum versammelt, wenn nicht erhalten, dann in alter Technik restauriert. Eine Augenweide! Buchara sollte man in Ruhe durchstreifen, um die zahlreichen Moscheen und Koranschulen sowie Wohnhäuser in versteckten Innenhöfen mit Vordächern, die von schlanken Holzsäulen mit Schnitzwerk getragen werden, zu entdecken.

Im Frühling und Herbst, wenn es noch nicht so heiß wird, stößt man immer wieder auf Reisegruppen. Wer aber Ende Oktober durch das Land reist, fühlt sich ein wenig wie die Entdecker des 19. Jahrhunderts. Zu Beginn des Frühlings und im Spätherbst werden die wenigen Touristen gern von Kinder mit einem freundlichen »Hello« begrüßt.

Wie vor hundert Jahren

Von Buchara aus geht die Reise durch die Wüste nach Chiwa, eine Oasenstadt kleiner als Samarkand, und Buchara, von einer Wehrmauer umgeben und angefüllt mit historischer Bausubstanz. Alles ist alt oder restauriert. Früh morgens oder nach Einbruch der Dunkelheit ist Chiwa fast zu schön, um wahr zu sein. In der Stille dieses Ortes, der für den Autoverkehr gesperrt ist, mit seinen schmalen Gassen und Plätzen, prachtvollen Minaretten, Moscheen und Medresen sowie einem Palast mit zahllosen Innenhöfen, allesamt geschmückt mit farbigen Majoliken, kann man sich gut vorstellen, wie man unter den Emiren von Charism bzw. Chiwa (bis 1920) lebte. Fast alles ist geblieben wie vor mehr als hundert Jahren.

Avantgarde in der Wüste

Durch eine unwirtliche Landschaft geht es weiter nach Nukus, eine Wüstenstadt, in der Kamele mitten im Zentrum nach dem wenigen dort wachsenden Gras suchen. Hierher, an einen Ort, der besonders unter der Austrocknung des Aralsees leidet, verirren sich nur wenige Reisende. Das ist ein Fehler, denn in dieser Ortschaft des autonomen Karakalpakstan befindet sich ein Museum mit einer einzigartigen Kunstsammlung: Bis zu seinem Tod trug der russische Maler Igor Sawitskij (1915–1984) die weltweit größte Sammlung russischer Avantgarde zusammen, mit Werken von Künstlern, die unter Stalins Diktatur nicht arbeiten durften oder in den Strafkolonien des GULAG verschwanden. Unter Lebensgefahr kaufte Sawitskij fast 90 000 Werke dieser offiziell geschmähten Maler zusammen, darunter Bilder mit Motiven aus Zentralasien im impressionistischen und expressionistischen Stil, aber auch solche, die den grauenhaften Alltag in den Lagern zeigen. Das Museum ist eine Perle für Kunstexperten aus aller Welt, wird aber nur ganz selten besucht. Hier kann man sich noch als Entdecker fühlen!

Für den Rückweg nach Taschkent sollte man das Flugzeug nehmen; in zwei Stunden ist man dort. Hat man die Zollprozedur heil überstanden und sitzt wieder im Flugzeug zurück ins Abendland, kommt einem die Reise entlang der Seidenstraße wie ein ferner Traum vor.

Thomas Migge

> Barfüßige Kinder treiben Ziegen und Schafe vor sich her – diese Szene erinnert an Gemälde aus dem 19. Jahrhundert, als die ersten europäischen Maler sich in diese Region trauten.

Praktische Reisetipps

ANREISE
Keine Direktflüge nach Taschkent.

VISA
Visa über die usbekische Botschaft erhältlich. Es ist ratsam, sich frühzeitig darum zu kümmern.

GESUNDHEIT
Keine Pflichtimpfungen. In der Reiseapotheke dürfen Medikamente, besonders gegen Durchfall, nicht fehlen.

REISEPLANUNG
Am besten das Land auf eigene Faust mit Mietwagen inkl. Chauffeur und privatem Guide erkunden. Selbstfahrer sind auf GPS-Navigation angewiesen.

AUSRÜSTUNG
In Usbekistan gibt es keine Übergangsjahreszeiten. Wetterwechsel unvermittelt zwischen sehr warm sehr kalt. Deshalb warme und leichte Kleidung mitnehmen. Im Sommer sind Sonnenschutz und Kopfbedeckung unerlässlich.

UNTERKUNFT
• Ramada Tashkent Hotel. Modern und komfortabel. http://ramadatashkent.com
• Hotel Grand Samarkand (Samarkand). Nicht schön, aber praktisch.
• Amelia Boutique Hotel (Buchara). Moderner Komfort gepaart mit zentralasiatischem Flair. www.hotelamelia.com
• Shaherezada Khiva (Chiwa). B&B mit viel Charme. www.khivashaherezada.uz
• Jipek Joli. Beste Unterkunft in Nukus, halbwegs komfortabel. www.ayimtour.com

INFO
www.uzbekistan.de
(Botschaft der Republik Usbekistan)

07 Avdat – Handelsstadt der Nabatäer

Weihrauch, Gewürze und andere Luxusgüter brachten einst Karawanen auf der Weihrauchstraße vom heutigen Oman zum Mittelmeer. Ein Abschnitt der uralten Handelsroute führte vom jordanischen Petra durch die Negev-Wüste zum Hafen des antiken Gaza. Die wichtigste Station an dieser Teilstrecke war Avdat. Nabatäer aus Nordwestarabien hatten es vor rund 2400 Jahren auf einem Hügel gegründet, der einen weiten Blick über das Land erlaubte. Später gehörte die blühende Handelsstadt zu Rom und schließlich zu Byzanz, bis sie ab dem 7. Jahrhundert langsam verfiel. Heute ist Avdat eine bedeutende archäologische Ausgrabungsstätte und gehört zum Welterbe der UNESCO. Aus seiner nabatäischen Frühzeit hat sich nur wenig erhalten, die einstige Pracht des Tempels lässt sich aber mit etwas Fantasie noch erahnen. Beeindruckend sind unter anderem die römischen Thermen und die Kirchenruinen, die aus byzantinischer Zeit stammen. Avdat ist heute als Nationalpark streng geschützt – gleiches gilt für das Naturparadies Ein Avdat, das nur vier Kilometer nördlich gelegen ist. Durch den traumhaft schönen Wasser führenden Canyon führt ein beliebter Wanderweg. Unterwegs sieht man Höhlen in den Felswänden, in denen einst byzantinische Einsiedlermönche schliefen. In dieser einzigartigen Oase gedeihen seltene Pflanzen, und mit etwas Glück erspäht man sogar einen der seltenen Nubischen Steinböck.

INFO Nationalparks Avdat und Ein Avdat, Anfahrt über die Landstraße 40, www.parks.org.il

In der Negev-Wüste erhebt sich die zerstörte Stadt Avdat aus der Wildnis von Zin. Im Bild der Altar einer uralten Kirchenruine.

Israel · Kanada · Russland

08 Haida Gwaii – Die Wunder-Inseln im Pazifik

British Columbia ist vielseitig. Die kanadische Provinz prägen faltige Gebirgsketten und eine 7000 Kilometer lange Pazifikküste mit Fjorden und Inseln. Haida Gwaii, »Inseln der Haida«, heißt ein Archipel, der durch die Hecate Strait vom Festland getrennt ist: Viele kennen ihn noch unter dem kolonialen Namen Queen Charlotte Islands. Auf rund 10 000 Quadratkilometern und rund 150 Inseln fasziniert hier eine einzigartige Natur mit Regenwäldern, Schwarzbären und einer unglaublichen Meeresfauna. Das Land, das Meer und Relikte der indigenen Kultur der Haida schützt im Süden der Nationalpark Gwaii Haanas – der »Ort der Wunder«, wie sie diesen traumhaften Flecken Erde poetisch tauften. Dazu gehört auch die verlassene Haida-Siedlung SGang Gwaay llnagaay, ein einmaliges Kulturdenkmal und UNESCO-Welterbe. Haida Gwaii ist auch »Canada's last frontier«, schließlich ist das Festland meilenweit entfernt. Mindestens sieben Stunden dauert die Überfahrt mit den Booten von BC Ferries ab Prince Rupert. Die weniger als 5000 Bewohner des Archipels, davon rund 2500 Haida, leben fast alle auf Graham Island. Dort führt von Queen Charlotte City der Yellowhead Highway (Highway 16) zur ältesten und größten Gemeinde: Masset. Das 1500-Seelen-Städtchen liegt am Naikoon Provincial Park, der im Nordosten der Insel mit kilometerlangen Sandstränden lockt.

INFO: Haida Heritage Center at Kay Llnagaaor, Second Beach Road, Skidegate, BC V0T 1S1, Tel. 250-55-78 85, www.haidaheritagecentre.com

Im Gleichgewicht: Ein Überbleibsel aus der letzten Eiszeit ist der Balance Rock auf den Queen Charlotte Islands.

09 Die Kurische Nehrung

Die Fahrt zum Nationalpark Kurschskaja Kossa, der die einmalige Landschaft dieses UNESCO-Welterbes schützt, erfolgt über Selenogradsk. Im einstigen Seebad Cranz ist man heute eifrig bemüht, die Kurpromenade zu altem Glanz aufzupolieren. In Lesnoje finden sich alte Fischerhäuschen und neue Ferienvillen sowie der Königswald mit mächtigen Lebensbäumen und Lärchen. Auf dem Weg nach Rybatschi sieht man die Vogelstation Fringilla, in der jährlich bis zu 100 000 Singvögel in riesigen Netzen gefangen, von Wissenschaftlern gemessen, gewogen und beringt werden. Kurz vor der litauischen Grenze ragt bei Morskoje die höchste Düne der Nehrung auf. 62 Meter misst die sandige Epha-Höhe.

Nördlich von Kaliningrad bietet die Ostseeküste eine fast vergessene Traumszenerie, eine einzigartige Dünenlandschaft mit Wäldern, Fischerdörfern und verträumten Seebädern. Als schmaler Landstreifen erstreckt sich hier zwischen dem Kurischen Haff und der weiten Ostsee 98 Kilometer lang die Kurische Nehrung – der Legende zufolge wurde sie von einer gütigen Riesin aufgeschüttet, um die Küste zu schützen. Die Kurische Nehrung weckt Assoziationen an Sommerfrische in der Kaiserzeit, heute reisen die meisten Besucher aus Europa auf die litauische Seite des Sandstreifens, da sie für Russland ein Visum benötigen. Doch auch der Weg zur südlichen Hälfte der »Sahara des Nordens« lohnt.

INFO: Kaliningrad Regional Tourism Information Center, 4 Prospekt Mira Street, www.visit-kaliningrad.ru

Weit in die Ostsee hinaus schwingt sich die Seepromenade von Selenogradsk. Bis zum Jahr 1946 war die Stadt unter dem Namen Cranz bekannt.

10 Isles of Scilly – vom Golfstrom verwöhnt

Der Archipel Isles of Scilly liegt rund 50 Kilometer vor Land's End im Atlantik, und dank des Golfstroms freut man sich hier am wärmsten Klima Großbritanniens. Die Queen trifft man hier nicht alle Tage, aber königliches Flair erlebt man rund um die Hauptinsel St. Mary's und den vier weiteren bewohnten Inseln Tresco, St. Martin's, Bryher und St. Agnes allemal. Die 140 Inseln sind das perfekte Reiseziel für alle auf der Suche nach dem Besonderen. Ob mit der Fähre, per Helikopter oder mit einer Propellermaschine von Skybus – schon die Anreise ist ein Erlebnis. Vom Meer oder durch das kleine Fenster des Flugzeugs aus wirkt die Küste Cornwalls wie von Märchenhand gezeichnet. Mit über 1800 Sonnenstunden im Jahr sind die Isles of Scilly Balsam für die Seele und natürlich ein gefragtes Urlaubsziel für die Briten. Doch die Zahl der Unterkünfte ist begrenzt, denn man will einem ausufernden Tourismus nicht die größten Schätze des Inselparadieses opfern: unberührte Natur, Ruhe und Abgeschiedenheit, kilometerlange weiße Sandstrände und ein azurblaues Meer. Wer sich zudem für Archäologie interessiert, kann vor allem im Ostteil der Insel Chapel Down prähistorische Menhire und Kultstätten aus der Bronzezeit entdecken. Wer dagegen bei Ebbe über die Felsen am Nordende von St. Martin's klettert, wird verzaubert von der archaischen Einsamkeit von White Island.

INFO Tourist Information Centre, Hugh Street, Hugh Town, St. Mary's, Isles of Scilly TR21 0LL, www.simplyscilly.co.uk

Nicht nur mit einem rätselhaften, aus Vorzeiten stammenden Steinlabyrinth, sondern auch mit fantastischen Stränden kann St. Agnes auf den Scilly Islands punkten.

11 Von der Hauptstadt zur Stadt des Ho Chi Minh: von Hanoi nach Saigon

Vietnam ist ein spannendes Land im Umbruch – und dank seiner landschaftlichen Vielfalt, seiner Kulturdenkmäler und vor allem seiner freundlichen Menschen eines der beliebtesten Reiseziele in Asien. Seit 1885 rollen und rattern Züge durch die ehemaligen indochinesischen Teilprovinzen Tonking im Norden, Annam im heutigen Zentralvietnam und Cochinchina im tropischen Süden. Entdecken lässt sich das faszinierende Land in beliebigen Etappen auf der über 1700 Kilometer langen Küstenroute am Südchinesischen Meer von Hanoi nach Ho-Chi-Minh-Stadt, dem einstigen Saigon.

Mitten durch die Häuserschluchten verläuft die Bahnstrecke in Hanoi. Wen wundert's, dass es immer wieder zu Unfällen kommt ...

INFO: www.vietnamtraintravel.com, Reise- und Sicherheitshinweise über www.auswaertiges-amt.de

Großbritannien · Vietnam · Peru

12 Auf dem Inkaweg – der Salkantay-Trek nach Machu Picchu

Machu Picchu ist der Name einer Ruinenstadt in den Peruanischen Anden, die heute zum UNESCO-Welterbe gehört. Vor über 500 Jahren wurde sie von den Inka auf 2360 Metern Höhe oberhalb des Tales des Rio Urubamba zwischen dem »alten Gipfel« Machu Picchu und dem »jungen Gipfel« Huayna Picchu auf Terrassen angelegt. Die meisten Besucher erreichen die faszinierende Stätte auf dem Inka Trail. Eine Alternative ist der alte Fußweg, der an der Flanke des 6271 Meter hohen »wilden Bergs« Salkantay vorbeiführt. Am Anfang der mehrtägigen Tour steht in der Regel eine abenteuerliche Busfahrt von der alten Inka-Hauptstadt Cusco nach Mollepata. Nach einem langen Aufstieg erreicht man Silca (Saillapata) und Soraypampa, danach führt die Tour durch eine Schlucht zum 4600 Meter hoch gelegenen Salkantay-Pass und wieder hinab in das tropische Colcapampa – eine anstrengende Etappe, doch wird der atemlose Wanderer mit einem grandiosen Blick auf schneebedeckte Gipfel entschädigt. Nach einem Abstieg durch Obst- und Kaffeeplantagen erreicht man schließlich das Dorf La Playa und folgt von dort dem Inka Trail nach La Hydroeléctrica. Von hier aus fahren Züge nach Aguas Calientes und Shuttle-Busse weiter nach Machu Picchu. Auf diese Weise spart man sich Kräfte für die Besichtigung der beeindruckenden Ruinen, der alten Tempel, der mächtigen Burg und der massiven Sonnenuhr. Ein großartiges Erlebnis.

INFO: Cusco Travel, Av. De La Cultura, Pasaje Constancia 102, www.cuscotravel.com

Schneebedeckte Gipfel, zerklüftete Berge, schmale Flüsse und verwunschene Wälder – Trekkingtouren in den Anden versprechen grandiose Landschaften.

Turkmenistan · China

13 Legendäre Oasenstadt: Merv an der Seidenstraße

Wo heute auf einem weiten Gebiet nur mehr mächtige Ruinen in den Himmel ragen, pulsierte weit über tausend Jahre lang das Leben in der bedeutenden Handelsstadt Merv. Erste Siedler ließen sich in dieser Oase in der Wüste Karakum schon vor rund 5000 Jahren nieder. Die Siedlung entwickelte sich vor über 2000 Jahren zu einer bedeutenden Station an der Seidenstraße und zählte im Mittelalter mehrere hunderttausend Einwohner. Vom einstigen Glanz der Metropole zeugt beispielsweise die Große Kyz Kala, eine palastartige Festung, die aus dem frühen Mittelalter stammt.

INFO: Organisierte Reisen über Veranstalter wie German Travel Network, Rothenburgerstr. 5, 90443 Nürnberg, www.g-t-n.de

Wegen seiner Bibliotheken, Paläste und Moscheen war die von den Seldschuken errichtete Stadt Merv viele Jahre vor allem unter dem Namen »Perle des Orients« den Reisenden ein Begriff

14 Dali – alte Hauptstadt in Yunnan

Ein mildes Klima, das zwei Ernten im Jahr erlaubt, ein See, der malerisch vor einer traumhaften Bergkulisse liegt – kein Wunder, dass sich schon vor Jahrtausenden Menschen dort wohlfühlten, wo sich heute in Südwestchinas Provinz Yunnan die Stadt Dali erstreckt. Die einstige Hauptstadt der mittelalterlichen Reiche Nanzhao und Dali liegt knapp 2000 Meter hoch am Er Hai (Ohr-See), dessen Westseite das mächtige Cangshan-Gebirge flankiert. An den Berghängen bestatten traditionell die hier ansässigen Bai ihre Toten. Die ethnische Minderheit stellt den Großteil der rund 600 000 Einwohner Dalis und ist vor allem für ihre Fischerei mit dressierten Kormoranen bekannt. Dalis schöne Altstadt verströmt das Flair des alten China, und sein Stadtbild prägen eine gut erhaltene Stadtmauer aus der Ming-Dynastie, traditionelle Häuser und gemütliche Straßen. Sein beeindruckendes Wahrzeichen sind die Drei Pagoden des Chongshen-Klosters, die vor über 1000 Jahren im typischen Baustil der Bai errichtet wurden. Dali ist ideal, um auf der geschäftigen, von unzähligen Souvenirshops und alten Holzhäusern gesäumten Hauptstraße zu bummeln und die Atmosphäre zu genießen. Sein Reiz erschließt sich vor allem jenen Reisenden, die auf eigene Faust in China unterwegs sind und hier auf einen unkomplizierten Reisealltag stoßen – in China sonst eher eine Seltenheit.

INFO: Dali City Tourism Bureau, Alt-Dali, Fuxing Str. 245, www.topchinatravel.com

Am Fuß des Cangsheng-Berges ragen drei weiße Pagoden, im 9. Jahrhundert erbaut, in den Himmel. Sie sind ein Symbol für die Provinz Yunnan.

Namibia

15 Optimal angepasst – bei den Himba im Kaokoland

Im abgelegenen Nordwesten Namibias verzaubert im Grenzgebiet zu Angola das Kaokoland mit seiner Stille und Ursprünglichkeit. Die trockene Gebirgsregion ist eine wilde Schönheit mit Wildtieren, Dornbuschsteppen, Felsen und Tafelbergen, in der sich der Fluss Kunene dunkelgrün durch Ocker und Umbra schlängelt – eine Symphonie der Erdfarben, zu der auch die wenigen tausend Bewohner des Gebietes beitragen. Seit gut 500 Jahren ist das Kaokoland die Heimat der Himba, die ihre Kultur an den harten Existenzkampf in dieser Einsamkeit bestens angepasst haben. Ihre Lebensgrundlage bilden Fettschwanzschafe und Ziegen, ihr Stolz und Reichtum basiert jedoch auf ihren Rindern. Mit ihren Herden ziehen die Himba im Wechsel von Dürre und Regen zu den jeweils geeigneten Weideflächen, dazu bauen sie ein wenig Mais und Kürbisse an – für intensiven Ackerbau ist diese harte Landschaft ungeeignet. In dem extrem wasserarmen Gebiet schützen die Himba ihre Körper vor der Hitze, vor Austrocknung und auch vor Stechmücken, indem sie sich täglich mit einer aromatisch parfümierten Paste aus Butterfett und rotem Ocker bestreichen, die sich farblich perfekt in die Landschaft einpasst. Wer ihren Körperschmuck und ihre kunstvollen Frisuren deuten kann, kennt stets genau die soziale Stellung einzelner Personen – tatsächlich ist die Körperkunst der Himba weitaus informativer als in unserer Kultur Ehering, It-Bag und Co.

INFO: Kaoko Information Centre, Main Road, Opuwo, www.namibia-travel.net

Frauen genießen bei den Himba hohen Status: Bei Streit zwischen den Eheleuten bekommt der Mann – gesetzlich geregelt – Ärger mit ihrer Familie.

LETZTE PARADIESE

Bhutan

16 Im Land der Dzongs

Das bis vor wenigen Jahren von der Außenwelt streng abgeschottete Himalaya-Königreich Bhutan lockt zusehends mehr Besucher in seine märchenhaften Landschaften. Noch beeindruckender aber ist die bhutanische Kultur. Den Menschen ist ein gutes Leben wichtig. Konsum und materieller Besitz stehen nicht im Vordergrund. Daher sind es auch die Begegnungen, die das Land so reizvoll machen.

In knappem Abstand zieht die Maschine über hoch aufragende, dichtbewaldete Bergrücken hinweg, tief unten zeigen sich enge Talkessel. Zu den Passagieren gehören buddhistische Mönche mit kahl rasiertem Schädel, gewandet in dunkelrot-orangene Kutten, mit nacktem rechten Oberarm und Gebetskette aus Holzperlen um den Hals, sowie Angehörige von Nichtregierungs- und Hilfsorganisationen und bhutanische Geschäftsleute. Die Piloten benötigen für den schwierigen Landeanflug eine Spezialausbildung. Das ist ein Grund, warum die staatliche Fluggesellschaft Drukair–Royal Bhutan Airlines ihr Geschäft konkurrenzlos mit zwei Maschinen vom Typ Airbus A 319 via Bangkok (Thailand), Kathmandu (Nepal) oder Delhi (Indien) betreiben kann – nach ganz eigenen Regeln: Für Flugausfälle haftet ausschließlich der Kunde. Die gibt es durchaus nicht selten, weil das Wetter im Gebirge von einer Minute auf die andere wechseln kann.

Die Uhren ticken anders

Am Ausgang des Airports in Paro warten Guide und Fahrer, ohne die sich ein Fremder hier nicht fortbewegen kann und darf. Unsere Begleiter, Kuenzang und Karma, schlingen uns mit einem freundlichen »Kuzoozangpo Tashi Delek« den Khadhar, einen weißen Zeremonienschal, um den Hals. Das Märchenland zwischen Himalaya und tropischem Regenwald tickt schon sehr besonders.

Von den knapp 800 000 Bewohnern wird der 34-jährige »Drachenkönig« Jigme Khesar Namgyel Wangchuck hoch

Nach der Landung auf Paro International (o.) beginnt auf 2236 Metern Höhe das Paradies. Bogenschießen ist der Nationalsport Bhutans (M.). Schützen sieht man immer wieder. Zum Pflichtprogramm gehört der Besuch märchenhafter Klöster. Die Mönche (u.) gehören zum Dzong im Punakha-Tal (r. u.), das spektakulärste Pilgerziel ist »Tiger's Nest« (r. o.).

Bhutan

Paros prächtig bemalte Holzhäuser ziehen mit altertümlichen Läden Einheimische wie Touristen (o. und r. o.) an. Archaisch anmutende Szenen auf den Reisfeldern sowie der Markt von Paro begeistern vor allem Fotografen (u. und r. u.). An den Gebetsmühlen des Kyichu-Lhakhang-Tempels aus dem 17. Jahrhundert lässt sich die stolze Dame aus Paro gerne ablichten (M.).

verehrt. Die buddhistischen Mönche, etwa ein Viertel der Bevölkerung, leben in Dzongs, monumentalen Klosteranlagen, die zugleich Verwaltungssitz sind. Tabakverkauf und öffentliches Rauchen sind strengstens verboten. Dafür sieht man schlammbedeckte Reisbauern neben ihrem Ochsengespann am Feldrand in althergebrachten Trachten – und mit einem Handy am Ohr. Noch beherrschen in der Hauptstadt Thimphu (rund 100 000 Einwohner) schmucke Verkehrspolizisten die Hauptkreuzung. Ampeln würden hier trotz wachsender Blechkarawanen und knapper werdender Parklücken traditionsbrüchig wirken.

Wir fahren an Berghängen mit dichten Pinienwäldern und an aufgewühlten, lehmbraunen Flüsse entlang, dazwischen Terrassenfelder mit Bauerngehöften. Die prächtigen Bauten aus Holz und Lehmblöcken sind mit Ornamenten geschmückt, Die Männer tragen das traditionelle Gho, knielang und in der Taille gebunden, Frauen die Kira, einen knöchellangen Rock. Allerorten flattern Gebetsfahnen. Die weißen Manidhar sind den Seelen der Verstorbenen gewidmet. Diese schweben während der ersten 49 Tage nach ihrem Tod zwischen Hölle und Himmel, bevor die endgültige Entscheidung über ihren »Verbleib« fällt.

Auf dem Dach der Welt zum Tigernest

Die Straße nach Punakha windet sich in Serpentinen auf über 3000 Meter hinauf. Bei klarer Sicht, also von Mitte Oktober bis etwa Mitte Februar, bietet sich am Dochula-Pass ein faszinierender Blick in den östlichen Himalaya. Gewaltig und schneebedeckt stehen ein halbes Dutzend Bergriesen wie Masang Gang (7194 m), Kangphugang (7170 m) und Bhutans höchster, Gangkar Punsum (7145 m), im azurblauen, winterlichen Himmelszelt. 108 Chorten, rechteckige Grabmonumente auf der Passhöhe, die das Bewusstsein Buddhas darstellen, werden von buddhistischen Besuchern im Uhrzeigersinn umrundet. Wir genießen, im Wind zwischen hohen Zedern stehend, das bildschöne Panorama.

Im Punakha-Tal umströmen die Flüsse Mo und Pho den Punakha-Dzong. Er wirkt wie ein Riesenschiff, das die wilde Strömung mit seinem Bug spaltet. Frühmorgens fahren wir mit Kuenzang zum Parkplatz unterhalb des 2950 Meter hohen Taktshang-Lhakang, dem spektakulär an einer schwarzen Felswand klebenden »Tigernest«-Tempel. Hier soll der

Bhutan

Der rituelle Opferkuchen aus feingliedrigen Teigblüten entsteht im Kyichu-Lhakhang Tempel Paros (M.). Wer Kontakt zu Bhutans freundlichen Bewohnern sucht, sollte Paros Gemüsemarkt (o, u.) aufsuchen oder einfach am Straßenrand stoppen: Diese vespernde Bauernfamilie (oben) zeigt keine Scheu vor den Fremden, die aus allen Winkeln der Welt kommen (r. o.).

Guru Rinpoche einst auf dem Rücken einer Tigerin Zuflucht gefunden haben. Beim Aufstieg über hunderte Treppen sind Rinpoches Spuren im Fels sichtbar. Aufgeschichtete Opfersteine bitten um Kraft. Der Blick streift schroff abfallende Steilwände. Jenseits einer gewaltigen Schlucht liegt in greifbarer Nähe der buddhistische Tempel.

Keine Rucksacktouristen!

Wer das aufregende und für lange Zeit verschlossene Bhutan in Ruhe erleben will, hat ein Problem: Der Reisemarkt mit seinen sehr speziellen Attributen – den Himalaya-Riesen, der unberührten, kaum zugänglichen Landschaft, dem angenehmen mitteleuropäischen Klima, der bemerkenswerten Tempelarchitektur und der sanftmütigen, freundlichen Bevölkerung – wird vom Staat streng kontrolliert und reglementiert: Auf eigene Faust kommt hier niemand ins Paradies. »Rucksackfreaks, Hippies und Massentourismus«, erklärt Chambula Dorji von Bhutan Dorji Holidays in Thimphu, »sind politisch nicht opportun.« Dennoch sind während der letzten Jahre zahlreiche Hotelbauten entstanden, zum Beispiel in Paro, dem Flughafenstädtchen, eineinhalb Fahrstunden von Thimphu entfernt. In Bhutan, ergänzt der bhutanische Reiseunternehmer in fließendem Deutsch, setze die Regierung weiterhin auf ein hochpreisiges, durchorganisiertes Produkt, am allerliebsten im obersten Preissegment. So bekommt das Fünf-Sterne-Flaggschiff Uma-Paro (Como Resorts), ein Wellnessstempel im landestypischen Dzong-Stil mit Suiten ab 1000 US-$ pro Nacht, immer mehr exklusive Schwestern. Und wer reist nach Bhutan? »Solche« erklärt Umas Manager, »die extreme Destinationen brauchen.« Oder sonst schon überall waren, was beispielsweise auf Keira Knightly, Cameron Diaz und Donna Karan zutreffe.

Maximales Glück

Seine Majestät spricht gern von »Gross National Happiness« in ironischer Anspielung auf das »Gross National Product«, das Bruttosozialprodukt, mit dem international die Leistung einer Volkswirtschaft gemessen wird. In seinem Königreich, das so groß und gepflegt wie die Schweiz ist und sich ebenso herrlicher Berglandschaften rühmen kann, geht es nicht um Leistung, sondern um das größtmögliche Glück. Die Jugend hat jedoch andere Maßstäbe als die Elterngeneration – und hat auch keine Lust mehr, mühselig auf den Feldern zu arbeiten. Sie hat vor allem Sehnsucht nach der Moderne – auch im Land der Glückseligkeit sind Handys, Laptops und Internet erstrebenswert. Diese Symbole der Globalisierung sind allerdings teuer. Weshalb der Protagonist des Roadmovies »Travellers & Magicians« auch folgerichtig ins Land der unbegrenzten Möglichkeiten, nach Amerika, auswandern will. Der zauberhafte Beitrag Bhutans auf den internationalen Filmfestivals zieht die Zuschauer durch seine herzerfrischend und gleichzeitig philosophisch agierenden Charaktere sowie durch die atemberaubend schöne Gebirgslandschaft in ihren Bann. Realität und Fiktion verschmelzen dort zu einer einzigartigen Geschichte.
Roland F. Karl

> Den Menschen ist ein gutes Leben wichtig. Konsum und materieller Besitz stehen nicht im Vordergrund. Daher sind es auch die Begegnungen mit ihnen, die das Land so reizvoll machen.

Praktische Reisetipps

ANREISE
Flug von Frankfurt am Main über Bangkok (Thailand), Delhi, Kalkutta, Bombay (Indien), Kathmandu (Nepal), Dakka (Bangladesch) oder Singapur.

VISA
Visum erforderlich (wird vom Veranstalter organisiert). Individuelle Einreise ist nicht möglich. Es werden pro Tag 240 US-$ Aufenthaltsgebühr erhoben. Darin sind die Kosten für die Unterbringung in landestypischen Hotels, den Transport, Guide und die Vollverpflegung enthalten.

GESUNDHEIT
Keine Pflichtimpfungen. Tetanus und Hepatitis empfehlenswert (www.crm.de).

REISEZEIT
Zwischen November und Januar ist die Sicht auf die Himalaya-Riesen am besten. Trekkingtouren sind bis Ende November möglich. Angenehmste Reisezeit Februar bis Mai und September bis November.

REISELEKTÜRE
Françoise Pommaret: Bhutan, Bremen 2013

UNTERKUNFT
In einfachen, landestypischen Hotels oder in Luxushotels (www.comohotels.com, www.amanresorts.com, www.tajhotels.com)

INFOS
• www.best-of-bhutan.de (Bhutan-Spezialist Rose Travel mit umfassendem Programm)
• www.tourism.gov.bt (offizielles Tourismusportal)

Cookinseln

17   Der Himmel auf Erden

Ein Cookinsulaner kennt 71 Götter und zwölf Himmel – fünf über der Sonne, sieben darunter. Der Besucher der Cookinseln ist dagegen schon mit einem Himmel zufrieden: Wer auf Rarotonga, der Hauptinsel des zu Neuseeland gehörenden Südpazifik-Archipels, gelandet ist, fühlt sich schnell – im Himmel auf Erden. Blumenkränze, um den Hals gelegt, verströmen einen Duft, wie er wohliger und exotischer kaum sein kann. Warme Luft umschmeichelt den Körper. Und freundliche Menschen lachen allerorten.

Der Autovermieter am kleinen Airport erklärt: »Den Schlüssel können Sie immer stecken lassen. Aber parken Sie das Fahrzeug nie unter einer Kokospalme!« Als ob einer der 71 Götter seine Macht demonstrieren wollte, donnert keine zehn Sekunden später und keine 20 Meter weiter eine große grüne Kokosnuss ins Gras und hinterlässt zur Erinnerung einen kleinen Krater. »Kia Orana« bedeutet nicht nur »Guten Tag«, sondern auch: »Dass du lange leben mögest« ...

Schönheit bewahren

Der Himmel auf Erden ist kreisrund, fast vollständig von einem Riff umsäumt und mit 30 Kilometern Strand gesegnet. Dem schönsten Strand auf Rarotonga, Muri Beach, vorgelagert, sind die Inseln Tapu, Oneroa, Koromiri und Taakoka. Südsee wie aus dem Bilderbuch. Immergrüne Faltenberge ragen oft bis in weißen Wattewolken hinauf, und am Horizont führt der dunkelblaue Pazifik ins Nichts. Ein perfektes Bühnenbild.

Aber auch im Himmel gibt es Probleme: Zwar handeln die Schlagzeilen in der Tageszeitung »Cook Islands News« nicht von Krieg, Wirtschaftsflaute oder Doping, sondern teilen mit: »Reis, Kartoffeln und Tomaten sind angekommen!« Das Versorgungsschiff »Excil« hatte allerdings drei Wochen Verspätung. Und in der aktuellen Jahresstatistik standen den 298 Geburten 86 Todesfälle und 704 Auswanderer, vornehm-

Wenn die Realität alle kühnen Postkartenträume eingeholt hat, dann muss man auf den Cook Islands gelandet sein (r.). Und zwar am besten im »Pacific Resort Aitutaki«, einem »Small Luxury Hotel« am schönsten Ende der Welt, wo die Menschen stets lächeln (M.) und traumhafte Strände (o.) sowie von Dschungel bedeckte Berghänge Besucher in ihren Bann ziehen (u.).

Cookinseln

lich nach Neuseeland, gegenüber. Deshalb wurde der Himmel auf Erden verriegelt: Grund und Boden dürfen nicht an Ausländer verkauft werden; möglich ist maximal eine Pachtdauer von 60 Jahren.

Das gilt auch für die Insel Aitutaki, wo jede Familie ihr Stück Land besitzt und die Lagune allen gehört. Was nach Südsee-Sozialismus klingt, ist in Wirklichkeit eine Monarchie. Die vier Araki, die Insel-Chefs, werden nicht gewählt. Ihr Ehrenamt wird vererbt, ihre Kronen werden traditionell aus einer Kokosnuss geschnitzt. Die Araki sorgen dafür, dass die vielleicht schönste Insel im Südpazifik nicht in die Fänge großer Hotelketten gerät. Die durchschnittlichen Zimmer- und Bungalowpreise sind mit umgerechnet 80–100 Euro fair. Das Geld fließt direkt in die Kassen der Familien, welche die Lodges betreiben. »Unsere 300 Betten auf der Insel sind ohnehin so gut wie nie ausgebucht«, sagt die einzige Insel-Chefin, Queen Manarangi Tutai. Am Strand des unscheinbar in die Natur integrierten »Pacific Resort« sind Fußspuren im Sand meist der einzige Hinweis auf andere Touristen. Werden zwei Menschen am Strand gesichtet, ist viel los.

Die Queen erzählt

Auf One Foot Island hingegen, einer der rund 20 Inseln, die zur Aitutaki-Lagune gehören, setzen dagegen täglich Dutzende von Leuten ihren Fuß. Jede Lagoon Cruise macht an diesem für einen Inselwitz als Vorlage durchaus tauglichen Eiland halt. Frühmorgens allerdings, beim ersten Tauchen in der Lagune, kann es passieren, dass man tellergroße Rochen aufweckt, die im flachen Wasser noch unterm Sand schlummern. Und wer bunte Badekleidung trägt, wird von manchem Zierfischlein als neues Riff akzeptiert. Zwischen den wie Fächerkorallen hin und her wogenden Falten der Boxershorts ist schließlich Platz zum Verstecken.

In den 1950er-Jahren landeten in der Lagune die Wasserflugzeuge der berühmten Coral Route. »Der Stopp auf den Cookinseln war nötig, damit die Maschinen aufgetankt werden konnten«, erklärt Manarangi Tutai. Der Landungssteg für die ankommenden Passagiere ragt, etwas verfallen zwar, bis heute in die Lagune. Eine kleine Hütte ist auch noch vorhanden, wo sich die Gäste während des zweistündigen Tankstopps umziehen konnten. Nach dem Bad im Meer gab es eine Hula-Show und den Morgentee – die Passagiere hatten

Inseln zum Träumen oder Trauminseln? In Aitutaki, der schönsten Lagune der Welt, gibt es beides, selbst wenn manchmal viel los ist: Tollen da doch zwei Menschen am Strand herum ... (r.). Queen Manarangi kann selbstredend eine Kokosnuss öffnen, was für Touristen gar nicht so einfach ist (o.). Darunter ein einfaches Wohnhaus (M.) und One Foot Island (u.).

Cookinseln

Südsee-Impressionen: Ein Papaya-Baum mit Früchten (o.), Spuren im Sand (M.) und Inselgeld, das so schön gemacht ist wie die Cook Islands schön sind (u.). Jedes Kfz-Schild wünscht nicht nur »Guten Tag!«. »Kia Orana« heißt auch: »Das du lange leben mögest« … (r. o.). Autor Jochen Müssig beim Studium der aktuellen Lokalpresse im Wasser von Muri Beach (r. u.).

schließlich einen langen Nachtflug hinter sich. »Jeden Donnerstag und jeden Sonntag gegen neun Uhr schwebten die Shorts mit ihren laut dröhnenden Motoren bei uns ein«, erzählt Manarangi, deren Urgroßvater Deutscher war. »Als Kinder freuten wir uns immer auf die Flugzeuge.« Jetzt ist die Queen 67 Jahre alt, sie erinnert sich aber noch an den berühmten und eleganten amerikanischen Schauspieler Marlon Brando. »Dort saß er im Schatten«, sagt sie und deutet hinüber zu einer Palme. Auch der König von Tonga, für den eigens ein Sitz ausgebaut wurde, hat sie als Stop-over-Passagier gesehen: »Der war unglaublich dick!«. Einem Liliputaner sind die Kinder vom Dorf hinterhergelaufen, »weil wir so einen Zwerg noch nie gesehen hatten. Fernsehen gab es ja noch nicht bei uns«.

Ein Paradies mit kleinen Macken

Es ist Abend auf Akaiami, einer weiteren traumhaft schönen Laguneninsel. Dort gibt es nur ein Zimmer zu mieten. Ein laues Lüftchen weht, der Mond geht auf und wird bald rund und hell am Himmel stehen, die ersten Sterne funkeln – Es ist kein Laut zu vernehmen. Ich bin tatsächlich ganz allein in der Hütte und kann bei einer Flasche neuseeländischen Weins eine Südsee-Atmosphäre genießen, wie sie in keinem Prospekt der Welt versprochen werden kann. Ich bin Teil meines eigenen Reisetraums. Jetzt müsste man die Zeit anhalten! Wenn nur nicht die lästigen Moskitos wären … Auch das Paradies hat seine Macken. Einstein sagte einmal: »Wenn man zwei Stunden mit einem netten Mädchen zusammensitzt, meint man, es wäre eine Minute. Sitzt man jedoch auf einem heißen Ofen, meint man, es wären zwei Stunden …«

In der Dämmerung, wenn die Moskitos hungrig wie Vampire sind, komme ich mir vor, als säße ich mit einem netten Mädchen auf einem heißen Ofen. Der erste Europäer, der diese wunderschöne Lagune erblickte, war 1789 Kapitän William Bligh, Kommandant der berühmten »Bounty«. Wen wundert es, dass nur wenige Tage nach dem Besuch die Mannschaft meuterte …

Nach einer Visite auf Atiu wäre das Bligh wahrscheinlich nicht passiert. Atiu ist auf den ersten Blick enttäuschend: kein Atoll und keine Lagune, von Südsee ist wenig zu spüren. Erst nach ein paar Tagen ändert sich der Eindruck. 575 Leute wohnen auf Atiu, alle im Inselinneren, weil kein Riff gegen Unwetter schützt. Sie brauen Bier aus Orangen, kennen keine Grillwürstchen, bauen aber einen hervorragenden Kaffee an. Als Tourist – es kommen durchschnittlich drei pro Tag – tauscht man sein T-Shirt gegen Obst und Gemüse für die nächsten Tage. Und von Mitternacht bis fünf Uhr morgens wird der Strom abgestellt. Dennoch hat der deutsche Buchhalter der Insel seinen 92-jährigen Schwiegervater nach Atiu geholt, weil diesem nach mehreren Besuchen der Südseealltag auch ohne Postkartenidylle immer noch besser gefallen hat als das Altenheim im grauen Deutschland.
Jochen Müssig

*Ein toller Platz?
Ein Traumplatz?
Ach was! sagen wir es einmal ganz deutlich:
Der beste Platz der Welt!*

Praktische Reisetipps

ANREISE
In rund 24 Stunden via London und Los Angeles mit Air New Zealand nach Rarotonga (www.airnewzealand.com). Flüge zwischen den Cookinseln mit Air Rarotonga (www.airraro.com).

VISA
Touristen erhalten bei einem Aufenthalt bis 31 Tage am Flughafen ein kostenloses Visum.

GESUNDHEIT
Keine Pflichtimpfungen. Wichtig ist ein guter Mücken- und Sonnenschutz.

REISEZEIT
Ganzjährig mit angenehmen Tagestemperaturen zwischen 25 °C und 30 °C.

UNTERKUNFT
Alle Kategorien von einfachen Gästehausern über Strandbungalows mit Küche und Terrasse bis zu Luxusvillen verfügbar. Auf Atiu und anderen Outer Islands stehen nur einfache Unterkünfte bereit. Eine Topadresse ist das Pacific Resort Aitutaki (www.pacificresort.com). Mit Gina's Beach Lodge an der Lagune von Aitutaki hat man eine Insel ganz für sich allein (www.ginasaitutaki.com).

REISEPLANUNG
Hotels, Flüge, Mietwagen (nur auf Rarotonga empfehlenswert, auf den anderen Inseln ist man preisgünstiger und besser mit einem Moped unterwegs) oder Touren vermittelt zuverlässig Island Hopper Vacations (www.islandhoppervacations.com).

INFOS
www.cookislands.travel (Cook Islands Tourism)

Costa Rica

18 Jeden Tag geht die Sonne auf

Der Jaguar hat mich gesehen, ich ihn aber nicht. Wahrscheinlich war es so besser für uns beide. Ich jedenfalls hatte schon bei der Vorstellung unserer ersten Begegnung mildes Herzrasen. Ein Nationalpark wie der Corcovado-Park auf einer Halbinsel im Südwesten Costa Ricas ist schließlich kein Zoo, sondern echter Dschungel. Und von Spielregeln wie im »Dschungelbuch« haben die Bewohner dort sicher nichts gehört.

Großkatzen wie der Jaguar leben in dem Gebiet, daneben Wildschweine, Nasenbären, Tapire. Affen jeder Größe, wunderschöne Großpapageien wie die Aras, aber auch Krokodile und Alligatoren. Dort, wo der Río Claro und der Río Serena ins Meer münden, müssen wir bei Ebbe durch. Dann sind die beiden Flüsse nicht viel mehr als müde Rinnsale, die kaum die Fußsohlen benetzen. So ist der Blick frei auf farbig glänzende Kiesel und lustig kraxelnde Krebse. Die Flut aber schiebt salziges Meerwasser ins Landesinnere und lässt die Flüsse zu hüfttiefen, breiten Strömen anschwellen – die auch Haien Aktionsraum lassen. Das ist auch der Grund, warum wir einen gewissen sportlichen Ehrgeiz bei der Wanderung entwickeln. Denn gefährlich leise gleiten die Haie durchs Wasser, nur die Rückenflossen sind vom Ufer aus zu erkennen. Der Urwald mit seinen Abertausenden Appetithappen ist ihre Speisekammer. Noch gefährlicher wird es, wenn man ein leises Plopp hört. Dann hat sich ein Krokodil, dessen schlammbraune Reptilienhaut optisch mit der Ufervegetation und dem Boden verschmilzt, ins Wasser gleiten lassen.

Schwitzend durch die Wildnis

Wir aber wollen uns und unsere Siebensachen sicher zur biologischen Station La Serena bringen. Deshalb brechen wir bei ablaufender Flut an der kleinen Forststation am Parkeingang auf. Nicht ohne uns registriert zu haben. Sollten wir nach Einbruch der Dunkelheit nicht in La Serena angekommen sein, wollen die Förster Suchtrupps losschicken. Der frühe Abend

Ganz weit oben in der Luft sieht man über den Palmen oft Ara-Pärchen fliegen (o.). In den Hochebenen Costa Ricas gibt es oft Kaffeeplantagen (M.). Gerade einmal zweieinhalb Zentimeter ist der zierliche Glasfrosch groß (u.). Schmale Wanderwege ziehen sich mancherorts durch das schier undurchdringlich erscheinende grüne Dickicht des Dschungels (r.)

Costa Rica

ist im Dschungel Abendbrotzeit und daher äußerst gefährlich für unbedarfte Großstadtbewohner, wie ich einer bin.

Wir füllen unsere Wasserflaschen und machen uns auf den Weg. Acht Stunden bleiben, bevor die nächste Flut kommt. Es sind lediglich 16 Kilometer, aber die haben es in sich. Lange stapfen wir über den Strand, links der Ozean, rechts eine Steilkante aus scharfen Steinen und halb vertrockneten Riesenwurzeln. Ich komme mir vor wie in »Fluch der Karibik«. Lebensmittel, mehrere Liter Wasser, Moskitonetze, dünne Schlafsäcke – alles schleppen wir mit, während unsere Füße knöcheltief im heißen Sand versinken. So müssen sich Kolumbus' Matrosen gefühlt haben, als sie sich nach monatelanger Fahrt ganz hier in der Nähe an Land gekämpft haben. Später klettern wir über riesige Wurzeln etwas oberhalb des Meeres durch den Wald. Die Sonne tanzt fröhlich durch die Zweige. Immer wieder brüllen Affen über unseren Köpfen. Wenn wir ihnen lästig werden, bewerfen sie uns mit Zweigen. Hie und da zwitschert ein Vogel. Meistens aber kommt uns der Wald seltsam unbewohnt vor. Zu laut und zu hastig bahnen wir uns den Weg durchs Gestrüpp. Müde, hungrig und verschwitzt kommen wir am späten Nachmittag in La Serena an. Erleichtert erblicken wir die offene Veranda der Station. Ich möchte mich nur noch in eine Hängematte werfen.

Am frühen Abend kochen wir mit den anderen Gästen in der offenen Küche. Wir teilen Essen, Wein und Geschichten. Knapp 20 Minuten nach uns sind drei Spanier mit einem Führer im Camp eingetroffen. Zwei Jaguare haben sie am Ufer des Río Serena gesehen. Mir wird mulmig, als sie mir stolz ihre Fotos zeigen. Genau dort sind wir auch vorbeigekommen. Ich muss der Raubkatze fast auf den Kopf getrampelt sein.

Keine Chance – gegen Freundlichkeit

Vielleicht liegt es an der Wärme und der Sonne, die meist milde herablächelt. Vielleicht daran, dass Costa Rica anders als die Nachbarstaaten Nicaragua und Panama seit Jahrzehnten eine stabile Demokratie hat, dass jedes Kind zur Schule gehen kann und medizinische Versorgung und Lebensmittel für die meisten erschwinglich sind. Die Menschen, denen ich begegne, sind seltsam entspannt. Freundlich verwickelt mich der ältere Herr im Bus in ein Gespräch, ein Palm-Bauer auf dem Weg in die Kleinstadt Uvita. Ernst und interessiert fragt er nach der Landwirtschaft in Deutschland. Was die Bauern

Ein Adler im Dschungel von Corcovado (o.). Dieser Naturschutzpark liegt auf der Osa-Halbinsel an der Pazifikküste (r.o.). Ein junger Klammeraffe hängt ganz entspannt an einem Baumast, auch er fühlt sich im Naturschutzgebiet wohl (u.). Die Landwirtschaft des Landes ist oft noch von Tradition geprägt: Ochsenkarren, die Lasten ziehen, sieht man relativ häufig (r.u.).

Costa Rica

Die Farmer Costa Ricas (o.) bauen vor allem Bananen, Ananas und Kaffee an. Nicht mit dem Nacken, sondern mit einem an den Hörnern befestigten Geschirr ziehen die Ochsen ihre Lasten (M.). Costa Rica ist für den Naturtourismus ein bevorzugtes Ziel. Wo sonst kann man auf relativ kleinem Raum eine so artenreiche Flora und Fauna erleben und erwandern (u.).

anbauen, ob sie gute Preise erzielen und ob sie in Kooperativen organisiert seien? Nein, erzählt er mir auf meine neugierigen Fragen, es sei nicht schwer, als Palmölproduzent zu arbeiten. Die Palmen wüchsen quasi von allein.

Straßenszenen

In Uvita möchte ich einen Kaffee trinken, bevor ich den nächsten Bus zum Strand an der Bahía Ballena nehme. Ich komme nicht dazu. Vor der Bank treffe ich meinen Sitznachbarn wieder, der mir unbedingt zeigen möchte, wo der Bus abfährt. Eigentlich weiß ich das schon, aber meine Sprachkenntnisse reichen nicht aus, mich gegen seine Freundlichkeit zu wehren. So geht es oft. Schulkinder in dunkelblauen Uniformen laufen ein Stück des Weges mit, nur um sicherzustellen, dass ich an der richtige Stelle abbiege. Junge Frauen kramen ihr Englisch hervor, um mir zu erklären, wo ich frisches Obst bekomme. Die Besitzerin des Cafés unterhält sich brav mit mir auf Spanisch, obwohl sie, die in Kalifornien als Kind costaricanischer Eltern aufgewachsen ist, besser mit Englisch zurechtkommt. Aber sie versteht natürlich, dass ich üben und meine Sprachkenntnisse ausprobieren möchte. Unversehens gerate ich in eine Mittagsrunde amerikanischer Rentner, die an der Pazifikküste ihren Lebensabend verbringen. Kaum haben sie mich an meinem Einzeltisch entdeckt, ziehen sie mich in ihre Mitte und in eine Unterhaltung hinein.

Am Abend vor meiner Abreise laufe ich noch ein letztes Mal über den Strand der Bahía Ballena, um die Sonne in den Pazifik eintauchen zu sehen. Ich komme aber wieder einmal nicht dazu. Quer über den Strand fragt mich eine fremde Stimme, ob wir heute Morgen Delfine getroffen haben. Ein Indio von etwa Mitte 20 hatte mich morgens mit einem der kleinen Boote hinaus aufs Meer fahren sehen. Nun will er wissen, woher ich komme und was mich nach Costa Rica verschlagen hat. Hamburg kenne er, er habe als Austauschschüler ein halbes Jahr in Hannover verbracht. Als wir unsere kleine Unterhaltung beenden, ist es stockfinster. Mein Gesprächspartner zeigt mir den sicheren Weg vom Strand zum Ort. Trotzdem verlaufe ich mich, weil es einfach zu dunkel ist. Die kleinen Häuser am Wegesrand sehen alle gleich aus. Mütter rufen ihre Kinder zum Abendessen, durchs offene Fenster sehe ich ganze Familien beim gemeinsamen Fernsehen. Es ist wie Zuhause, aber doch ganz anders.

Reiche Natur, glückliche Menschen

In Costa Rica sind mir unzählige faszinierende Lebewesen begegnet. Von der hochgiftigen Viper, die kaum zeigefingergroß auf einem Baum ausharrte, über Jaguare (auf Fotos), Haie und Krokodile bis zu Ara-Pärchen und niedlichen Kapuziner-Äffchen. Vier Klimazonen, hohe Vulkane, Sumpfgebiete, Regenwälder, kühle Nebelwälder, wellenumtoste Pazifikstrände und Hochplateaus bieten Lebensraum für vieleArten. Man schätzt, dass ungefähr 2,5 Prozent der Biodiversität der Erde sich auf den 51 000 Quadratkilometern drängeln. An wenigen anderen Orten gibt es mehr wilde Tiere und unbekannte Pflanzen.

Die meisten Wildtiere haben mich ignoriert. Dafür zeigten die Menschen, die mir begegnet sind, waches und echtes Interesse – dem keine Verkaufsverhandlung folgte. Costa Rica gilt als eines der glücklichsten Länder der Erde. Einschlägige Untersuchungen bestätigen, dass die Menschen woanders kaum glücklicher sind als in dem kleinen Land auf halbem Weg zwischen Nord-und Südamerika.
Ulrike Ammermann

Wer außer mir kann schon von sich behaupten, dass er im Dschungel einem Jaguar fast auf den Kopf getrampelt ist?

Praktische Reisetipps

ANREISE
Derzeit keine Direktflüge, dafür Umsteigeverbindungen u. a. über die Dominikanische Republik oder die USA zum Flughafen Juan Santamaría (San José).

VISA
Visumfreier Aufenthalt bis zu 90 Tagen.

GESUNDHEIT
Keine Pflichtimpfungen.

REISEZEIT
Regenreicher von Mai bis November (Nebensaison), trockener von Dezember bis April (Hauptsaison).

ÖFFENTLICHER TRANSPORT
Gutes Busnetz. Inlandsflüge mit Sansa (www.flysansa.com) und Nature Air (www.natureair.com).

AUSRÜSTUNG
Leichte Baumwollkleidung, dazu Anorak/Pullover für Bergregionen, passendes Schuhwerk für Dschungeltrekking, Sonnen- und Regenschutz, robuste Wasserflasche, Taschenlampe, Reiseapotheke, ausreichend Fotospeicherkarten, ggf. Fernglas für Tierbeobachtungen.

REISELEKTÜRE
Jean McNeil: The Rough Guide To Costa Rica, 2011

UNTERKUNFT
Im Dschungel unterm Sternenhimmel, ansonsten in Pensionen. Empfehlenswert in San José ist das von einem Schweizer geführte kleine Hotel Casa Léon (www.hotelcasaleon.com).

INFOS
- www.visitcostarica.com (offizielles Tourismusportal)
- www.botschaft-costarica.de
- www.costarica-online.com (mit Forum)
- www.auswaertiges-amt.de (Reise- und Sicherheitshinweise des Auswärtigen Amtes)

Welt der Vögel: Tropik-Vögel lassen sich das ganze Jahr auf Bird-Island beobachten (o.). Sie scheinen die meditative Ruhe des Sonnenuntergangs zu genießen (M.). Feen-Seeschwalben zählen zu den schönsten Vögeln der Welt (u.). Aus der Vogelperspektive wirkt Bird Island wie eine Perle im losen Blau des Indischen Ozeans (r.o.), ein Strand umgibt die Insel (r.u.).

Seychellen

19 Bird Island – Aug' in Aug' mit der Natur

Wer an die Seychellen denkt, dem stehen Bilder von paradiesischen Stränden mit monumentalen Granitfelsen vor Augen. Auf Plakaten und in Lifestyle-Magazinen sind sie längst zu Symbolen für die Reiseträume unzähliger Menschen geworden. Es hat sich herumgesprochen, dass man nicht unbedingt Millionär oder der britische Thronfolger auf superromantischer Hochzeitsreise sein muss, um diese Inseln in Äquatornähe besuchen zu können.

Ganz am Nordrand des unterseeischen Granit-Plateaus, auf dem sich die Inseln der Inneren Seychellen erheben, liegt ein winziges Korallen-Eiland, das sich allen gängigen Seychellen-Klischees entzieht und zugleich bei Naturfreunden als einzigartig gilt: Bird Island, die »Vogelinsel«; im Jahr 1771 hat erstmals ein Mensch sie betreten.

Neugierige Vögel

Der Name sagt eigentlich alles, was man über sie wissen muss, denn die Insel gehört tatsächlich seit Urzeiten den Vögeln. Über eine Million Rußseeschwalben brüten an ihren Ufern von Mai bis Ende September, dazu gesellen sich weitere Seeschwalbenarten sowie Tropik- und Fregattvögel. Wenn sie in laut kreischenden Wolken über die Insel ziehen, fühlt man sich in Hitchcocks »Die Vögel« versetzt, mit dem einzigen Unterschied, dass die Vögel von Bird Island nichts Böses im Schilde führen, sondern den wenigen Urlaubern, die auf die Insel kommen, freundlich und manchmal sogar neugierig gegenüber stehen. Bei Strandspaziergängen kommt es immer wieder vor, dass Jungvögel jäh ihre Flugbahn verlassen und dem fremdartigen, zweibeinigen, aufrecht gehenden Wesen für einige Momente auf Armlänge nahe kommen. Das Beobachten von Seevögeln aus nächster Nähe – bei der Balz, beim Brutgeschäft und beim Füttern der Jungen – ist eine Hauptbeschäftigung der Inselgäste.

Seychellen

Eine Seekuh mit Rückenflosse

Auf Bird Island ist man der Natur ganz nah. Das kann manchmal auch sehr aufregend sein: Als ich einmal über einem der flachen Korallenriffe schnorchelte, das fast badewannenwarme Wasser nicht einmal einen Meter tief und von aufgewirbeltem Sand getrübt, ragte plötzlich vor mir, vielleicht einen Meter entfernt, eine graue Schattenwand auf. Ein großes rundes Auge sah mich aufmerksam an. Der dazugehörige Kopf lief in einem spitzen Maul aus. Mir schoss durch den Kopf, dass Bird Island einst, nach den großen schwerfälligen Seekühen benannt, die auf den Korallenriffen die Algen abweideten, Isle aux Vaches hieß. Sie sind aber ausgestorben, das heißt, sie wurden im 19. Jahrhundert von fleischgierigen Jägern abgeschlachtet.

Dass ich keiner Seekuh begegnet war, merkte ich, als sich der dunkelgraue Schatten in Bewegung setzte und eine große Rückenflosse in elegantem Schwung an mir vorüberglitt. Ein Hai, genauer, ein gut drei Meter langer Ammenhai. Ich brach die Schnorchel-Erkundung ab und schwamm zügig zum Ufer zurück. Die aus dem Wasser ragende, imposante Rückflosse kreuzte noch einmal meinen Weg. Zurück am Strand, atmete ich auf dem mehlfeinen, weißen Sand durch. Das Geschrei der Vögel, das sich mit dem Rollen der Brandung zu einem an- und abschwellenden Rauschen vereinte, klang mit einem Mal beruhigend.

Die Greisin Esmeralda

Wenig später sagte ich dem ältesten Inselbewohner guten Tag: Esmeralda, der größten freilebenden Landschildköte der Erde. Das mindestens 150 Jahre alte, 300 Kilogramm schwere Tier – dem Namen zum Trotz keine Dame, sondern ein Herr – durchstreift zusammen mit einigen kleineren Artgenossen Bird Island. Esmeralda freut sich über ein paar Bananenschalen und liebt es, sich Hals und Kopf kraulen zu lassen.

Auch große Meeresschildkröten steuern Bird Island regelmäßig an, um dort, an ihrem Geburtsort, Eier abzulegen. Ein eigens bestellter Naturschutzbeauftragter sorgt dafür, dass die Baby-Schildkröten nach ungefähr einem Monat ungestört schlüpfen und unbehelligt von den Seevögeln ihren Weg über den Strand zum Meer finden. Nur die Kameras der Inselgäste verfolgen das hektische Gekrabbel.

Die Feen-Seeschwalben brüten ihre Eier auf Astgabeln aus (o.). Esmeralda, die größte Landschildkröte der Welt, nimmt ein Erfrischungsbad im Meer (M.), während die Krabben den Sand umgraben (u.). In der Brutsaison herrscht über Bird-Island reger Flugverkehr (r.o). Wen wundert's: Allein 800 000 Paare Ruß-Seeschwalben brüten auf der winzigen Insel (r.u).

Seychellen

Die Noddy-Seeschwalbe nistet auch auf Kokospalmen (o). Erst nach 50 bis 60 Tagen werden junge Feen-Seeschwalben flügge (M.). Braune Noddys ziehen nur ein Küken groß (u.). Die Feen-Seeschwalben teilen sich das Brutgeschäft (r.o). Franz Binder mit seinem speziellen Freund auf Bird-Island – der größten lebenden Landschildkröte Esmeralda (r.).

Auch wenn sich noch andere Menschen in diesem Naturparadies aufhalten, habe ich das Gefühl, als gehöre Bird Island nur mir ganz allein. Vor allem in den frühen Morgenstunden, wenn ich während der ungefähr einstündigen Inselumrundung barfuß durch den feuchten Sand stapfe und dabei die wechselnde Farbenpracht des Himmels kurz vor Sonnenaufgang bewundern kann. Spätestens beim Frühstück im Inselrestaurant trifft man wieder auf seine Zeit- und Artgenossen.

Staunen statt unterhalten

24 einfache, aber zweckmäßige und bequeme Bungalows stehen den Gästen der Bird Island Lodge, der einzigen Unterkunft, zur Verfügung. Der Andrang bleibt also überschaubar, auch weil Tagestouristen Bird Island aussparen. Mit den kleinen Propellerflugzeugen auf die Insel darf nur, wer, von Mahé, dem Hauptatoll der Seychellen, kommend, mindestens eine Nacht bleibt.

Ganz bewusst verzichtet die Bird Island Lodge auf jede Art von elektronischer Unterhaltung. Kein Mattscheibenflimmern lenkt den Blick in den klaren, schier unendlichen, von Lichtsmog ungetrübten Sternenhimmel der südlichen Hemisphäre ab. Ein Swimmingpool ist überflüssig, ist die Insel doch vom blauen, kristallklaren und ganzjährig warmen Indischen Ozean umgeben. Auf den Tisch kommen Obst und Gemüse von der Insel und Fisch aus dem Meer.

Regelmäßig gibt es Gästeführungen durch Flora und Fauna. Nicht nur zu Lande kann man die Insel erkunden, sondern auch schwimmend und schnorchelnd oder auf einem Bootsausflug zum nahen Rand des Seychellen-Plateaus.

Der Granitsockel 30 bis 75 Meter unter dem Wasserspiegel, auf dem alle Inseln der Inneren Seychellen ruhen, fällt jäh bis auf 1800 Meter ab. Die Schreie der Seevögel im Ohr und die tropische Sonne angenehm warm auf dem Rücken, blickt man durch die Taucherbrille nach unten – ins schwarze Nichts. Mit etwas Glück sieht man einen großen Rochen majestätisch über den Abgrund schweben und in der Tiefe verschwinden.

Zeit für Muße

Schon wenige Tage in diesem Garten Eden bringen eine Tiefenentspannung hervor, von der man lange zehrt. In einer Welt ohne E-Mails, Handy und Terminkalender ist es eine Freude, den unaufhörlich Sand schaufelnden Krabben am Strand zuzusehen oder in der Nähe einer Bruthöhle zu warten, bis die Vogeleltern mit frisch erjagter Nahrung vom Meer zurückkommen, um ihren Nachwuchs zu versorgen. Die Uhren auf Bird-Island ticken im Rhythmus der Natur, das heißt merklich langsamer als in der »Zivilisation«. Das wertvollste Andenken, das man von dieser einzigartigen Insel mit nach Hause nehmen kann, ist, sich die dort gefundene Muße möglichst lange zu bewahren. Das Prädikat »Paradies«, von der Reisebranche häufig großzügig und manchmal auch vollkommen zu Unrecht verliehen, hat sich Bird Island auf jeden Fall redlich verdient.
Franz Binder

Auch wenn sich noch andere Menschen in diesem Naturparadies aufhalten, habe ich das Gefühl, als gehöre Bird Island mir ganz allein.

Praktische Reisetipps

ANREISE
Internationaler Flug ab Deutschland bis Mahé. Von dort mit einer kleinen Propellermaschine zur Graspiste von Bird Island. Der Flug nach Bird Island wird zusammen mit der Unterkunft (Bird Island Lodge) gebucht.

VISUM
Für touristische Aufenthalte ist kein Visum erforderlich. Es genügt ein Reisepass.

GESUNDHEIT
Pflichtimpfungen sind nicht vorgeschrieben. Auf Bird Island wie auf den gesamten Seychellen gibt es keine giftigen Landtiere wie Schlangen und keine Malaria. Dennoch ist ein Mückenschutz sehr sinnvoll, ebenso Sonnenschutz.

REISEZEIT
Ganzjährig. Vogelfreunde planen ihre Reise nach den Brutzeiten der Seeschwalben (auf Bird Island von Mai bis September).

UNTERKUNFT
Die Bird Island Lodge ist die einzige Unterkunft auf der Insel. 24 Bungalows mit Vollpension.

INFOS
www.birdislandseychelles.com. Über die Webseite kann auch die Bird Island Lodge gebucht werden.

Sand und Kiesel prägen den Strand von Cirali (o.). Die Ruinen der Hafenstadt Olympos liegen an der Mündung eines Flusses ins Meer (M.). Üppige Vegetation säumt die Strände (u.). Berge und Strand: Die Bucht von Cirali liegt zu Füßen des Taurus-Gebirges (r.o). Die weißen Drahtgeflechte markieren die Stellen, an denen die Caretta-Schildkröten ihre Eier abgelegt haben (r.u).

Türkei

20 Cirali – im Zeichen der Schildkröte

»Ganz Gallien ist von den Römern besetzt ... Ganz Gallien? Nein! Ein von unbeugsamen Galliern bevölkertes Dorf hört nicht auf, den Eindringlingen Widerstand zu leisten.« Die bekannte Einleitung der »Asterix«-Comics auf Cirali (türkisch Çıralı) übertragen liest sich so: »Die ganze türkische Südküste ist zubetoniert. Die ganze Südküste? Nein! Ein kleines Dorf hört nicht auf, dem Massentourismus Widerstand zu leisten.«

Cirali, zu Füßen des Taurusgebirges inmitten subtropischer Gärten an einer Meeresbucht wie aus dem Bilderbuch gelegen, verdankt seine Ausnahmestellung der Meeresschildkrötenart *Caretta Caretta* (Unechte Karettschildkröte). Sie kommt regelmäßig zur Eiablage an den Strand. Jahrelang dauerte der Kampf der Naturschützer gegen Investoren, die diesen Traumstrand gerne touristisch »entwickelt« hätten. Am Ende siegten die Schildkröten und die Befürworter eines sanften, naturnahen Tourismus. Die kleinen weißen Drahtgeflechte, die bei Strandspaziergängen im hinteren, sandigen Teil des Cirali-Strandes ins Auge fallen, sind wie Denkmäler dieser, in unseren Zeiten rücksichtsloser Profitmaximierung eher ungewöhnlichen Entwicklung. Sie markieren und schützen die Stellen, an denen des Nachts die Schildkrötenweibchen am Ort ihrer Geburt 80 bis 200 Eier abgelegt haben. Zu Gesicht bekommt man die bis zu 1,20 Meter großen Meerestiere allerdings nur auf bunten Werbeplakaten in der Ortschaft, die auf gleichnamige Pensionen oder Cafés hinweisen, denn während der Eiablage in den Sommermonaten sorgen Tierschützer dafür, dass sich Schildkröten und neugierige Touristen am Strand nicht in die Quere kommen.

Individuelle Atmosphäre

Cirali wurde zuerst »entdeckt« von Künstlern und Intellektuellen aus den türkischen Großstädten. Zu Hippiezeiten

Türkei

In der antiken Stadt Olympos wird noch gegraben (o.). Die Gärten von Cirali quellen über mit üppiger Blütenpracht (M.). Grabmal eines antiken Kapitäns in Olympos (u.). Der fast 2400 Meter hohe Tahtali Dag (Mount Olympos) wacht über die Bucht von Cirali (r.o.). Die heiligen Feuer von Chimeira werden von natürlich austretendem Erdgas gespeist (r.u.).

war es ein Refugium für jugendliche Europäer, die auf dem Heimweg von ihrer »Morgenlandfahrt« ungestört am Strand relaxen wollten. Die mittlerweile in Ehren ergrauten, aber noch immer an Haartracht und Kleidung leicht erkennbaren Übriggebliebenen dieser Epoche bzw. ihre modernen Nachahmer mit Rasta-Locken, Pluderhosen und Gitarre, tauchen immer wieder am Strand und im Dorf auf und verbreiten einen Hauch von Nostalgie.

Bis heute blieb Cirali vom Massentourismus verschont. Ein Straßendörfchen mit ein paar einfachen Gartenrestaurants, Lebensmittelläden und Pensionen, am belebten Teil des Strandes eine Handvoll Cafés – das stellt die gesamte Infrastruktur dieses herrlich unzeitgemäßen Ortes dar. Individualreisende und türkische Familien stellen das Gros der Urlaubsgäste und sorgen für eine gemütliche Atmosphäre. Pauschal aus dem Reisekatalog lässt sich Cirali nicht buchen. Wer ein Zimmer oder einen kleinen Bungalow reservieren möchte, muss sich im Internet bemühen oder den Empfehlungen von Freunden vertrauen, die Cirali kennen.

Ausspannen

Ländlich-entspannt – das beschreibt die Atmosphäre dieses türkischen Hideaway am besten. Beim Frühstück sitzt man im Garten der Pension, in der man sich einquartiert hat, unter Orangen- und Zitronenbäumen. Hühner picken zwischen den Tischen und überzeugen sich, dass das Frühstücksei, das sie am Morgen gelegt haben, den Gästen auch schmeckt. Es gibt stets türkisches Frühstück mit Schafskäse, Tomaten und starkem Tee. Solcherart gestärkt lässt sich der bevorstehende Urlaubstag ganz locker angehen.

Vier Kilometer weit erstreckt sich der Kiesstrand in einem sanften Bogen an der großen Bucht von Cirali. Das kristallklare Meerwasser ist angenehm warm und doch erfrischend nach einer Strandwanderung unter der auch im Oktober noch kräftigen Sonne. Keine enervierend lauten Motorscooter und Wasserskiboote stören das gleichmäßige Rauschen der Brandung. Besonders am östlichen Strandabschnitt, der weitgehend der Natur überlassen ist, teilt man sich das Mittelmeer nur mit einer Handvoll anderer Menschen. Wer in Cirali nicht den Alltag hinter sich lassen kann, der kann es vermutlich auch nirgendwo anders.

Der Alkestis-Sarkophag mit seinen Reliefs, verborgen im Unterholz, gehört zu den schönsten Stücken des antiken Olympos (o.). Erst an wenigen Stellen von Olympos haben die Archäologen solche Rekonstruktionen ausgeführt (M.). Die heiligen Feuer von Chimeira heißen auf Türkisch »Yanartash« – »Brennender Stein«. Im Grün der Gartenbäume leuchten Granatäpfel (r.o).

Türkei

Ausflüge in die Mythologie

Wem ausspannen nicht genug ist, kann Rad- und Bergtouren ins pinienbewachsene Taurusgebirge unternehmen, etwa auf den rund 2400 Meter hohen Olympos (türkisch Tahtalı Dağı) – eine große Herausforderung für die Kondition. Man kann auch ans westliche Ende der großen Bucht wandern, wo die Ruinen der antiken lykischen Hafenstadt Olympos in einem kleinen Flusstal malerisch im Unterholz verstreut liegen, darunter reich mit Reliefs verzierte Sarkophage. Weitere sehr sehenswerte antike Ausgrabungsstätten wie Phaselis oder, etwas weiter entfernt, das berühmte Myra, die Stadt des Hl. Nikolaus, mit ihren bestens erhaltenen lykischen Felsgräbern, lassen sich mit dem Auto erreichen. Wenn sich die Dämmerung allmählich über Land und Meer legt, empfiehlt sich eine Wanderung hinauf zu den heiligen Feuern von Chimeira im Osten. Seit Jahrtausenden lodern diese von natürlich austretendem Erdgas gespeisten Flammen im blanken Fels; der türkische Name des Ortes, Yanartaş, bedeutet »brennender Stein«. Dort soll auch der antike Held Bellerophon auf seinem Flügelpferd Pegasos das feuerspeiende Ungeheuer Chimaira (Chimäre) besiegt haben: ein Monster mit einem dreiteiligen Körper, vorn Löwe, in der Mitte Ziege, hinten Schlange.

Nach diesem Abstecher in die griechische Mythologie schmeckt das Abendessen in einem der zahlreichen kleinen Dorf- oder Strandrestaurants besonders gut. Serviert wird bodenständige türkische Küche zu zivilen Preisen. Dazu gehören Gözleme, die auf heißen Eisenplatten gebackenen, anatolischen Pfannkuchen mit süßer oder pikanter Füllung. An heißen Tagen sind sie auch ein wunderbarer Mittagssnack.

Gefährdete Idylle

Doch ist die Idylle nicht ungetrübt. Hinter den Kulissen geht der Kampf der Naturschützer gegen die Hotel-Mafia weiter. Der Traum von einem Fünf-Sterne-All-Inclusive-Hotel für zahlungskräftige Pauschalurlauber ist noch nicht ausgeträumt und sorgt bei der Bevölkerung von Cirali immer wieder für Angst und Aufregung. Kleine Pensionen in Strandnähe wurden bereits bei Nacht und Nebel abgerissen, angeblich weil sie illegal gebaut wurden. Von Korruption in den Behörden ist die Rede, von uneinsichtigen Politikern und gierigen Investoren. Auf dem Weg vom Flughafen Antalya, an dem die meisten Cirali-Reisenden ankommen, in das etwa 70 Kilometer entfernte Dörfchen sieht man die Bettenburgen an den ehemaligen »Traumstränden« der Südtürkei. Umso mehr freut man sich, später bei frisch gepresstem Granatapfelsaft in einem blühenden und duftenden Garten zu sitzen, in einem Refugium ohne Luxus, Shopping Malls, Discos oder ähnlichen Erscheinungen des modernen Lifestyle-Tourismus – hoffend, dass Cirali noch lange erfrischend unzeitgemäß bleiben möge. Denn hat man das besondere Flair dieser Naturoase einmal genossen, wird man den Caretta-Schildkröten nacheifern und einmal im Jahr hierher zurückkehren.
Franz Binder

Am Ende siegten die Schildkröten und die Befürworter eines sanften, naturnahen Tourismus.

Praktische Reisetipps

ANREISE
Günstige Direktflüge nach Antalya von zahlreichen deutschen Flughäfen. Weiter mit dem Taxi von Antalya nach Cirali (am besten bei der gebuchten Pension in Cirali vorbestellen) oder (leider umständlich) mit öffentlichen Bussen.

VISUM
Für touristische Aufenthalte bis 90 Tage ist kein Visum erforderlich. Es genügt der deutsche Reisepass.

GESUNDHEIT
Pflichtimpfungen sind nicht vorgeschrieben.

REISEZEIT
Ende April bis Mitte Oktober. Die Sommermonate sind heiß, gelten aber (auch preislich) als Hauptsaison. Vor- und Nachsaison sind von der Temperatur her angenehmer und auch preiswerter.

AUSRÜSTUNG
Wanderschuhe für Ausflüge und Besichtigungen. Sonnenschutz. Ansonsten leichte Baumwollkleidung und Pullover für Abende auf der Terrasse.

UNTERKUNFT
Zahlreiche einfache, familiengeführte Pensionen und kleine Hotels in der Ortschaft Cirali selbst oder in Strandnähe. Buchung empfehlenswert.

INFOS
www.ciraliinfo.com (Information und Buchung)

China • Neuseeland • Dominikanische Republik

21 Grünes Wasser, roter Fels – auf dem Jiuquxi

Das Naturschutzgebiet Wuyishan in der Provinz Fujian gehört dank seiner fantastischen Artenvielfalt zum UNESCO-Welterbe. Wer den weiten Weg in den Südosten Chinas wagt, entdeckt tiefe Schluchten, tosende Wasserfälle, dichte Wälder und eine unglaubliche Fülle von teils sehr seltenen Pflanzen- und Tierarten. Eine Floßfahrt auf dem Jiuquxi, dem »Fluss der Neun Biegungen«, bietet eine eindrucksvolle Möglichkeit, die malerisch-bizarre Berglandschaft des Wuyi-Gebirges kennenzulernen. Die Flöße legen ganzjährig täglich von der kleinen Ortschaft Xingcun ab.

INFO: www.wuyishan.gov.cn

Die malerisch-bizarre Landschaft des Wuyi-Gebirges mit seinen steilen, begrünten Felsen gehört seit 1999 zum Weltnaturerbe.

22 Sound of Silence: der Fiordland-Nationalpark

Te Wahipounamu, »Jadeort«, heißt das UNESCO-Welterbegebiet auf Neuseelands Südinsel. Dazu gehört auch der Fiordland-Nationalpark, ein immergrünes Juwel mit Regenwäldern und spektakulären Gebirgslandschaften. Am hiesigen Doubtful Sound ist die Stille so präsent, dass man sie hören kann – treffender lässt sich die friedvolle Atmosphäre des 40 Kilometer langen Fjords kaum beschreiben. In dieser von Menschen unberührten Landschaft entdeckt man Pinguine, Seebären und im Wasser Große Tümmler sowie Korallen und andere Lebewesen, die normalerweise so weit im Süden nicht gedeihen.

INFO: www.fiordlandtravel.co.nz

An der tiefsten Stelle des Fiordland National Parks strebt der 1621 Meter hohe Mitre Peak zum Himmel empor.

23 Samaná – Inbegriff der Karibik

Im Nordosten der Dominikanischen Republik bietet die Halbinsel Samaná eine bezaubernde Landschaft mit grünen Hügeln, zwischen kegelkarstigen Bergen versteckten Wasserfällen, gemächlichen Bauerndörfern sowie selbstverständlich feinen Sandstränden mit rauschenden Kokospalmen und idyllischen Inseln im glasklaren Meer. Rund 70 Kilometer lang und bis zu 20 Kilometer breit ist dieser wahrgewordene Karibiktraum. Abwechslung von Strand und Meer bieten Ausflüge in den Regenwald oder das geschichtsträchtige Hafenstädtchen Santa Bárbara de Samaná. Hier ging 1493 Christoph Kolumbus vor Anker.

INFO: www.samanaonline.com

Üppig grüne tropische Vegetation überzieht die Felsen, über die sich ein rauschender Wasserfall in die Tiefe stürzt.

Brasilien · Norwegen

24 Ilha Grande – im Piratenland

Die »Große Insel« vor der Südküste des Bundesstaats Rio de Janeiro diente einst als Piratenversteck, Zentrum des Sklavenhandels und Leprakolonie. Während der Militärdiktatur (1964–1985) war hier der Sitz des berüchtigten Gefängnisses Presídio Cândido Mendes. Das »brasilianische Alcatraz« ist heute eine Geisterstadt, die Touristen besichtigen können. Faszinierender ist jedoch die ursprüngliche Natur der Insel: Noch immer ist sie mit atlantischem Regenwald bewachsen, leben hier Papageien, Rallen und viele andere Vogelarten, aber auch seltene Braune Brüllaffen. Damit dies so bleibt, gehört die Ilha Grande heute zum Tamoios-Naturschutzgebiet. Ihre Landschaften schützen der Staatspark Ilha Grande im Osten, das Bio-Reservat Praia do Sul im Süden und diesem vorgelagert der Meeresstaatspark Aventureiro. Autos sind verboten, sodass man hier nur zu Fuß oder per Boot unterwegs ist. Ohne fahrbaren Untersatz, teilweise sogar ohne Telefon und Strom, fühlt man sich wie Jack Sparrow in »Fluch der Karibik«. Wer mit der Fähre von Angra do Reis oder Mangaratiba in Vila do Abraão ankommt, hat die Wahl zwischen 86 Stränden, die vor allem an der Südseite schlicht traumhaft sind. Einen wunderbaren Eindruck über die üppige tropische Vegetation erhält man bei einer Wanderung auf den Pico do Papagaio. Von der 982 Meter hohen »Papageien-Spitze« hat man einen herrlichen Panoramablick über die ganze Insel.

INFO: www.ilhagrande.com.br (englisch und brasilianisch)

Ilha Grande – ganz nah bei Brasiliens Hauptstadt und doch ein entspanntes Paradies. Im Bild der Strand von Abraão Beach, einer von 86 Stränden.

25 Hardangervidda – im Reich der Rentiere

Mit gut 8000 Quadratkilometern Fläche ist die 1200 bis 1400 Meter hoch gelegene Hardangervidda die größte Hochebene Europas. Knapp die Hälfte des fast menschenleeren Gebiets ist heute als Nationalpark ausgewiesen. Die einstige Gebirgsregion im südlichen Norwegen wurde von eiszeitlichen Gletschern abgeschliffen, doch sind vor allem im Westen noch markante Gipfel verblieben. Im Nordwesten erstreckt sich der riesige Gletscher Hardangerjøkulen. In der einzigartigen wilden und ursprünglichen Landschaft der Hochebene liegen viele Seen, die genauso fischreich sind wie die unzähligen Bäche und Flüsse, die sie durchziehen. Hier liegt das Reich von Luchs und Polarfuchs, Vielfraß, Schneehase und einigen anderen Säugetieren. Vor allem aber ist die Hardangervidda die Heimat von Norwegens größter wild lebender Rentierpopulation. Rund 15 000 Tiere streifen heute durch diese Wildnis, vor rund 8000 Jahren bildeten sie die Nahrungsgrundlage von nomadisierenden Jägern, die ihnen nach dem Ende der Eiszeit hierher gefolgt waren. Outdoor-Fans bietet die Hardangervidda fantastische Möglichkeiten. Hier kann man angeln, skifahren und auf einem insgesamt 1200 Kilometer langen Wegenetz wandern. Die Pfade folgen oft uralten Handelswegen, die schon vor Jahrhunderten genutzt wurden. Wer nicht campen möchte, findet vor allem in Nationalpark Unterkunft in rund 40 teils bewirtschafteten Hütten.

INFO: Natursenter Eidfjord AS, 5784 Øvre Eidfjord, www.hardangervidda.org

Wildnis- und Naturerleben hautnah verspricht eine Campingtour im Hardangervidda, dem größten Nationalpark in Norwegen.

26 Tobagos Unterwassergärten – das Bucco Reef

Ganz im Süden der Kleinen Antillen liegt Trinidad und Tobago vor der Küste Venezuelas nur einen Steinwurf vom südamerikanischen Festland entfernt. Die beiden karibischen Inseln sind zu einer Republik vereint und könnten doch verschiedener nicht sein. Punktet das quirlige Trinidad mit Karneval, Calypso und Soca, hat Tobago den Part der kleinen und stilleren Schwester übernommen. Hier findet man eine überbordende tropische Vegetation und im Tobago Forest Reserve, dem ältesten Naturschutzgebiet der Welt, uralten, unberührten Regenwald. Tobago punktet zudem mit herrlichen Stränden, so der berühmten Englishman's Bay nahe dem idyllischen Fischernest Castara im Norden oder dem Pigeon Point im Westen. Vom Pigeon Point, aber auch von Store Bay und Buccoo Point fahren Glasbodenboote zur fantastischen Unterwasserwelt des Bucco Reef. Mehrere Quadratkilometer ist dieses spektakuläre Korallenriff groß, ein farbenprächtiger Unterwassergarten, bestehend aus fünf Korallenbänken, die im Jahr 1973 unter Naturschutz gestellt wurden. Schnorchler und Taucher gleiten hier hinab in eine durch und durch fantastische Welt mit bizarr geformten Elch- und Hirschgeweihkorallen, Hirn- und Sternkorallen, durch die bunte Rifffische flitzen. Seit einigen Jahren bemüht sich der gemeinnützige Buccoo Reef Trust BRT darum, dass dieses einzigartige Ökosystem auch noch für künftige Generationen erhalten bleibt. Als Besucher kann man leicht dazu beitragen. Auch wenn es Veranstalter vor Ort anbieten sollten: Niemals das Riff im seichten Wasser besichtigen und zu Fuß darauf herumspazieren!

INFO: Tourist Information Office, A. N. R. Robinson International Airport, Tobago, Twww.visittobago.gov.tt

Eine farbenprächtige und artenreiche Unterwasserwelt erwartet Besucher, die zu den Korallenriffen des Westindischen Ozeans hinabtauchen.

Trinidad und Tobago · Japan · Vietnam

27 Iriomote – subtropische Insel der Katzen

Nur einen Katzensprung von Taiwan, aber über 400 Kilometer von der Hauptinsel Okinawa entfernt, liegt der Yaeyama-Archipel im Ostchinesischen Meer. Der Verwaltungssitz befindet sich auf Ishigaki, von dort gelangt man per Flugzeug oder Fähre zu den anderen Inseln. Ein besonders beeindruckendes Ziel ist Iriomote, die größte der der Yaeyama-Inseln. Zu 90 Prozent von dichtem immergrünem Laubwald bedeckt, steht sie zum größten Teil unter strengem Naturschutz. Besucher erkunden die subtropische Inselnatur auf Bootsfahrten, die durch Mangrovengebiete, Dschungel und zu rauschenden Wasserfällen führen.  Anstrengender ist die 20 Kilometer lange Wanderung quer über die Insel, die man nur mit Führer unternehmen sollte. Mit sehr viel Glück erspäht man unterwegs eine der extrem seltenen Iriomote-Katzen, die nur auf dieser Insel leben. Nach einem Spaziergang durch den bezaubernden tropischen Obstgarten auf dem Inselchen Yubu, das direkt vor Iriomotes Küste liegt, kann man sich schließlich an den schönen Stränden der Insel entspannen – ihr berühmter »Sternensand« besteht aus den sternförmigen Kalkskeletten von mikroskopisch kleinen Lebewesen der umliegenden Korallenriffe. Die unberührten Unterwassergärten sind das Revier der Delfine, aber auch der Taucher und Schnorchler, für die Iriomote ein Traumziel ist.

INFO: Ishigaki Tourist Information: Im Rathaus der Insel Ishigaki, www.visit-okinawa.com

Die japanische Insel Iriomote entdeckt man am besten vom Wasser aus, das Landesinnere überzieht dichter Urwald.

28 Cuc Phuong – die Arche Noah der Primaten

Es ist ein Dschungel wie aus einem alten Tarzanfilm: 50 Meter hohe Bäume, darunter Urwaldriesen mit einem Stammumfang von 25 Metern, dazwischen, darüber und darunter Lianen, Dickicht, Riesenfarne. 1962 sollte dieses Paradies gerodet werden. Als jedoch Ho Chi Minh vom Artenreichtum der Region erfuhr, stoppte er nicht nur die Holzfäller, sondern deklarierte Cuc Phuong zum ersten Nationalpark seines Landes. Auf einer Fläche von über 23 000 Hektar wächst, wuchert und blüht hier ein Fünftel aller Pflanzenarten, die in Vietnam vorkommen. Zudem leben hier zahlreiche Tierarten, die es nirgendwo sonst auf der Welt gibt oder die andernorts ausgestorben sind. Der deutsche Wissenschaftler Tilo Nadler aus Dresden arbeitet seit 1993 im Cuc-Phuong-Nationalpark, unter internationaler Anerkennung und in Zusammenarbeit mit dem Primatenzentrum Göttingen und unter dem Patronat der Zoologischen Gesellschaft Frankfurt. In Cuc Phuong beherbergt das Projekt mehr als 150 Primaten bedrohter und kritisch bedrohter Arten. Im Nationalpark kann man sehr angenehm übernachten. Einfache Unterkunft für ein paar Dollar ist ebenso möglich wie der Aufenthalt in gut ausgestatteten und dennoch sehr preiswerten Bungalows. Die Anreise per Taxi oder Bus vom 130 Kilometer entfernten Hanoi dauert etwa zweieinhalb Stunden.

INFO: Endangered Primate Rescue Center im Cuc-Phuong-Nationalpark, www.cucphuongtourism.com

Geheimnisvolle Welt aus Licht und Schatten: In den unterschiedlichsten Grüntönen schillert der Dschungel Vietnams.

29 Wild und ursprünglich: Namibias Tierparadies

Zwischen dem staubtrockenen Kernland Namibias und der Provinz Caprivi im äußersten Nordosten liegen nicht nur hunderte Kilometer Strecke, sondern auch feuchtwarme und vor allem auch wasserreiche Welten. Dort finden sich am flachen, grünen Caprivizipfel faszinierende Tierparadiese, die Botswanas Okavango-Delta in nichts nachstehen. Während der Regenzeit, die zwischen Dezember und März zu erwarten ist, verwandelt sich der rund 400 Kilometer lange tropische Caprivizipfel zur wasserreichsten Region des ganzen Landes. Dann wälzen sich die Fluten des Okavango, des Kwando und der Nebenflüsse des mächtigen Sambesi durch das Gebiet und locken zahllose Wildtiere an. In der dichten Vegetation der Region erspäht man Millionen Vögel, dazu Flusspferde, Büffel, Krokodile, Antilopen, Wasserböcke, Löwen, Leoparden, Wildhunde. Und nicht zu vergessen die Elefantenherden! Im Kavango-Sambesi-Transfrontier-Schutzgebiet, zu dem auch der Caprivizipfel gehört, können die grauen Riesen ungestört zwischen Namibia, Sambia, Simbabwe, Angola und Botswana ziehen. Das zweitgrößte Naturschutzgebiet der Erde kennt keine von Menschen gezogenen Grenzen. Durch die Region führt der seit 1998 durchgehend geteerte Trans-Caprivi-Highway. Wer abseits dieser Hauptstraße in die wilde und ursprüngliche Natur vordringen will, sollte dies allerdings nur mit Offroad-Ausrüstung, Expeditionserfahrung und unter kundiger Führung in Angriff nehmen.

INFO: Namibia Tourism Board, Windhoek, Channel Life Towers, 39 Post Street Mall, www.namibiatourism.com.na

Afrikanische Elefanten am Flussufer. Mindestens einmal am Tag suchen die grauen Kolosse eine Wasserstelle auf.

Namibia · Südafrika · Japan

30 Kosi Bay – Märchenseen am Indischen Ozean

Im Nordosten Südafrikas liegt das Kosi-Bay-Naturreservat versteckt an der Grenze zu Mosambik. Seine vier bezaubernden Seen Sifungwe, Mpungwini, Nhlange und Amanzimnyama sind nur durch einen schmalen Dünengürtel vom Indischen Ozean getrennt. Dort erstrecken sich bis zur Sodwana Bay die südlichsten Korallenriffe der Welt. Kosi Bay ist ein maritimer Garten Eden, in dem Meeresschildkröten ihre Eier ablegen und sich riesige Krokodile, Schildzahnhaie und Flusspferde tummeln. Eine Wanderung auf dem Kosi Bay Trail führt durch Feigenwälder und Palmenhaine.

INFO: www.nature-reserve.co.za

Wind und Wellen haben ein ausgebleichtes Stück Holz an diese Lagune im Naturreservat verfrachtet. Längst hat der Sand die Rinde abgeschmirgelt.

31 Auf der Regeninsel – im Urwald von Yakushima

Rund 60 Kilometer vor der Südspitze Kyushus liegt Yakushima im Pazifik. Mit ihrem regenreichen, milden Klima und ihrer gebirgigen Landschaft bietet die Insel ideale Bedingungen für eine außerordentlich artenreiche Vegetation: Von den subtropischen Küsten bis zu den kühl-gemäßigten Gipfelregionen gedeihen hier über 1900 Pflanzenarten. Besonders schön sind die immergrünen Wälder mit uralten Sicheltannen, die in

Japan *sugi* heißen. Das älteste Exemplar, die Jōmon Sugi, ist mindestens 2000 Jahre alt und auf einer mehrstündigen Wanderung erreichbar. Als UNESCO-Welterbe genießen Yakushimas *sugi*-Wälder besonderen Schutz.

INFO: Yakushima Kanko Center, beim Fährhafen, www.yakumonkey.com

Perle der Natur: Geradezu magisch wirken die unterschiedlichen Grüntöne und -schattierungen im Regenwald von Yakushima. Er befindet sich im Norden des japanischen Nansei-Archipel.

32 Antilope und Adler: Mapungubwe National Park

Im Norden Südafrikas liegt der Mapungubwe National Park im Dreiländereck zu Botswana und Simbabwe. Das stille, abgeschiedene Naturparadies wartet mit einer artenreichen Flora und Fauna auf, mit herrlichen Mopane-Wäldern, beeindruckenden Sandsteinformationen und steinalten Baobab-Riesen. In den Weiten des Parks erspäht man Antilopen, Giraffen, Elefanten, Büffel und Löwen sowie seltene Nashörner, Wildhunde und Leoparden. Vogelfreunde können hier über 400 Arten entdecken, darunter mächtige Adler, die über dem Limpopo und dem Shashe River majestätisch ihre Kreise ziehen.

INFO: Mapungubwe National Park, Interpretation Center beim Haupteingang, www.sanparks.org/parks

Der Baobab, auch bekannt unter dem Namen »Affenbrotbaum«, gehört zu den markantesten Gehölzen des tropischen Afrika.

REISEN ANS ENDE DER WELT

Argentinien/Chile

33 Durch Patagonien zum Riesenfaultier

Patagonien – meine Sehnsucht. Denn da waren beispielsweise die Abenteuergeschichten meines Freundes und großen Vorbilds Giuliano Giongo, einem leidenschaftlichen Ausnahmebergsteiger und verwegenen Weltenbummler aus Meran. Er hat den Fitz Roy bestiegen, den Cerro Torre als Erster im Winter versucht und 70 Tage mit dem Kanu in den stürmischen Gewässern um Kap Hoorn überlebt. Und den Bestseller von Bruce Chatwin, »In Patagonien – Reise in ein fernes Land«, habe ich häufiger gelesen oder besser gesagt verschlungen als jedes andere Buch.

»Pata Gones«, große Füße sollen sie gehabt haben, die Ureinwohner, die am südlichen Zipfel von Südamerika lebten. Deshalb gab der portugiesische Seefahrer Ferdinand Magellan dem Land 1520 den Namen Patagonien, ganz nach europäischer Entdeckermanier.

Wild und stürmisch präsentiert sich Patagonien auch heute noch. Andererseits habe ich in dieser Ecke der Welt auch schon windstille Sonnentage erlebt, wie sie schöner nicht sein könnten: kalbende Gletscher zum Greifen nahe, unendliche Steppen mit Seen, an deren Ufern Nandus und Guanakos grasen, riesige Regenbögen über dem Paine-Massiv, spielende Wale im Beagle-Kanal und einen unvergesslichen Sonnenaufgang auf Kap Hoorn.

Im 19. Jahrhundert kamen viele Einwanderer nach Patagonien, sie stammten vor allem aus Italien, Schottland und Wales. Dennoch herrscht kein großes Gedränge. Das Land, fast doppelt so groß wie Deutschland, hat nur halb so viele Einwohner wie Hamburg.

Von Río Gallegos nach El Calafate

Río Gallegos, Hauptstadt der argentinischen Provinz Santa Cruz, ist ein windiger Ort und das Tor zum südlichen Ende der Welt: rostige Blechbaracken, die einmal bunt angestrichen waren, und ein Denkmal, das an die

Auf Kap Hoorn ist die Welt zu Ende (o.). An diesem stürmischen, einsamen Ort kann man mit Glück Wale beobachten (M.) Es gibt eine kleine Kapelle, ein Postamt, einen Leuchtturm (u.) und das Albatros-Denkmal, das an die vielen am Kap umgekommen Seeleute erinnert (r.u.). Grandios ist es immer wieder, einem der mächtigen Eisberge zum Greifen nah zu kommen (r.o.).

Argentinien/Chile

See-Elefanten (o.) und Magellan-Pinguine (M.) gibt es überall an der Küste Patagoniens. Die beiden Gauchos haben die Pferde stehen lassen und sich für die bequemere Art der Fortbewegung in der Weite entschieden (u.). Die bizarren Felsspitzen des Torres del Paine – endlich einmal nicht im Nebel – geben dem bekanntesten Nationalpark Chiles seinen Namen (r.).

Helden des Falklandkriegs erinnert. Nicht weit davon entfernt befindet sich der britische Club, dessen Mitglieder in holzgetäfelten Räumen mit großen Kaminen zusammenkommen. Ein solches Nebeneinander scheint niemanden zu stören. Fährt man einen Tag lang weiter nach Nordwesten, kommt man nach El Calafate. Sofern man sich an der endlosen Pampa und am Anblick von Steppengras und Dornenbüschen erfreuen kann, hat die Reise durchaus etwas Reizvolles.

Einige Jahre später bin ich mit Freunden genau dorthin unterwegs. Christina, eine äußerst resolute Südtirolerin, zum ersten Mal im Süden Südamerikas unterwegs, stößt einen etwas entnervten Seufzer aus: »Sonst gibt es hier nichts?«. Wenn man aus der Enge der Berge kommt, muss man sich erst einmal an so viel Weite gewöhnen. Brunnen, deren Pumpen von Windrädern angetrieben werden, um die Schafherden mit Wasser zu versorgen (Molinos), sind das einzige, was in dieser Abgeschiedenheit auf Menschen hindeutet.

In El Calafate stechen zwei Typen Mensch besonders ins Auge: Gauchos und Gringos. Die einen haben wettergegerbte Gesichter, tragen weite Pumphosen, Stiefel, Hut und silberbeschlagene Gürtel. Die anderen sind ebenfalls abenteuerliche Gestalten, nur schleppen sie große Rucksäcke und fallen in ihrer bunten Microfaser-Kluft auf: Bergsteiger. Sie decken sich mit Proviant ein, bevor sie zum Fitz Roy oder Cerro Torre aufbrechen. Diese Berge mit ihren Eiskappen an der Spitze bezeichnete Reinhold Messner aufgrund des dort vorherrschenden launischen Wetters und der glatten, senkrechten Steilwände einmal als Symbole des Unmöglichen.

El Calafate hat seinen Namen von den Berberitzenbüschen, die in der Blütezeit mit gelben Wattebäuschen das Einerlei der Pampa auflockern. Wer von ihren Beeren isst, verfällt dem Zauber Patagoniens und kehrt immer wieder dorthin zurück. In meinem Fall sollte diese Legende Recht behalten. Ich liebe Berberitzen und ich liebe Patagonien. Immer wieder zieht es mich in die unendliche Pampa. Was gibt es Schöneres, als im Januar, also im Hochsommer, an einem lauen Abend am Lago Argentino im Gras zu liegen. Die Luft ist erfüllt vom Duft blühender Kamille. Im See schwimmen Gänse. Flamingos und wilde Schwäne berühren als feurige Wolken den Boden.

Argentinien/Chile

Eis bricht, Wasser strömt

In Puerto Banderas, staubige 45 Kilometer von El Calafate entfernt, beginnt der Nationalpark »Los Glaciares«. Eisberge schwimmen langsam und geradezu majestätisch durch das Türkisblau gefärbte Wasser des Brazo Norte bis zur Boca del Diablo. In den Buchten vermodern morsche Bäume, Scheinbuchen, vom Borkenkäfer zerfressen und mit langen Flechten überzogen. Am Onelli-See weht kein Lüftchen. Ein Kondor kreist über uns – Urzeitstimmung vor der Kulisse des Upsala-Gletschers. Mit 595 Quadratkilometern ist er dreimal so groß wie Buenos Aires.

Den Perito-Moreno-Gletscher, nicht weit entfernt, hört man lange, bevor man ihn sehen kann. Beständig knirscht, kracht und faucht es in der bis zu 80 Meter hohen und dreieinhalb Kilometer breiten Eiswand. Brocken von der Größe eines Hauses stürzen in das milchige Wasser des Eisbergkanals und verursachen Flutwellen, um anschließend langsam als Eisberge über den See zu driften. Der Perito Moreno ist einer der wenigen noch wachsenden Gletscher der Erde. Unmerklich schiebt sich sein Eis vorwärts und versperrt so den Abfluss des Wassers in den Lago Argentino. Doch von Zeit zu Zeit unterspült Wasser die Eismassen und es kommt zu gewaltigen Durchbrüchen. Ungefähr alle vier Jahre vollzieht sich das gigantische Naturschauspiel, Medienspektakel und Glücksspiel zugleich. Beim letzten Mal wartete ein japanisches Kamerateam ein halbes Jahr. Als sie schließlich aufgegeben hatten und am Flughafen auf den Heimflug warteten, brach die Eisbarriere unter gewaltigem Getöse in sich zusammen

Überquert man bei Cancha Carrera auf holpriger Piste die Grenze, befindet man sich im chilenischen Teil Patagoniens. Nandus und Guanakos suchen in der kargen Steppe nach etwas Essbarem. Am Ufer des Lago Sarmiento ist die Straße zu Ende. Eine schmale Holzbrücke führt von hier auf eine Insel mit dem zu dieser Zeit einzigen offenen Hotel der Gegend. Wie auf einer riesigen Freilichtbühne spiegelt sich das Paine-Massiv im Wasser. Der Morgen ist kalt, als wir zum Lago Gray aufbrechen. Die Fahrt entwickelt sich zur Safari: Wir passieren Herden von Guanakos, Zorros (patagonischer Fuchs), Hasen und Nandus. Der Fußmarsch beginnt an einer Hängebrücke über den Río Pingo und führt durch üppigen Buchenwald zum Seeufer. Der Wind schneidet ins Gesicht.

Sie sind für ihr Nomadenleben bekannt: Die stolzen südamerikanischen Gauchos, die ähnlich wie die nordamerikanischen Cowboys leben, aber noch bessere Reiter sein sollen (o.). Blick über die Wulaia-Bucht auf Feuerland. Im Jahr 1833 ist Charles Darwin hier an Land gegangen (M.). Schroffe Granitberge mit ausgedehnten Schuttfeldern, durch Erosion entstanden, gehören zum Painemassiv (u.).

Der Sturm wirft Wellen auf, auf denen Eisberge tanzen. Den Hintergrund beherrscht der riesige Felsklotz des Paine-Massivs. Kann es eine dramatischere Kulisse geben?

Das Mylodon

In der Nähe von Punta Arenas ganz im Süden Patagoniens besuchen wir die Cueva del Milodón. Am Eingang der Höhle steht abwehrend und bedrohlich zugleich die Nachbildung des namengebenden Riesenfaultiers. Der Pflanzenfresser soll doppelt so groß wie ein Mensch gewesen sein. Der deutsche Abenteurer Hermann Eberhard hat dessen Überreste im Jahr 1895 gefunden. Ich bin nun angekommen in der Geschichte von Bruce Chatwin, die in mir das Fernweh und die Sehnsucht nach Patagonien geweckt hatte. Der erste Satz seiner »Reise in ein fernes Land« lautet nämlich: »Im Wohnzimmer meiner Großmutter stand ein kleines Schränkchen mit einer Glastür, und in dem Schränkchen befand sich ein Stück Haut. Es war ein winziges Stück, aber dick und ledrig, mit Strähnen borstigen rötlichen Haares...«. Bei dem kleinen Stückchen Haut handelt es sich um einen Teil eben dieses prähistorischen Riesenfaultiers.
Udo Bernhart

El Calafate hat seinen Namen von den Berberitzenbüschen, die in der Blütezeit mit gelben Wattebäuschen das Einerlei der Pampa auflockern. Wer von ihren Beeren isst, verfällt dem Zauber Patagoniens und kehrt immer wieder dorthin zurück. In meinem Fall sollte diese Legende Recht behalten: Ich liebe Berberitzen und ich liebe Patagonien.

Praktische Reisetipps

ANREISE
Direktflüge gibt es von Deutschland nach Buenos Aires und Santiago de Chile. Die Flugzeit beträgt ungefähr 16 Stunden.

VISA
Ein visumfreier Aufenthalt in einer Länge von bis zu 90 Tagen ist in beiden Ländern möglich. Der Reisepass muss mindestens 6 Monate gültig sein.

GESUNDHEIT
Besondere Vorkehrungen, die über den üblichen Impfschutz hinausgehen, sind meist nicht notwendig.

BESTE REISEZEIT
Die Jahreszeiten sind den europäischen entgegengesetzt, d.h. die beste Reisezeit für Patagonien liegt zwischen November und März. Im Winter ist die Gegend südlich von Puerto Mont nur schwer oder wochenlang überhaupt nicht zugänglich.

UNTERWEGS
Leichte Sommerkleidung ist für Patagonien ebenso angeraten wie wärmere Pullover, Funktionskleidung, wasserfeste Trekkingschuhe und Wind- und Regenschutz. Chile und Argentinien sind wahrscheinlich die am einfachsten zu bereisenden Länder Südamerikas. Es gibt viele Parallelen zu der europäischen Lebensweise. Im südchilenischen Seengebiet ist die deutsche Sprache noch sehr verbreitet, die Verständigung verläuft also meist vollkommen problemlos.

INFOS
RuppertBrasil: Das Reisebüro für Südamerika GmbH, Grillparzerstr. 31, 81675 München, www.ruppertbrasil.de

Stuart Macalister mit einem kapitalen Elchgeweih. Den Bullen hat er im Herbst direkt vor seiner Hütte erlegen können (o.). Brain während (u.) und nach seiner wagemutigen Landung (M.) im tiefen Pulverschnee auf dem zugefrorenen Whitestone River. In der Nacht tanzen die Polarlichter in den prächtigsten Farben am Himmel über der Tundra (r.).

Kanada

34 Begegnungen mit dem letzten Trapper am Yukon

Anfang Februar 1998: Der Yukon Quest, eines der härtesten Hundeschlittenrennen der Welt, legt seinen obligatorischen 36-Stunden-Stopp in Dawson City ein, der legendären Goldgräberstadt an der Mündung des Klondike in den Yukon. Seit einigen Jahren begleite ich jeden Winter mit meiner Kamera das 1000 Meilen (ca. 1600 km) lange Rennen zwischen Fairbanks (Alaska) und Whitehorse (Kanada) durch die Kälte.

Südlich von Dawson City führt der Dempster Highway bis ans Ende des amerikanischen Kontinents zum Eismeer. Seit Jahren träume ich davon, diese 740 Kilometer lange Piste im Winter zu fahren. Mercedes und ein für den harten Winter ausgestatteter Geländewagen – passend in »arctic-white« – werden mir dabei helfen. Es begleitet uns außerdem eine Journalistin aus Frankfurt.

Der Fallensteller und seine Frau

Um drei Uhr morgens an der Tankstelle der Klondike River Lodge verstauen wir Kanister mit Treibstoff, Proviant und Thermokleidung im Kofferraum. Es wird eine Fahrt durch eine Winterwelt, die uns über den North Fork Pass und an den Ogilvie Mountains vorbei in die Waldlandschaft entlang des Blackstone River führt. Die kleinen Tundra-Bäume, die nur verkrüppelt wachsen, sind umhüllt von Schnee und Eis. Hunderte von Schneehühnern flattern, aufgeschreckt von unserem Fahrzeug, in den sicheren Wald. Ein junger Elchbulle begleitet uns eine Weile, er zieht Seite an Seite mit unserem Fahrzeug.

Nicht weit von der Piste entfernt im Wald entdecken wir ein weißes Zelt mit einem Kamin. Wir halten im zunehmend starken Schneetreiben an. Während ich mich umschaue, lehnt Dagmar sich, eingepackt in kältefeste Thermokleidung, an einen schneebedeckten Holzstapel. Im nächsten Moment schreit sie auf: »Das ist kein Holz!« Sondern aufgeschichtete, ausgezogene und tiefgefrorene Mar-

Trapperwelt in eisiger Kälte (o.) – Die Hütte steht auf Pfählen, damit sie im Sommer nicht im Permafrostboden einsinkt (M.). Das Fell eines Elchs (r.o.), selbst gemachte Schneeschuhe aus Holz und Sehnen gefertigt (u.), alles da, was man zum Leben in der Wildnis braucht (u.). Das Wasser kommt aus dem nahen Fluss (r.u.) Essensvorräte werden im Cachehouse aufbewahrt.

Kanada

derkörper. Schlingen und Fallen in der Nähe bestätigen unsere Vermutung: Mitten in der Einsamkeit sind wir auf das Zelt eines Trappers gestoßen.

Stunden später an der Bar in Eagle Plains, der letzten Raststätte vor dem Polarkreis: Hier haben wir uns mit dem Besitzer, Stuart Macalister – dem letzten Trapper am Yukon – verabredet. Über 400 Kilometer erstreckt sich die Trapline auf beiden Seiten des Dempster Highways; seine Frau Doris, eine Gwich'in-Indianerin, hat die Jagdrechte mit in die Ehe gebracht. Stuart berichtet von seinem harten, aber faszinierenden Leben als Fallensteller. Früher Tradition bei den Ureinwohnern im hohen Norden Kanadas, ist diese Tätigkeit zu mühsam geworden und vor allem nicht mehr lukrativ genug. 30 Dollar erhält Stuart nur mehr für ein Marderfell. Das ist ein Zehntel dessen, was es noch vor hundert Jahren dafür gezahlt wurde. Von Zeit zu Zeit muss er daher einen Job beim Straßenbau oder bei einer Ölfirma annehmen, um den Lebensunterhalt für sich und seine Frau zu bestreiten. Aber dennoch wollen Stuart und Doris auf ihr Leben in den Wäldern nicht verzichten. Begeistert von meinem Interesse zeigen sie mir ihre Beute: Marder- und Wolverine-, ja sogar Wolfsfelle. Beide laden mich ein, sie nächstes Jahr mit meiner Kamera zu begleiten.

Fahrt mit Hindernissen

Ein Jahr später mache ich mich deshalb erneut auf den Weg nach Eagle Plains. Es liegt dieses Mal besonders viel Schnee, der Dempster Highway ist gesperrt. Deshalb engagiere ich Brian, früher Goldgräber, heute Buschpilot. Über eine Stunde kreisen wir in der klapprigen Cessna vor der Tombstone Range, bis Brian endlich eine Wolkenlücke entdeckt und wir unseren Flug Richtung Norden fortsetzen können. Doch das Wetter wird nicht besser. Zum Glück können wir den Dempster Highway in der unendlichen weißen Weite ausmachen. Nach drei Stunden sind wir immer noch in der Luft und verspüren ein menschliches Bedürfnis. Da alle Plastiktüten, die wir finden konnten, Löcher haben, legt Brain kurz entschlossen einen Zwischenstopp ein. Noch während die Maschine langsam ausrollt, stehen wir erleichtert am Straßenrand. Nach einer weiteren Stunde Flug parkt Brian seine Cessna neben den Trucks, die auf besseres Wetter warten, vor der Raststätte in Eagle Plains.

Ein Hundeschlittengespann, das an der Yukon Quest teilnimmt (o.). Kälte die man sieht – minus 50 Grad und schräge Sonne über einem kleinen Friedhof am Dempster Highway (M.). Bannock – in einer Pfanne gebratenes Indianerbrot – und Elchfilet werden auf einem zum Herd umgebauten Ölfass zubereitet. Ein Schlemmermahl der Superlative (u.).

Kanada

Die Wiedersehensfreude ist groß. Die Macalisters hatten wegen des schlechten Wetters und der gesperrten Straße nicht mehr mit uns gerechnet. Für die nächsten 24 Stunden ist allerdings gutes Wetter vorhergesagt, dann naht die nächste Sturmfront. Stuart hat einen Plan: Mit zwei Motorschlitten, Skidoos, fahren wir 150 Kilometer bis zur neuen Trapperhütte am Whitestone River. Brian will versuchen, sie mit dem Flugzeug zu finden. Wir sollen ihm auf dem zugefrorenen Fluss mit unseren Skidoos eine Landebahn präparieren. Dort will er uns dann abholen.

Stürze und Fallen

Um 3 Uhr morgens, es ist stockfinster, geht es hinaus ins Nirgendwo. Es liegt sehr viel Schnee. Aufgrund der Kälte ist er federleicht, und die Raupen der Motorschlitten berühren daher jedes Hindernis, das sich unter dem Weiß versteckt. Anfangs bleibe ich mehrfach an Steinen und Wurzeln hängen – und werde aus dem Sattel geworfen. Stuart stellt das Gefährt wieder auf Kufen und Raupe. Wer hier verloren geht, überlebt keine Nacht im Freien. Auch nicht mit dicken Handschuhen, Thermostiefeln, Neopren-Gesichtsmaske und übergroßen Daunenjacken. Bei minus 50 Grad ist man schlicht und einfach chancenlos.

Wir treffen auf die ersten Fallen, in jeder zweiten hängt ein Marder. Stuart nimmt die tiefgefrorenen Fellbündel aus der Schlinge und stapelt sie in seinem Kunststoffschlitten, den er hinter sich her zieht. Im ersten Morgenlicht freut er sich über einen prächtigen Wolf. Das Fell bringt auf der Auktion in Whitehorse mindestens 500 Dollar – das Geld kann er gut gebrauchen.

Wie findet sich Stuart in dieser Schneelandschaft bloß zurecht? Alles ist weiß, keine Berge, an denen man sich orientieren kann, die Spuren vom Motorschlitten nach wenigen Minuten wieder zugeweht. Zielsicher arbeitet sich der Trapper von Falle zu Falle. Als wir gegen Mittag seine Hütte erreichen, hat er mehr als 50 Tiere zusammen.

In der Trapperhütte

Die Hütte ist aus den Bäumen der Umgebung gezimmert und steht auf Pfählen. Auf einem Gerüst hängt bretthart ein steif gefrorenes Fell von einem Elch, den Stuart im Spätherbst erlegt hat. Vor der Hütte liegen akkurat gestapeltes Brennholz und selbstgemachte Schneeschuhe aus Holz und Sehnen. Nicht weit entfernt befindet sich auf fünf Meter hohen Stelzen das Cachehouse, in dem die Essensvorräte vor Tieren sicher aufbewahrt werden. Tiefgefroren, das Konservieren hat die Natur übernommen.

Die Hütte hat alles, was man zum Überleben benötigt: Bett, Tisch, Stühle und einen aus einem Ölfass gebauten Herd. Doris backt in einer Pfanne Bannock – Indianerbrot. Dazu gibt es Elchsteaks mit Preiselbeermarmelade, ein Festmahl. Aber bald schon drängt Stuart zu Eile. Wir müssen die Landebahn für Brian auf dem zugefroren Fluss vorbereiten, was sich aufgrund des vielen Schnees als arge Schinderei erweist. Wenig später landet Brian in einer weißen Wolke aus Schneekristallen.

Bevor wir das Märchen verlassen müssen, zeigt uns Stuart noch, wie er den inzwischen aufgetauten Wolf »auszieht«. Im Anschluss daran spannt er das üppige Fell mit der Innenseite nach außen zum Trocknen auf ein Brett. Eine dunkle Wolkenfront mit Schlechtwetter zwingt uns zum raschen Aufbruch. Dieses Mal haben wir Rückenwind und kommen schnell nach Dawson City.

Udo Bernhart

»Wer hier verloren geht, überlebt keine Nacht im Freien«, sagt Stuart. »Auch nicht mit dicken Handschuhen, Thermostiefeln, Neopren-Gesichtsmaske und übergroßen Daunenjacken. Bei Temperaturen um minus 50 Grad ist man chancenlos.«

Praktische Reisetipps

ANREISE
Direktflüge nach Whitehorse werden im Winter leider von keiner Fluggesellschaft angeboten. Von Frankfurt nach Vancouver gibt es aber täglich Linienflüge und von dort gibt es Direktverbindungen in die Hauptstadt der Provinz Yukon.

VISUM
Visumfreier Aufenthalt bis zu 90 Tage.

BESTE REISEZEIT
Von November bis März. Im Winter ist der Dempster Highway besser zu bewältigen, da Flussüberquerungen wegen der zugefrorenen Flüsse einfacher sind.

UNTERWEGS
Ausgangspunkt für eine Fahrt auf dem Dempster Highway ist Dawson City, das man von Whitehorse aus per Flugzeug oder mit dem Auto erreichen kann. Die Fahrzeit beträgt etwa sieben Stunden. Da es im Winter praktisch keinen Tourismus gibt, ist eine sorgfältige Planung der Reise notwendig. Empfehlenswert ist ein Geländewagen mit Spikesreifen und zusätzlicher Motorheizung.
Bevor man eine Fahrt auf dem Dempster Highway antritt, sollte man die Wettervorhersagen beachten und sich an den Tankstellen über den Zustand der Straße informieren. Die Mitnahme von Ersatztreibstoff, dicker Thermokleidung und Notfallproviant ist auf jeden Fall ratsam.

INFOS
Tourism Yukon c/o Bergold Promotions. Hochstraße 47 D 60313 Frankfurt, www.touryukon.de

Chile

35 Die Osterinsel – ein faszinierendes Freilichtmuseum

Wie in Trance ging ich in Chiles Hauptstadt Santiago de Chile an Bord des Flugzeugs und wusste: Nur noch wenige Stunden trennten mich von meinem größten Reisetraum, der sich auf halbem Weg zwischen Südamerika und Südsee erfüllen sollte. Fazit nach der Reise: Die Faszination ist geblieben. In meinem ganz persönlichen Ranking steht die Osterinsel mit ihren sagenhaften Steinskulpturen bis heute unangefochten auf Platz eins.

Diese Gesichter! Die Augen liegen tief, die Nasen sind gewölbt, der Blick geht in die weite Ferne. Still und erhaben ruhen sie in sich, umweht vom Pazifikwind und einer Aura voller Geheimnisse. Überlegen wirken sie, aber nicht überheblich. Ein Ausdruck von Stärke und Weisheit zugleich. Welche Meisterwerke! Moai, so heißen die kolossalen Steinkopfmänner, die sich über jenen Sprenkel 3600 Kilometer vor der chilenischen Festlandküste verteilen. Rapa Nui in der Sprache der ersten Siedler, Isla de Pascua auf Spanisch, Osterinsel auf Deutsch. Sie ist einer der entlegensten bewohnten Punkte unseres Planeten.

Ihren Namen verdankt die 165 Quadratkilometer große Insel dem niederländischen Seefahrer Jakob Roggeveen, der sie an Ostern 1722, mutmaßlich als erster Europäer, zu Gesicht bekam und entsprechend taufte. In Roggeveens Auftrag ging der Deutsche Carl Friedrich Behrens an Land und beschrieb die Bewohner und ihre steinernen »Götzenbilder«. Jahrzehnte später bekamen der Naturforscher Johann Reinhold Forster und sein Sohn Georg, Expeditionsteilnehmer unter dem britischen Weltumsegler James Cook, die »riesenmäßigen Monumente« zu Gesicht. Sie erschienen ihnen wie »Überbleibsel vormaliger besserer Zeiten«. Dass die Vergangenheit der Insel mit ihren Kämpfen unter den auf ihr lebenden Menschen um Macht und begrenzte Ressourcen nicht unbedingt besser war, konnten die Forsters nicht wissen. Aber eines stand fest: Die Monumente bezeugten eine lange zuvor versunkene Hochkultur.

Die Bildnisreihen der Steinkopfmänner (r.) auf der Osterinsel formen ein einzigartiges Kulturerbe der Menschheit, ergänzt durch die Kulissen einer schroffen Natur. Die Teppiche aus Grün breiten sich bis in die Nähe der Klippen aus (u.). Manche Steinkopfmänner sind wiedererrichtet worden, andere sind unvollendet geblieben oder liegen zerstört im Erdreich (o.).

So klein die Osterinsel auch sein mag, sie bündelt Hügelwelten (o.), Klippenabstürze (M.) und historische Zeremonialstätten (u.) auf engstem Raum – ein Paradies für Naturfreunde und Entdecker! Eine Erfrischung zwischendurch sei auch vierbeinigen Freunden gestattet (r. u.), für Zweibeiner geht es dann weiter zum nächsten magnetisierenden Moai (r. o.).

Chile

Meine ersten Moai

Die Entdeckungstour beginnt in Hanga Roa, Hauptstadt der Insel und Dreh- und Angelpunkt des Insellebens. Ich kann es kaum erwarten, breche Minuten nach der Quartiernahme zu Fuß zum Archäologischen Komplex Tahai auf. Mein Weg führt mich an Hibiskushecken, Palmen, einem Friedhof und an einer Diskothek vorbei – das Nachtleben der rund 6000 Insulaner spielt sich in einem bescheidenen Rahmen ab.
Die erste Skulpturengruppe steht, wie üblich, mit dem Rücken zum Meer. Obgleich in Teilen zerstört, spüre ich bereits dort die Magie, die das ganze Ensemble ausstrahlt, und die Ehrfurcht, nach der die Gesichter verlangen. Doch was hat es mit den Moai auf sich? Wem sind diese gewaltigen Bildwerke zu verdanken?

Die am weitesten verbreitete These besagt, dass die Besiedlung der Osterinsel ab etwa dem 5. Jahrhundert n. Chr. aus Polynesien erfolgte, bis es im 14. Jahrhundert erneut zu einem Besiedlungsschub aus Westen kam. Die Menschen waren inmitten des Stillen Ozeans isoliert und lebten vorläufig friedlich zusammen. Die Kultur erreichte ihren stärksten Ausdruck in Form der Moai und der jeweiligen Zeremonialplattform Ahu, auf der die Statuen standen. Jede Sippe verfügte über ein politisch-kultisches Zentrum. Moai waren mutmaßlich Symbole ihrer vergöttlichten Ahnen und dienten als Mittler zwischen den Lebenden und den Göttern; auch dürften sie die Macht der jeweiligen Gemeinschaft verkörpert haben. Aufgestellt auf den gewaltigen Plattformen, blickten sie immer landeinwärts – dorthin, wo sich die Häuser des jeweiligen Sozialverbands befanden.

Bildhauerwerkstatt am Krater

Karge, raue Zonen prägen die Insel, die vulkanischen Ursprungs ist. In Hanga Roa miete ich ein geländegängiges Fahrzeug, halte zunächst auf die Südküste zu, auf eine mit Geröll und Felsbrocken durchsetzte Grassteppe. Pisten zweigen zu umgestürzten Kolossalfiguren ab. Deren Gesichter sind im Erdreich versunken, die roten Steinhüte liegen über den ganzen Boden verteilt. All dies zeugt von gewaltsamen Auseinandersetzungen im 17. Jahrhundert, bei denen viele der vormals 250 Altaranlagen zerstört und die meisten Moai niedergerissen wurden.

Chile

Fast alle Bildnisse wurden aus dem Tuffgestein des erloschenen Kraters Rano Raraku geschlagen, dessen nackte Felswände jetzt vor mir im Mittagslicht glänzen. Aus der Ferne mache ich dunkle Punkte aus, die sich über die grünen Abhänge ziehen. Ich stelle das Fahrzeug ab und gehe auf diese Punkte zu, die sich mit jedem Schritt in der gnadenlos herunterbrennenden Sonne vergrößern. Vor mir wachsen majestätische Wunderwerke in die Höhe, manche von ihnen sind mehr als fünf Meter groß.

Hunderte von Moai haben Forscher im Gebiet des Rano Raraku registriert. Waren die Kolosse fertiggestellt, wurden sie von der »Bildhauerwerkstatt« aus in weit entlegene Inselteile befördert. Als Transportuntersatz dürften Holzbalken und flache Steinplatten gedient haben; ganze Heere von Arbeitern zogen die Steinskulpturen mit Seilen voran.

Sonne und Schatten

Keine Frage, der Rano Raraku markiert den Höhepunkt der Osterinsel. Aber auch kleinere Anlagen wie Ahu Akivi – mit den Sieben Moai – fesseln mich. Ahu Tongariki heißt die fast 200 Meter breite Plattform mit 15 wiederaufgerichteten Bildnissen. Im Inselnorden erhebt sich beim Sandstrand von Anakena eine weitere Figurenreihe. Aufkommender Wind lässt die Blätter rascheln, hohe und fröhliche Kinderstimmen dringen von der sonnendurchfluteten Bucht herauf. Doch es gibt auch von Schattenseiten zu berichten.

Tags darauf sehe ich neben der Kirche von Hanga Roa Protestplakate, auf denen die Nachfahren der Ureinwohner vom chilenischen Staat die Rückgabe ihres Landes fordern. Juan, der Vorsitzende des Ältestenrates, sagt: »Wir haben zwar 1888 die Annexion von Chile hingenommen, aber niemals eine Übergabe der Landrechte akzeptiert.« Düstere Geschichtskapitel berichten, dass die Bewohner der Osterinsel unter der Herrschaft Chiles weite Teile ihrer in Schafweideland verwandelten Insel nicht mehr betreten durften. Diese Zeiten sind glücklicherweise auch deshalb vorbei, weil die Osterinsel durch Forschungsprojekte und die Erhebung zum Welterbe der UNESCO internationale Aufmerksamkeit erzielte.

Eigentlich müsste es selbstverständlich sein, die Steinmänner zu bewahren – doch zur Sicherheit mahnt dieses Schild, nicht auf den Skulpturen herum zu klettern (o.). Die Gesichter der Steinmänner ruhen in sich, ob aufrecht oder liegend (u.). Doch nicht nur sie ziehen in ihren Bann, auch die Petroglyphen der Zeremonialstätte Orongo strahlen einen stillen Zauber aus (M.).

Vogelmänner an wilder Küste

Wie spektakulär Kultur und Natur miteinander verschmolzen sind, zeigt der letzte Ausflug, der mich im Südwesten zunächst an den Rand des 1,6 Kilometer großen Vulkankraters Rano Kau und dann zur Zeremonialstätte Orongo führt. Dort wird in Felsritzungen der Typus des Vogelmanns dargestellt, der eine Art Mischwesen aus Mensch und Fregattvogel ist. Uralte Überlieferungen erinnern an das »Vogelmannritual«. Dabei mussten in der Brutzeit der Seevögel die von ihrem jeweiligen Clan entsandten Teilnehmer die Klippen hinunterklettern, zur Felseninsel Motu Nui schwimmen und ein Ei der Rußseeschwalbe in einem Schilfkörbchen holen; dem Sieger, der das unbeschädigte Ei präsentieren konnte, und seinem Clan wurde höchstes Ansehen zuteil.

Im peitschenden Wind fällt es schwer, die Kamera ruhig zu halten. Die wilde Küste und die tosenden Wellen zu meinen Füßen, lasse ich mich auf einem Felsenthron nieder und meine Blicke aufs Meer hinausschweifen. Der Pazifik kocht, in meinem Inneren brodelt es in Gedanken an sie bis heute. Sie, diese eine, die Osterinsel, für mich das faszinierendste Freilichtmuseum der Erde.
Andreas Drouve

Auf die Frage nach der schönsten Reise meines Lebens gibt es für mich nur eine Antwort: die Osterinsel.

Praktische Reisetipps

ANREISE
Regelmäßige Flugverbindungen ab Santiago de Chile nach Hanga Roa (mit LAN; www.lan.com).
Visumfreie Einreise.

GESUNDHEIT
Keine Impfungen notwendig.

TRANSPORT
In der Hauptstadt Hanga Roa sind verschiedene Fahrzeugverleiher ansässig, die auch Allradfahrzeuge anbieten; auch Fahrräder lassen sich dort mieten.

UNTERKUNFT
Die Palette der Unterkünfte reicht vom Hotel über kleine Lodges bis zu Gasthäusern und Pensionen.

INFOS
• http://chile.travel/de (offizielles Tourismusportal)
• www.descubreisladepascua.com (Tourismusbehörde der Osterinsel, spanisch und englisch, praktische Hinweise, u. a. zu Unterkünften und Fahrzeugverleih)
• www.echile.de (Botschaft der Republik Chile in Deutschland)

REISESTATIONEN
Empfehlenswerte Ziele sind: Complejo Arqueológico Tahai, Krater Rano Raraku, Plattform Ahu Tongariki, Ahu Nau Nau (Strand von Anakena), Ahu Akivi, Kultstätte Orongo, Vulkankrater Rano Kau. Ausgangs- und Endpunkt der Ausflüge ist Hanga Roa.

Typisch sind farbenfroh gestrichene Holzhäuser (o.r.) mit kleinen Fenstern (o.). In der kurzen Vegetationszeit öffnet sich eine erstaunlich vielfältige Flora (M.). Für die Inuit waren früher Schlittenhunde überlebensnotwendig (u.). Ebenso faszinierend wie das Land ist das Meer vor Grönlands Küste (r.u.). Bekannt ist vor allem der Grönlandwal, der bis zu 200 Jahre alt wird.

Grönland

36 Auf der größten Insel der Erde – ein Besuch in Ostgrönland

Mein Plan, im Sommer hoch in den Norden nach Grönland zu fahren, stieß zu Hause auf zwiespältige Resonanz: »Was willst du denn dort in der Kälte und Einsamkeit?«, fragten die einen. Die anderen zeigten neidvolle Begeisterung und zollten meinem Abenteuerdrang Respekt. Spätestens beim Anblick der ersten glitzernden Eisschollen, die wie in Zeitlupe auf dem Wasser trieben, wusste ich, dass ich in der Weite und Stille der Arktis genau richtig war.

Bereits das Packen war eine Herausforderung gewesen. Zwar erwartete mich an der Südostküste Grönlands der arktische Sommer, wo das Thermometer im Juli und August tagsüber auf bis zu 18 °C klettern kann und die Nächte taghell bleiben, dennoch war für diesen Besuch bei den Inuit mehr nötig als nur Sandalen und T-Shirts. Also stattete ich mich mit wind- und wasserdichter Funktionskleidung, festen Wanderschuhen, Mütze, Schal, Handschuhen und anderen wärmenden Utensilien aus.

Erste Station ist Reykjavík, die Hauptstadt Islands. Von dort geht es weiter mit einer Propellermaschine, die mich in zwei Stunden übers Meer zur Siedlung Kulusuk bringt, dem Eingangstor nach Ostgrönland. Als unsere kleine Reisegruppe dort in ein offenes Boot mit Außenbordmotor steigt, das uns nach Tasiilaq, dem Ziel der Reise, bringen soll, bin ich froh um meine warme Jacke: Trotz gleißenden Sonnenscheins ist es auf dem Wasser zwischen treibendem Eis bitterkalt!

Tasiilaq – ein Ort zwischen Tradition und Moderne

Verstreut liegende kleine Holzhäuser mit buntem Anstrich, dazwischen Holzgestelle zum Trocknen von Stockfisch und Robbenfleisch und jaulende Schlittenhunde, die ungeduldig auf den nächsten Schnee zu warten scheinen. So empfängt uns die Siedlung Tasiilaq, die für die nächsten zehn Tage unser Zuhause sein soll; ihr Name bedeutet auf Grönländisch »wie

Aktivitäten rund um Tasiilaq (r.u.): Vor allem Heilbutt wird zum Trocknen an langen Holzgestellen aufgehängt (o.). Niedrige Glockenblumen ducken sich an den Hängen im eisigen Wind. (M.). Ein Aufenthalt auf Grönland wäre ohne eine Whale-Watching-Tour einfach nicht komplett. Ebenso faszinierend ist das Naturschauspiel der sich ständig verändernden Eisberge (r.o.).

Grönland

ein ruhiger See«. Etwa 100 Kilometer südlich des Polarkreises gelegen, ist Tasiilaq mit seinen rund 2000 Einwohnern der größte Ort in Ostgrönland. Von hohen schneebedeckten Bergen und einer arktischen Blumenpracht umgeben, befindet sich die Siedlung direkt am Kong-Oscar-Fjord, in dem sich treibende Eisschollen mit dem Meerwasser vermischen.

Während der Westen Grönlands schon lange von Touristen besucht wird, befand sich die ostgrönländische Region bis in die 1980er-Jahre in einem Dornröschen-Schlaf. Heute versucht sie die schwierige Gratwanderung zwischen Inuit-Tradition und modernem Leben. Auf meinen Erkundungsgängen durch das Dorf stoße ich auf ein Krankenhaus, eine Schule, einen Supermarkt, ein Café, eine Kirche und ein kleines Museum, das vor allem die typischen Schnitzereien aus Zahn und Knochen zeigt. Den Hügel hinauf geht es zur Filatelia, der Briefmarkenabteilung der Post Greenland. Dieses Haus ist trotz seiner Abgeschiedenheit international bestens vernetzt, denn von hier aus werden die wunderschönen grönländischen Marken an Sammler in aller Welt verteilt. Hinter dem Ort wartet das Blumental mit seinen Feldern aus arktischen Weideröschen, der Nationalblume, Glockenblumen, Zwergnelken, Gletscherhahnenfuß und Wollgras darauf, entdeckt zu werden. Eine kleine Wanderung auf den Hausberg der Siedlung endet mit einem weiteren Traumblick: Vor mir liegt die endlose Weite des Polarstroms mit seinen träge ziehenden Eisbergen.

Das Rote Haus – Herberge und Begegnungsstätte

Eine Handvoll Zimmer, Etagenduschen und Waschräume, eine Sauna, ein Restaurant und einladende Aufenthaltsräume – unser Gästehaus mitten in Tasiilaq bietet das alles in kleinstem Maßstab, dafür aber umso familiärer und herzlicher. Wer dorthin kommt, rechnet nicht mit Komfort auf mitteleuropäischem Niveau.

Gegründet wurde das Rote Haus vor rund 20 Jahren von dem Südtiroler Extremsportler und Bergsteiger Robert Peroni, der zum Beispiel 1983 in einer spektakulären Aktion in 88 Tagen ohne nennenswerte technische Hilfsmittel das grönländische Inlandeis, also den gigantischen Panzer des ewigen Eises, durchquerte. Peroni, der mittlerweile an der Ostküste Grönlands heimisch geworden ist, sieht sein Gästehaus als zwanglose Begegnungsstätte von Inuits und Besuchern.

Grönland

Das Rote Haus ist aber auch soziale Anlaufstelle für die Einheimischen und ihre großen Probleme: Nach 1945 wurde die traditionelle Gesellschaft von Robbenjägern und Walfängern schlagartig ins Industriezeitalter geworfen. Errungenschaften wie Fernsehgeräte, Motorboote und Flugzeuge sowie Handys hielten Einzug, dafür blieb aber die eigene Identität auf der Strecke. Wir erfahren im Roten Haus, wo ausschließlich Einheimische beschäftigt sind, auch von den dunkleren Seiten des grönländischen Lebens, von Arbeitslosigkeit und Armut, Alkoholmissbrauch und hoher Selbstmordrate. Grönland als autonomer Teil Dänemarks muss sich ein Stück weit neu erfinden. Eine große Chance ist das Rote Haus, das sich für einen umwelt- und sozialverträglichen Tourismus und gleichzeitig für die Bewahrung der ostgrönländischen Kultur einsetzt.

Auch wenn diese Einblicke mich nicht unbeschwert zurücklassen, bin ich froh über den unmittelbaren Kontakt zu Land und Leuten. Natürlich ist die verbale Verständigung schwierig, aber ein Lächeln wird auch hier verstanden und sagt mehr als hundert Worte. Bevor ich mich zum Schlafen zurückziehe, gehe ich noch einmal vors Haus, um in der fast taghellen Nacht den majestätischen Strom der Eisschollen im Fjord auf mich wirken zu lassen.

Eisskulpturen, Robben und Buckelwale

Nachdem wir Tasiilaq und seine direkte Umgebung ausgiebig erkundet haben, setzen wir uns die nächsten Tage ins Boot. Zunächst heißt es, alles anziehen, was die Reisetasche hergibt, um zwischen dem Eis nicht zu erfrieren. Die Thermoskanne mit heißer Brühe, zuerst mitleidig belächelt, ist

Tasiilaq liegt eingebettet zwischen hohen Bergen an einem Fjord (o.). Im Sommer bestimmen die wolligen Büschel des Wollgrases das Bild auf weiten Flächen (M.). Das Bild trügt: Die grönländischen Permafrostböden sind ab einer gewissen Tiefe das ganze Jahr über gefroren (u.). Das Waten im eiskalten Wasser erfordert auf jeden Fall eine gewisse Überwindung (o.r.).

plötzlich heiß begehrt. Schließlich ist alles, was warm macht, hoch willkommen! Wir besuchen eine entlegene Jägersiedlung und lassen uns dort von den Kindern Schlittenhundebabys präsentieren. Im Sermiligaaq-Fjord erwartet mich eine spektakuläre Kulisse von teils haushohen Eisskulpturen, die, vom Wasser gurgelnd umspült, leise knisternd in der Sonne leuchten. Unvorstellbar, dass sich der größte Teil dieser Klötze unter Wasser befindet. Das Boot bringt uns auch nach Nagtivit, wo der Gürtel des Inlandeises bis ans Ufer des Fjordes heranreicht – das ewige Eis hautnah! Robben, die sich auf den Eisschollen sonnen oder elegant durchs Wasser gleiten, habe ich bereits zahlreich gesichtet. Aber Wale? Um sie in ganzer Pracht sehen zu können, braucht man schon ein bisschen mehr Glück und einen guten Bootsführer. Tobias, unser Inuit-Guide, macht seine Sache exzellent. So stoßen wir nach längerem Suchen tatsächlich auf Buckelwale, die im Sommer vor der grönländischen Küste Jagd auf Fische und Tintenfische machen. Einer dieser bis zu 18 Meter langen und bis zu 30 Tonnen schweren Giganten lässt uns ganz nah herankommen. Er taucht sogar mehrmals unter unserem kleinen Boot hindurch, als wollte er ein wenig spielen. Irgendwann verliert er aber das Interesse und taucht in die Tiefe ab. Im Boot ist es sehr still. Jeder ist beeindruckt und fragt sich wohl, welche Abenteuer Ostgrönland morgen noch bereithält.
Brigitte Lotz

> *Lebe heute und genieße den Moment. Das ist das Lebensmotto der Inuit. Man kann es durchaus zum eigenen machen.*

Praktische Reisetipps

ANREISE
Linien- oder Charterflug nach Keflavík (Island). Weiterflug von Reykjavík nach Kulusuk (Grönland), der Flug dorthin dauert etwa 2 Stunden. Von dort geht es weiter per Motorboot oder Helikopter nach Tasiilaq/Ammassalik; es besteht keine Visumspflicht.

GESUNDHEIT
Auf Grönland ist kein besonderer Impfschutz nötig, allerdings sollte eine gute Reiseapotheke im Gepäck sein.

AUSRÜSTUNG
Es herrscht ein arktisches Klima mit häufigen Wetterwechseln. Daher ist strapazierfähige regen- und winddichte Kleidung erforderlich. Die intensive Sonneneinstrahlung macht auch einen guten Sonnenschutz und eine Sonnenbrille unabdingbar.

INDIVIDUELLE REISEPLANUNG
Das Rote Haus (Hotel »The Red House«, Napamgumut B-1025, P.O. Box 81, DK-3913 Tasiilaq/Ammassalik, www.the-red-house.com) bietet nicht nur Unterkunft und Verpflegung, sondern vermittelt auch andere Übernachtungsmöglichkeiten und organisiert Aktivitäten wie Bootsfahrten, Whale Watching, Wanderungen und Hundeschlittenfahrten.

REISELEKTÜRE
In seinem Buch »Der weiße Horizont. Drei Männer durchqueren Grönlands unerforschte Eiswüste« hält Robert Peroni seine Expeditionserlebnisse fest.

Papua-Neuguinea

37 Tauschversuch mit Muscheln

Besucher in Papua-Neuguinea sind Zeitreisende in eine ferne Vergangenheit, die ein wenig davon preisgibt, wie wir wurden, was wir heute sind. Viele Volksstämme leben noch nach alten Mythen und den Legenden ihrer Vorfahren. Im Hochland zeigt sich, was man als Besucher für eine Handvoll Muscheln, die man auf den Inseln eingesammelt hat, kaufen kann – ein Selbstversuch.

»Gona gona boboana.« – Was für eine Begrüßung. Es gibt Tage, an denen kann nichts mehr schief gehen. Ein Gonagona-boboana-Tag auf Fergusson Island ist so ein Tag. Guten Morgen heißt dieses Zauberwort auf den D'Entrecasteaux-Inseln von Papua-Neuguinea. Da kann es bei der Ankunft regnen, bis die Erde dampft. Da kann die Wanderung zu den heißen Quellen im Schlamm enden und die Vulkangöttin Susulina einem die Audienz verweigern.

Schon seit der Morgendämmerung versammeln sich die Leute aus dem Inseldorf am Strand. Selbst bei Regen stehen sie stundenlang wie angewurzelt unter den Frangipani-Bäumen, warten, bis das Schiff endlich sein Schnellboot mit den *dim dim*, den weißen Besuchern, an Land schickt. Bereits nachts, als wir vor Anker gegangen waren, kamen die Einheimischen in ihren Kanus, um das Schiff aus nächster Nähe zu besehen. Sie dockten ihre Holzboote an ein metallenes Raumschiff an, das sich zurück in die Steinzeit gebeamt hat: ein Groß-Katamaran, ausgestattet mit Restaurant, Bar, eigener Wäscherei, Wasseraufbereitungsanlage, Radar, Echolot und Satellitenanlage mit direkter Telefonverbindung zu den abgelegensten Ecken dieser Welt.

Entzauberung der Götter

Es gab eine Zeit, in der galten die Weißen als Götter. Im Hochland der Insel Neuguinea war dies noch bis Anfang des 20. Jahrhunderts so. Selbst 1925, als Port Moresby bereits über Elektrizität verfügte, war der größte Teil des Hochlan-

Muschelgeld war lange Zeit die Währung eines Landes (o.), das nicht in allen Regionen ausreichend Bargeld zur Verfügung stellte. Muscheln und Blüten tragen die Einheimischen auch als Schmuck (M., u.). Während in Goodenough Einheimische unter Frangipani-Bäumen die Ankunft der Touristen beäugen (r. u.), fahren in Malay die Fischerboote aus (r.o.).

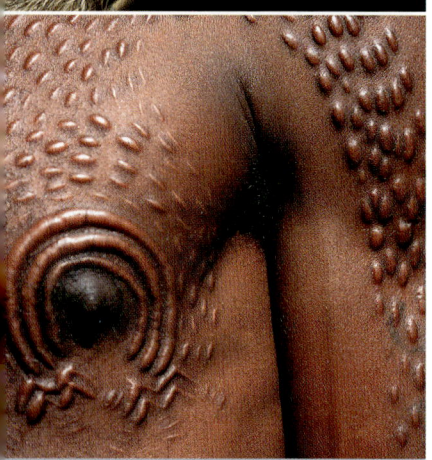

Den Feind abzuschrecken, das war das Ziel der Schlamm-Krieger (o.) von Goroka (M.). Auch die durch absichtliche Narbenbildung zu Krokodilmenschen (u.) gewordenen Männer am Sepik River sollen außergewöhnliche Stärke demonstrieren. Während auf Kujawa noch getanzt wird (r. o.), genießen die Bewohner der Trobriand Islands bereits das abgelegene Inselleben (r. u.).

Papua-Neuguinea

des noch unerforscht. Erst die australischen Brüder Michael, Daniel und James Leahy drangen 1933 auf der Suche nach Gold ins Landesinnere vor. Niemand hatte vermutet, dass dort mehr als eine Million Menschen lebten, ohne je einen Weißen gesehen zu haben. Der erste Kontakt mit den Fremden stürzte die Bewohner in große Verwirrung.

Der Dokumentarfilm »First Contact« zeigt Szenen dieser ersten Begegnung. Da erinnert sich Kirupano Eza' an die Zeit, in der er als Kind zum ersten Mal Weißen begegnete: »Wir waren überzeugt davon, dass außer uns keine weiteren Menschen lebten. Wir glaubten aber fest daran, dass ein gestorbener Mensch über eine Grenze zu dem Ort des Todes gelangt, und dass sich dabei seine Hautfarbe in Weiß verändert. Als die Fremden kamen, haben wir gesagt: Diese Menschen gehören nicht zur Erde. Wir wollen sie nicht töten – denn sie sind ja unsere eigenen Verwandten. Die Gestorbenen haben sich in Weiße verwandelt und sind nun zu uns zurückgekehrt.«

Doch der Glaube, die Weißen seien Götter, war nur von kurzer Dauer. Ein Einheimischer hatte einen Weißen beim Verrichten der Notdurft beobachtet und beschloss, sich das Ergebnis aus nächster Nähe zu besehen. »It looks like shit, it smells like shit, it is shit«, lautete sein treffender Befund. Jetzt, da es sich die Weißen mit ihrem Götterstatus regelrecht verschissen hatten, brach bald Streit aus zwischen den Hochlandmenschen und sie machten sich auf die Suche, woher der ganze Reichtum der Weißen kam, wenn sie denn schon keine Götter waren.

Alternative Zahlungsmittel

Dabei liegt in Papua-Neuguinea das Geld auch nicht auf der Straße, es liegt am Strand. Und das reichlich. Muscheln, soweit das Auge reicht. Sie sind oft das einzig zuverlässige Zahlungsmittel, denn die Staatsbank druckt selten ausreichend Bargeld, sodass die entlegenen Winkel des Landes oft leer ausgehen. Dort besinnen sich die Einheimischen dann einer alten Tradition. Die Frauen gehen Muscheln sammeln, zerstoßen sie zu kleinen Plättchen, bohren ein Loch hinein und fädeln sie auf eine lange Schnur, während die Männer den Rundschliff besorgen. Die Tolai Exchange Bank ist die einzige Bank der Welt, die bereit ist, solches Muschelgeld in »harte Währung« umzutauschen. Die offizielle 1-Kina-

Im Hochland von Mount Hagen haben großmaschig gehäkelte Einkaufsnetze, sogenannte Bilums, so lange Trageriemen, dass sie die Frauen als Stirnband um den Kopf legen können, um den gefüllten Beutel auf dem Rücken nach Hause zu tragen (o.). Auf Inseln wie Goodenough (M.) kann man die Fischfang-Beute einfach am Haken nach Hause schaffen (u.).

Papua-Neuguinea

Münze ist nach der gleichnamigen Muschel benannt, aus der traditionell das Muschelgeld hergestellt wird, und hat deshalb ebenfalls ein Loch in der Mitte.

Seltene Dinge sind immer wertvoll. Und was es im Hochland gar nicht gibt, sind Muscheln. Dieser Zusammenhang fällt mir ein, als ich auf einem Markt in Goroka auf die ausgelegten Waren hinunterblicke. Auf den am Boden ausgebreiteten Decken bieten viele Händlerinnen buntgestreifte Bilums an. Die großmaschig gehäkelten Einkaufsnetze haben lange Trageriemen. Diese legen sich die Frauen als Stirnband um den Kopf, um dann auf diese Weise den mit Warengefüllten Beutel auf dem Rücken nach Hause zu tragen. Ich habe einen Vorrat von Muscheln, die ich vorher an den Stränden gesammelt habe. Da die Hochlandbewohner Muscheln brauchen, um ihren Schmuck daraus herzustellen und diese bisweilen auch als Zahlungsmittel akzeptieren, ist die Zeit für mich gekommen, ein klein wenig Feldforschung zu betreiben.

Unerwartete Hindernisse

Ich biete also einer Händlerin eine weiße Kauri-Schnecke für einen Bilum an. Die Frau schüttelt den Kopf. Also lege ich noch eine Kina-Muschel dazu, die Frau schüttelt noch energischer den Kopf. Noch immer nicht genug, denke ich. Vielleicht wollen sie die unbearbeiteten Muscheln nicht, weil sie nicht so viel wert sind, wie die in mühsamer Handarbeit bearbeiteten Muschelgeldstränge. Also lege ich noch einmal eine Muschelkette dazu. Die Frau springt auf und verschwindet in der Menge. Vielleicht wundert sie sich nur, so wie wir uns wundern würden, wenn jemand aus Pommern in München seine Weißwürste mit einem Stück Bernstein, gesammelt an der Ostseeküste, bezahlen möchte. Aber wer kann schon wissen, wohin uns die Finanzkrise noch einmal führen wird ...

Inzwischen hat sich eine neugierige Menschentraube um die Verkaufsauslage gebildet, um dem ungewöhnlichen Handel beizuwohnen. Als die Händlerin mit einem Mann zurückkehrt, bedeutet dieser, dass er der Besitzer der Ware sei. Prima, denke ich, dann kann weiter gefeilscht werden. Der Geschäftsmann prüft interessiert meinen Einsatz, schaut sich jede Muschel einzeln an und gibt dann den Dolmetscher. »Wo ist das Problem?«, frage ich. »Sind es zu wenige Muscheln?« »Nein«, sagt der Mann, »die Leute sind nur irritiert, dass du nicht mit Geldscheinen bezahlst.« »Geldscheine oder Muscheln«, antworte ich, »da ist doch bei euch kein Unterschied?« »Doch«, sagt er. »Geldscheine sind hier noch seltener als Muscheln und ihr Touristen seid oft die einzige Chance, an rares Bares zu kommen. Denn eine Busfahrt oder eine Flasche Bier können auch wir nicht mit Muscheln bezahlen.«

Ohne zu feilschen lege ich für den Bilum die geforderten Geldscheine auf die Decke und nehme meine Muschelwährung wieder mit. Den Muschelstrang kann ich zu Hause sicher noch als Halskette tragen, sofern ich mich an den Gedanken gewöhne, damit gewissermaßen einen Teil meines Bankkontos zur Schau zu stellen. Aber schließlich machen das Frauen, die sich ein Diamantencollier um den Hals legen, auch nicht anders.

Die restlichen Muscheln allerdings bleiben besser im Land, bevor der deutsche Zoll mit Verweis auf Artenschutzabkommen eine Strafgebühr fordert, welche die Kaufkraft der Muscheln in Papua-Neuguinea bei weitem übersteigen würde. Also, zurück auf den Strand damit. Möge sie ein anderer finden und damit steinreich werden.

Margit Kohl

> Manchmal reichen schon ein paar Muscheln, um zu den Wohlhabenden des Landes zu gehören. Einige Muscheln sind dann aber doch zu schwer, um sie sich um den Hals zu hängen, als sei es ein Millionen-Dollar-schweres Diamanten-Collier.

Praktische Reisetipps

ANREISE/REISEPLANUNG
Organisierte Gruppenreisen mit ortskundiger Begleitung (z. B. www.studiosus.com) sind Einzelreisen auf jeden Fall vorzuziehen, weil weite Teile des Landes kaum erschlossen sind.

VISA
Deutsche Staatsangehörige erhalten bei der Einreise als Touristen ein Visum mit einer Gültigkeitsdauer von 60 Tagen.

GESUNDHEIT
Vor Reiseantritt ist die Beratung bei einem Tropeninstitut oder Tropenmediziner erforderlich (www.dtg.org).

REISEZEIT
Aufgrund der naturräumlichen Gegensätze ist das Klima kontrastreich. In der Trockenzeit von Juli bis September fällt bei 26–27 °C verhältnismäßig wenig Regen.

AUSRÜSTUNG
Leichte Baumwollkleidung, dazu Anorak sowie Pullover für Bergregionen. Festes Schuhwerk für Dschungeltrekking. Ausreichend Sonnen- und Regenschutz. Dazu robuste Wasserflasche, Taschenlampe, Reiseapotheke, Moskitonetz.

REISELEKTÜRE
First Contact. Informativer Dokumentarfilm aus dem Jahr 1983, der auf dem Material der australischen Brüder Michael, Daniel und James Leahy aus den 1930er-Jahren beruht.

INFOS
• www.papuanewguinea.travel (offizielles Tourismusportal)
• www.auswaertiges-amt.de (Sicherheitshinweise)

38 Baden am Polarkreis in Pite Havsbad

Baden an einem Sandstrand in Europas hohem Norden? Nicht nur möglich, sondern ein besonderes Erlebnis ist dies in der Nähe des Städtchens Piteå, das an der schwedischen Ostseeküste am Bottnischen Meerbusen liegt. Hier zeigt sich die Natur äußerst gnädig gegenüber Wasserratten. Bilden sonst in vielen Buchten der Region kleine Steine den harten Untergrund, kann man sich hier über weichen, feinen Sand freuen, der bis weit ins Wasser reicht. Darüber hinaus ist das Wasser in den Buchten so seicht, dass es sich während der langen Sommertage überraschend schnell auf Temperaturen erwärmt, die auch »Südländer« als angenehm empfinden. Ein beliebtes Reiseziel vor allem für Familien aus Schweden und Norwegen, die dort ihren Urlaub verbringen, ist der Strand Pite Havsbad auf der Halbinsel Piteholmen. Mit dem Auto nur einen Katzensprung von Piteå entfernt, findet sich hier eine Hotelanlage mit einem ausgedehnten und komfortablen Camping- und Hüttenareal. Der Strand ist die Hauptattraktion, doch mangelt es nicht an weiteren Freizeitangeboten. In der näheren Umgebung bieten sich zahlreiche Möglichkeiten zum Angeln, Reiten, Golfen, Bootfahren, Wandern und Radeln in der ursprünglichen Natur der Umgebung. Wem das nicht reicht, kann sich zudem in einem Freizeitpark im Freien und im Schutz einer Halle vergnügen. Entspannung pur bietet schließlich auch ein Wellnesszentrum mit Saunen, Whirlpools und Massagen.

INFO: Pite Havsbad, Box 815, 94128 Piteå, T www.pite-havsbad.se

Piteå gehört mit zu den nördlichsten Städten Schwedens und liegt gerade 100 Kilometer südlich des Polarkreises. Die gemütliche Kleinstadtatmosphäre spricht besonders Familien mit Kindern an.

Schweden • Peru • Neuseeland

39 Die tiefste Schlucht der Welt: der Cañón de Cotahuasi

Um von Arequipa zum Cañón de Cotahuasi zu gelangen, durchfährt man das Valle des los Volcanes. Dabei passiert man unter anderem den Vulkan Coropuna (6425 m). Der Anblick des schneebedeckten Stratovulkans entschädigt für die stundenlange staubige Fahrt, die über Schotterpisten mit zahlreichen Schlaglöchern führt. Lamas weiden auf einsamen Bergrücken, karges Grün erscheint dünn auf den steinigen Ebenen und Berghängen. Nur entlang der Wasserläufe sieht man Gras und Gebüsch. Der noch weitgehend unbekannte Cañón de Cotahuasi gilt als die tiefste Schlucht der Welt. Mit 3935 Metern ist er annähernd doppelt so tief wie der Grand Canyon in den USA. Die Schlucht war zu Zeiten der Inka eine wichtige Verbindungsroute zwischen der Pazifikküste und Cusco. Fast überall im Umland stößt man auf Ruinen der Huari und auf Spuren der Konquistadoren. Ausflüge führen zu den Huari-Ruinen von Marpa und den Ruinen von Pampamarca, in Lucho sprudeln heiße Thermalquellen, und der Reiz von Sipia liegt im Wasserfall Catarata de Sipia. Der Ort Cotahuasi selbst ist ein verschlafenes Andennest auf 2650 Metern Höhe. In Lunahuaná kann man Rafting-Trips auf dem Río Cañete buchen.

INFO: Cotahuasi Trek. E-Mail: info@cotahuasitrek.com,
Websites: www.arequipa.org oder www.cotahuasitrek.com

Tief unten im Tal kann man erkennen, wie sich ein dünnes Rinnsal durch die Felsen schlängelt. Übernachten sollte man nicht dort unten, denn bei Regen kann es zu einem reißenden Fluss werden ...

40 Vom Regenwald zum Meer – eine Fahrt auf dem Te Awa o Whanganui

Der Te Awa o Whanganui strömt im Süden der Nordinsel durch die Landschaft. 290 Kilometer lang ist Neuseelands längster schiffbarer Fluss, seine einstige Bedeutung als Handelsweg hat er jedoch verloren. Ein Glück für Kajaksportler, die auf dem Whanganui in aller Ruhe die zwei grundverschiedenen Gesichter des Flusses erkunden können. Ab seiner Quelle am Tongariro-Vulkan im Tongariro National Park zeigt sich der Oberlauf des Whanganui als wildes Gewässer mit Stromschnellen und markanten Schluchten, der sich auf seinem Weg zur Küste in zahlreichen Biegungen durch den unberührten Regenwald des Whanganui-Nationalpark mit seinen Steineiben und spektakulären Baumfarnen windet. In seinem Unterlauf fließt der Strom behäbig durch Farmland, ehe er bei der Stadt Whanganui eine weitläufige Dünenlandschaft durchschneidet und in die Tasmansee mündet. Rund eine Woche dauert eine Kajaktour von Taumarunui am Oberlauf des Flusses bis ans Meer – ein großartiges Erlebnis, auch für Anfänger. Die 239 Stromschnellen des Flusses erreichen nur Schwierigkeitsgrad II und sind damit durch einfaches Manövrieren zu bewältigen. Unterwegs übernachtet man in Hütten oder auf Campingplätzen.

INFO: I-Site Visitor Information Center, Taupo Quay 31, Whanganui,
http://whanganuinz.com

Der bei Kajakfahrern beliebt Whanganui River entspringt auf der neuseeländischen Nordinsel und durchfließt zwei Nationalparks.

Neuseeland · Chile · Peru

41 Golden Bay – ein Goldstück aus Granit

Die sichelförmige Golden Bay bildet das ergreifend schöne Nordwestende von Neuseelands Südinsel. Ihre breit geschwungene Küstenlinie säumen grüner Regenwald, saftige Weiden und goldfarbene Strände aus zermahlenem Granit. Östlich des Hauptortes Takaka konzentriert sich das Interesse auf die Badestrände von Pohara und Tata Beach. Im Westen liegen Patons Rock und das alte Städtchen Collingwood. Westlich der 35 Kilometer langen Nehrung Farewell Spit gibt es nur noch Schotterstraßen, vom Wind krumm und flach gehobelte Vegetation und landschaftliche Kleinodien. Wer hier entlangrumpelt, erreicht Ecken, die kaum je ein Tourist zu sehen bekommt. Wharariki Beach, nur über Schotterstraßen und einen halbstündigen Fußmarsch zu erreichen, ist sicher einer der schönsten Strände in Neuseeland. Im mächtigen Quelltopf der Te Waikoropupū oder Pupu Springs sprudelt fantastisch klares Wasser, in dem man 62 Meter weit sehen kann. Im Süden trennt der sanft gewellte grüne Landzipfel des kleinen Abel-Tasman-Nationalpark die Golden von der benachbarten Tasman Bay. Der fast straßenlose und dennoch leicht zugängliche Park mit den traumhaften Stränden und Lagunen ist ein populäres Ausflugsziel. Ein Mekka für Wanderer ist im Westen der einsame, weitaus größere Kahurangi-Nationalpark mit seiner einzigartigen Pflanzenwelt.

INFO: Golden Bay Visitor Center, Willow Street, Takaka, Golden Bay, www.nelsonnz.com

Nur noch zwei Kalksteinsäulen sind von dem gewaltigen Felsentor Island Archway übrig geblieben. im Jahr 2009 ist es in sich zusammengebrochen und ins Meer gestürzt.

42 Robinsons Insel – im Juán-Fernandez-Archipel

Drei winzige Punkte im unendlichen Pazifik: Knapp 700 Kilometer liegt der Juán-Fernandez-Archipel von Chiles Küste entfernt. Doch auch auf diesen abgeschiedenen Fleckchen Erde wurde Geschichte geschrieben. In absoluter Einsamkeit lebte auf der größten Insel von 1704 bis 1709 der schottische Matrose Alexander Selkirk – als Robinson Crusoe wurde er zu einem Helden der Weltliteratur. Konsequenterweise heißt das Eiland heute Isla Robinsón Crusoe und ist als einziges bewohnt. Entdeckt wurden die Inseln jedoch schon 1574 von dem spanischen Seefahrer Juán Fernandez. In der Folge gewannen sie strategische Bedeutung für spanische Galeonen auf der Fahrt nach Panama, die oft mit sagenhaften Schätzen beladen waren, die sie den Inkas geraubt hatten: Tonnen von Gold, Silber und Edelsteinen. Heutige Besucher der Isla Robinsón Crusoe landen in der Regel mit dem Flugzeug im Südwesten der Insel; von dort geht es weiter per Boot entlang der steilen Küste nach San Juan Bautista. Diese einzige Ortschaft ist aber auch auf einem 15 Kilometer langen Fußweg zu erreichen, der durch eine reizvolle, üppig grüne Gebirgslandschaft führt. Die Natur des Archipels mit seinen Orchideen, Riesenfarnen und zahlreichen endemischen Pflanzen- und Tierarten schützt heute der Nationalpark des Archipiélago Juan Fernández, zugleich ein Biosphärenreservat der UNESCO.

INFO: Servicio Nacional de Turismo Chile, Avenida Providencia 1550, Santiago de Chile, http://chile.travel/de

Auf die Robinson-Crusoe-Insel rettete sich der Seemann Alexander Selkirk. Er soll Daniel Defoe zu seinem Roman inspiriert haben.

43 Chachapoyas: im Reich der »Wolkenmenschen«

Das nördliche Andenhochland gehört zu den bemerkenswertesten Regionen Perus, gilt noch immer als Geheimtipp und bietet ein spannendes Reiseziel für abenteuerlustige Urlauber. Wer die mühsame Anfahrt über Land nicht scheut, findet rund um die 2330 Meter hoch gelegene Kleinstadt Chachapoyas ein landschaftlich besonders reizvolles Gebiet, dessen Reichtum an archäologischen Hinterlassenschaften bislang nur zu einem Bruchteil von Wissenschaftlern erfasst wurde. Das Zentrum der hübschen Hauptstadt der Region Amazonas bildet die Plaza de Armas mit Bronzebrunnen und Kolonialgebäuden. Sehenswert sind das Rathaus und das Geburtshaus des Unabhängigkeitskämpfers Toribio Rodriguez de Mendoza (1750–1825), das Museo Arqueológico und die Kirche Santa Ana aus dem 17. Jahrhundert. Rund 70 Kilometer Richtung Süden steht auf 2900 Metern Höhe in Kuélap eine imposante verlassene Festung der präkolumbischen Chachapoya-Kultur, ein riesiger Komplex mit mächtigen Mauern. Weiter im Nordosten bestatteten die »Wolkenmenschen«, wie sie von den Inkas genannt wurden, bei dem Dörfchen Karajía einst ihre Toten – wahrscheinlich vor allem Fürsten – in einer schroffen Felswand in ungewöhnlichen *sarcófagos*. Die Körper wurden in Hockstellung bestattet, ihre Gesichter sind der aufgehenden Sonne zugewandt. Der beeindruckende Anblick der 2,5 Meter hohen bemalten Holzskulpturen und Sarkophage aus Lehm lohnt den Weg aus dem rund 50 Kilometer entfernten Chachapoyas auf jeden Fall.

INFO: Peru Plaza de Armas, Jr. Ortiz Arrieta 590, Chachapoyas, www.peru.travel/de

In schwindelnden Höhen, genau auf 2800 Metern über NN, liegt das Revash-Mausoleum, eine Begräbnisstätte der Chachapoyya-Zivilisation.

ENDLOSE WEITEN, UNGEZÄHMTE NATUR

Argentinien/Bolivien/Chile

44 Salzseen und Wüsten des Altiplano

Uyuni erinnert an seine große Zeit als Eisenbahnknotenpunkt Anfang des 20. Jahrhunderts mit einem Riesenamboss, auf dem ein Arbeiter in Bronze mit einem Schraubenschlüssel in der einen und dem Antriebsrad einer Lokomotive in der anderen Hand posiert. Eindrucksvoller ist der Eisenbahnfriedhof. Im graubraunen Staub vor dem Ort rosten mehr oder weniger demontierte, teils mehr als 100 Jahre alte Überreste von Loks und Eisenbahnwagen vor sich hin. Auf einem Veteranen hat jemand die lakonische Notiz hinterlassen: »Asi es la vida«. – So ist das Leben.

Das fast 3700 Meter hoch gelegene Nest in der großen Leere des Altiplano, das von extremen Temperaturschwankungen – von +20 °C am Mittag und bis zu -20 °C in der Nacht – geplagt wird, ist Ausgangspunkt für Touren zum Salar de Uyuni und für mehrtägige Reisen durch die Puna, das bolivianische Altiplano, bis ins chilenische San Pedro de Atacama.

Salar de Uyuni

Im den abflusslosen Salzseen der Puna sammelt sich Schmelzwasser aus den Anden, das beim Verdunsten reines Salz hinterlässt. Im Salar de Uyuni, dem größten von ihnen, ist das eine Fläche von 10 000 Quadratkilometern. Colchani, 20 Kilometer von Uyuni am Ufer des Sees gelegen, lebt davon. Mit der Hacke wird die Oberfläche des Salar aufgeschlagen, das Rohsalz zu konischen Haufen geschippt und später auf Lastwagen ins Dorf geschafft. Dort wird es getrocknet und in kleinen Familienbetrieben gemahlen und in Säcke gepackt. Ungefähr 1 Euro wird für 50 Kilogramm bezahlt, in der Metropole La Paz wird der doppelte Preis erzielt.

Abseits der Uferzone ist der Salar de Uyuni aber eine unberührte Wüste, die von einem intensiv blauen Himmel überwölbt wird. Zu Beginn der Trockenzeit erstarrt die von den Regenfällen aufgeweichte Oberfläche zu einer betonharten Ebene aus Vielecken, die von wenige Millimeter hohen

Bizarr erodierte Schichten aus Salz und Lehm prägen die Cordillera de Sal (o.). In Uyuni erinnern die Statue eines Eisenbahners mit Schraubenschlüssel (M.) sowie mehr als 100 Jahre alte Dampfloks an die Zeit der Stadt als Eisenbahnknotenpunkt (u.). Mitten in der weißen Salzwüste des Salar de Uyuni liegt die Isla de los Pescadores mit ihren Trichoreus-Kakteen (r.).

Argentinien/Bolivien/Chile

Salzwülsten begrenzten werden. Auf dem Salar ist das ohnehin in dieser Höhe sehr intensive Sonnenlicht besonders gleißend, weil es von den Salzkristallen reflektiert wird. Nur mit einer besonders dunklen Sonnenbrille kann man es ertragen. Eine dunkle Spur aus Reifenabrieb markiert die Piste durch das blendende Weiß hinüber zur Isla de los Pescadores (oder Incahuasi) mit ihren uralten, bis zu zehn Meter hohen, baumstammdicken *Trichoreus*-Kakteen.

Große Leere und der Atem der Erde

Die Puna: Das ist eine karge und stille Wüstensteppe mit extremen Temperaturschwankungen, Wassernot und Sauerstoffmangel. Die große majestätische Leere wird von einem Himmel aus Glas überwölbt, die Farben sind rein und klar. Anders als der spanische Name »Altiplano« glauben machen will, ist die im Durchschnitt 4000 Meter hoch gelegene Andenlandschaft zwischen der Ost- und Westkordillere, die sich im Süden beim Passo San Francisco trennen und erst in Peru wieder zusammenfinden, keine Ebene, sondern von Tälern durchzogen und Schmelzwasserschluchten durchfurcht.

Vom Südrand des Salar de Uyuni führt eine abenteuerliche Piste durch den »wilden Süden« Boliviens, die wahrscheinlich großartigste Region der Puna. Die Fahrt geht durch eine surreale Landschaft mit farbigen Seen, bizarren Gesteinsformationen und Wüstentälern. Sie führt entlang einer Kette firnbedeckter, gigantischer Vulkankegel, die den Kamm der Westkordillere markieren. Ganz erloschen sind die Feuerberge noch nicht: Hier und da durchbricht der heiße Untergrund die dünne Erdkruste. Der Vulkan Ollagüe etwa raucht über Feldern voller bizarr verwitterten Felsen. Bei San Pedro de Atacama in Chile fauchen die höchstgelegenen Geysire der Erde und am Sol de Mañana umwehen höllische Schwefelschwaden die brodelnden Schlammtöpfe zwischen den Fumarolen.

Spuren ins Nichts, rote Seen und wenig Schlaf

Auf unserer Route nach Süden fahren wir über den Salar de Chiguana und kreuzen die Eisenbahnstrecke von Uyuni nach Calama in Chile. In den Lagunas Hediodonda und Canapa »fischen« hochbeinige Flamingos mit ihren Schnäbeln im eisigen Brackwasser nach Algen und Diatomeen.

Weithin sichtbar: San Pedro de Atacama mit Adobe-Kirche (o.). Die Salzseen der Puna sind Lebensraum für die Anden-Flamingos (M.). Über den Salar de Uyuni führt eine häufig befahrene Piste. (u.). Ein oft lebensfeindliches Umfeld: Die Laguna Verde ist voller Blei, Arsen und Schwefel (o.r.). Erosionsschichten werden durch unterschiedliche Farben deutlich (u.r.).

Argentinien/Bolivien/Chile

Mitten in der Siloli-Wüste, deren öde Weite dem Auge wenig Halt bietet, hat der vom ewig wehenden Wind getragene Wüstensand den Arbol de Pietra – er sieht auch aus wie ein Baum – aus einem Felsblock gefräst. 50 oder auch 100 parallele Fahrspuren durchziehen den gelblich grauen Sand. Ab und zu zweigt eine Spur ab und verschwindet in den Hügeln. Spätestens jetzt weiß man die Ortskenntnis des Fahrers und Guides zu schätzen. Wer der falschen Spur folgt, wird irgendwann von finster blickenden Grenzsoldaten zurückgeschickt oder strandet in einem gottverlassenen Indiodorf, falls er nicht schon vorher mit leerem Tank liegen geblieben ist.

Nur 60 bis 80 Zentimeter ist die Laguna Colorada tief. Ihr mineralreiches Wasser ist von Algen und Plankton rostrot gefärbt. Blendend weiße Ufer und Inseln aus Borax und Gips bilden einen unwirklichen Kontrast. Wären da nicht die gemächlich watenden Flamingos, man wähnte sich mitten in einem Fehlfarbenfoto.

Das »Hotel de Desierto« auf fast 5000 Metern Höhe steht auf einem sanft geneigten, kahlen Berghang, der orangegelb-braun leuchtet. Struktur erhält die Landschaft durch schwungvoll die Topografie nachzeichnende Bänder aus unterschiedlich hellem Erosionsmaterial und durch die vom Licht der tief stehenden Sonne gezeichneten Schatten. Das Klima ist hier selbst für die Puna extrem. Kaum verschwindet die Sonne hinter dem Horizont, überzieht Eiseskälte das Land. Die Höhe fordert auch vom menschlichen Organismus Tribut: Kopfschmerz stellt sich ein, der Puls beschleunigt

Extremes Gelände mit starken Farbgegensätzen: Rostrotes Wasser und weiße Borax-Dünen rund um die Laguna Colorada heben sich vor der fast schwarzen Bergkulisse ab (o.), grauer Dampf liegt auf der Sinterterrasse eines Geysirs auf dem Vulkan Tatio (M.). Auch der Vulkan Ollagüe stößt über Feldern voller bizarrer Felsen Rauch aus (o.r.). Markant ragt der Arbol de Pietra aus der Ebene (u.).

sich. Allein der Versuch, vornübergebeugt die Schnürsenkel zu binden, verursacht Schwindel. Es gibt nicht viel Erholung in dieser Nacht, der Schlaf ist durch Wachphasen mit Atemnot gestört. Auch gelegentliche Sauerstoffduschen aus der Flasche bringen nur kurzzeitig Abhilfe.

Spektakulärer Abschluss

Das flimmernde milchig blau-grüne Wasser der 4400 m hoch gelegenen Laguna Verde zu Füßen des Vulkans Licancabur enthält derart viel Blei, Arsen, Schwefel und Kalziumkarbonat, dass es erst unterhalb von –20 °C gefriert. Der See im südwestlichsten Zipfel Boliviens und der Licancabur, ein Opferberg der Inka, sind der Abgesang auf drei Tage Fahrt durch die ungezähmte Natur der Puna.

Bei Hito Cajon trifft die Piste auf die Straße vom Paso Jama an der Grenze zu Argentinien zur – in erträglicher Höhe gelegenen – Touristenhochburg San Pedro de Atacama mit typisch indianischer Adobe-Lehm-Kaktusholz-Architektur. Außerhalb von San Pedro warten die durch Erosion spektakulär geformte Cordillera del Sal und als abschließender Höhepunkt die Geysire und Sinterterassen auf dem Vulkan Tatio auf die Reisenden.
Wolfgang Weber

> *Kopfschmerz stellt sich ein, der Puls beschleunigt sich ... Allein der Versuch, sich nach unten zu bücken, verursacht ein Schwindelgefühl.*

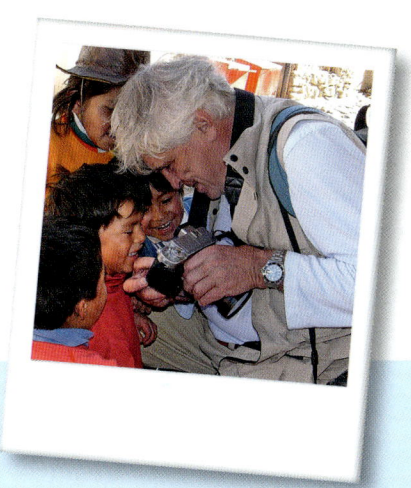

Praktische Reisetipps

ANREISE
Flug von Frankfurt am Main via Buenos Aires (Argentinien) oder São Paulo (Brasilien) nach La Paz (Bolivien). Weiter nach Uyuni mit dem Auto, Bus oder Zug. Alternativen für den Rückflug: Von Calama (Chile) via Santiago de Chile. Von San Salvador de Jujuy oder Salta (Argentinien) via Buenos Aires.

VISA
Touristen benötigen für einen kurzzeitigen Aufenthalt kein Visum.

BESTE REISEZEIT
Mai bis August

REISEPLANUNG
Ab Uyuni sollte ein geländegängiges Fahrzeug mit ortskundigem Fahrer/Guide angemietet werden. Es gibt keine Wegweiser! Eine deutschsprachige Anlaufadresse ist Wiphala Travel (wiphalatravel@web.de). Während der chilenischen Winterferien von Mitte bis Ende Juli ist San Pedro de Atacama ausgebucht.

AUSRÜSTUNG
Gute Trekkingstiefel und winddichte Überbekleidung. Viele dünne Schichten (Zwiebelprinzip) sind praktischer als wenige sehr warme Kleidungsstücke. Sonnencreme mit hohem Lichtschutzfaktor ist essenziell!

INFOS
www.chiletour.org

Mongolei

45 Vom Rand der Gobi zu den Gletschern des Altai

Eine Reise durch den Westen der Mongolei ist eine touristisch noch wenig frequentierte Tour und daher wie geschaffen für abenteuerwillige Individualreisende. Sie führt aus der spröden Schönheit der Wüste – sie heißt auf Mongolisch »Gobi« – durch die Grenzregion zwischen Steppe und Wüste bis in die Gletscherregion des Altaigebirges. Zwischen bizarren Felsformationen, in grüner, von wildem Schnittlauch bedeckter Steppe, auf Bergwiesen voller Blumen, am Ufer weißgrau schäumender Schmelzwasserbäche und auf einem Moränenhügel im Angesicht riesiger Gletscher schlagen wir das Zelt auf.

Am Rande der Gobi erhebt sich der Eej Khairkhan Uul (»Heiliger Mutterberg«) mit seinem markanten Doppelgipfel. Die verwitterten Flanken des Sandsteinmassivs zeigen bizarre Strukturen, in denen die Fantasie uns Skulpturen erkennen lässt. Am Fuße des Bergs gibt es ein kleines schmales Tal mit der Wohnhöhle eines Eremiten, viele Erosionsgebilde aus Sandstein und eine Treppe aus neun kleinen Wannen, über die das Wasser der seltenen Regenfälle als Kaskade ins Tal rauscht. Im Naturschutzgebiet auf und um den Berg leben *Ibex* (Steinbock), Leopard und Luchs.

Pferde jagen, Männer ringen, Pfeile zischen

Der Weg nach Norden führt auf kaum erkennbarer Fahrspur an leuchtend gelb-roten Hängen hinauf zu einem Pass zwischen den Gipfeln des Tayshiryn-Gebirges auf die Hochebene nach Altai, der eher unspektakulären Hauptstadt der Provinz Gobi-Altai. Spätestens dort wird der Weg zum Ziel. Die »Fernstraße« 0304 ist nicht mehr als eine üble Piste, die in nordwestlicher Richtung die Halbwüsten der extrem trockenen Sharga-Depression und der Khüysiyn-Gobi durchquert.

In Darwi, am Südende der Senke der großen Seen, wird Naadam gefeiert. Das bedeutendste Fest der Mongolen ist ein Wettkampf in drei traditionellen Sportarten: Ringen, Pferde-

Für die Kinder im Pferdezüchterlager sind Besucher die Sensation. Nur selten bekommen sie Fremde zu Gesicht (o.). Am Ufer des Tsagan Gol wird ein Lastkamel beladen (M.). Bretteben ist die Steppe, die in der Senke der großen Seen liegt (u.). Hier gehen die kasachischen Jäger mit ihren Greifvögeln – hier ein Adler mit gewaltiger Flügelspannweite – auf die Jagd (r.).

Mongolei

Mit zahlreichen blauen Khadags, die aus Seide bestehen, ist der Ovoo am Südufer des Durgun Nuur geschmückt (o.). Wettbewerbe im Ringen (M.) und Pferderennen sind wichtiger Bestandteil des Nadaam. Wilder Schnittlauch wächst in der Steppe bei Darwi auf dem Zeltplatz (r.o.). Traditionell leben die Mongolen noch in ihren Jurtenzelten (r.u.).

rennen und Bogenschießen. Beim Pferderennen galoppieren Kinderjockeys, oft ohne Sattel, bis zu 35 Kilometer weit durch die Steppe. Der Weg ist weit und am Ziel ist das Feld weit auseinander gezogen, was der Begeisterung der Zuschauer keinen Abbruch tut: Nicht nur der Sieger, sondern jeder, der durchs Ziel kommt, wird gefeiert. Der strahlende Sieger, von einem Ältesten in Empfang genommen, erhält einen Schluck *Airag* (Stutenmilch) und wird als Held des Tages von der Familie nach Hause geleitet.

Noch während die kleinen Reiter über die Steppe jagen, haben nebenan die Ringkämpfe begonnen. Die Akteure tragen traditionelle Ringer-Kleidung: wadenhohe Stiefel mit nach oben zeigenden Spitzen, ein brustfreies kurzes Jäckchen mit langen Ärmeln und ein knappes Höschen aus Seide. Im meist kurzen Kampf ist alles erlaubt. Jeder Körperteil darf angefasst werden, um den Gegner aus dem Gleichgewicht zu bringen. Verloren hat, wer mit Kopf, Knie oder Ellenbogen zuerst den Erdboden berührt.

Die Bogenschützen stehen derweil an der Abschusslinie. In 75 Metern Entfernung müssen sie auf dem Boden aufgereihte Bälle treffen. Treffer werden von den Zielrichtern mit erhobener Hand und dem lauten Singen einer alten Melodie signalisiert. Sieger ist, wer in zwei Durchgängen mit jeweils 20 Pfeilen die höchste Trefferzahl erzielt; er darf dann den Ehrentitel Mergen (»Der Treffsichere«) führen.

Geistern huldigen und heilige Texte lesen

Bei Darwi zweigt die Piste ab zum Durgun Nuur, dem südlichsten See. Dort ist die Steppe mit einem grünen Schimmer aus wildem Schnittlauch überzogen. »Kraftfutter für meine Ziegen«, nennt das Batbayar, der uns eine besonders grüne und ebene Stelle zum Zelten zeigt. Kein Hügel behindert den Blick über die brettebene Steppe zum Horizont, und fasziniert beobachten wir die Kumuluswolken, die sich am Horizont rasch zu einem gigantischen Gewitter auftürmen. Seine Regenvorhänge spenden dem Land aber keine Feuchtigkeit, denn in der heißen, trockenen Luft verdunsten die Wassertropfen, bevor sie den Boden erreichen.

Vorbei an einem großen, mit Gebetsfahnen und blauen *Khadags* (Seidenschals) geschmückten Ovoo am Südufer geht es weiter Richtung Khovd (Chowd). An einem solchen Steinhaufen wird in schamanischer Tradition dem Himmel

Mongolei

und den Naturgeistern mit Opfergaben wie Milch, Käse, Geldscheinen usw. gehuldigt. Es ist Sitte, dort anzuhalten, drei kleine Steine aus der Umgebung hinzuzufügen und ihn vor der Weiterfahrt dreimal im Uhrzeigersinn zu umrunden. Khovd in einer grünen Oase am Buyant-Fluss ist die Hauptstadt der gleichnamigen Provinz, in der neben Mongolen auch Kasachen, Tuwiner, Khalk und andere Volksgruppen leben. Das Gandanpuntsag-Kloster am Stadtrand ist der Nachfolger eines 1770 gegründeten buddhistischen Klosters, das während der mongolischen »Kulturrevolution« in den 1930er-Jahren zerstört wurde. Ein freundlicher Mönch führt uns bereitwillig durch die von 108 Stupas umstandene Anlage und lädt uns ins Hauptgebäude ein, in dem eine Gruppe Mönche die heiligen Texte rezitiert.

Die Jurte des Adlerjägers

Nördlich von Khovd, in sattgrünen Bergwiesen voller Edelweiß und Enzian, lernen wir zwischen den schneegekrönten Gipfeln von Tsambagarav und Tsast Uul den Ger (mongolisch für Jurte) eines kasachischen Adlerjägers kennen. Wir steigen vorsichtig über die Schwelle. Nur nicht darauf treten oder darüber stolpern, das bringt Unglück! In der Mitte des Gers steht ein Blechofen mit dem Feuerloch nach rechts; die rechte Seite ist auch das Reich der Hausfrau. Wir dürfen uns auf den Vorzugsplatz links hinter dem Ofen, gegenüber der Tür setzen. Die Füße sind der Sitte entsprechend zur Seite gelegt; sie dürfen, um keine bösen Geister zu wecken, nicht zum Feuer zeigen. Bei mongolischem Milchtee und getrocknetem Käse erzählt der Adlerjäger, wie er zu Beginn des Sommers die wenige Monate alten Steinadler aus dem Nest holt, langsam durch Handfütterung an die Menschen gewöhnt und abrichtet. Im

Freundlich kommen einem die meisten Menschen entgegen – hier ein Mönch und sein Schüler am Eingang der Gebetshalle (o.). Sie gehört zum Gadanpuntsag Kloster mit seinen 108 Stupas (M.). Mit Teppichen bedeckt ist der Ger – so heißt die Jurte der Mongolen (u.). Mittagspause im Freien auf einer Bergwiese am Tsambagarav Uul nördlich von Khovd (r.o).

Herbst wird er den Ger abbauen und ins Tal ziehen, wo seine Weidetiere im Winter mehr Futter finden. Dann beginnt die Zeit der Adlerjagd auf Füchse, Murmeltiere und Kleintiere.

Grillen ohne Kohle

Vom Tal des schmelzwassergefüllten Tsagaan Gol (Weißer Fluss) am Rande des Tavan-Bogd-Nationalparks im Altaigebirge geht es mit Lastkamelen und Pferden durch eine hochalpine Landschaft hinauf zur Gletscherregion im Dreiländereck Mongolei–China–Russland. Im Camp auf 3000 Metern Höhe erwartet uns in kristallklarer Luft ein großartiger Panoramablick auf die gewaltigen Eisströme von Potanin- und Alexandergletscher. Es ist kalt, Zeit für ein Lagerfeuer. Uka, unser Koch ist noch im Ger groß geworden und weiß daher, wie man in der baumlosen Steppe Brennmaterial fürs Küchenfeuer findet: »Getrocknete Yak-Fladen sind am besten«, versichert er, aber die Hinterlassenschaften von Kamelen oder Kühen könne man auch nehmen. Der Haufen aus getrocknetem Dung brennt heiß und lange. Über der Glut wird gegrillt.
Wolfgang Weber

Wer in eine Jurte eingeladen wird, sollte ohne Stolpern und Straucheln über die Schwelle gehen – das würde nämlich Unglück bedeuten!

Praktische Reisetipps

ANREISE
Es gibt dreimal wöchentlich die Möglichkeit, Direktflüge der MIAT von Berlin nach Ulanbataar zu buchen. Umsteigeverbindungen gibt es beispielsweise mit Turkish Airlines über Istanbul, Air China via Peking und Aeroflot via Moskau. Inlandsflüge bestehen wiederum ab Ulanbataar nach Altai, Khovd und Ulgii.

VISUM
Für die Einreise ist ein Visum notwendig. Dieses wird von der Botschaft in Berlin ausgestellt.

GESUNDHEIT
Empfohlene Impfungen: Hepatitis-B und Tetanus. Ein Mittel gegen Durchfall sollte auf jeden Fall in der Reiseapotheke vorhanden sein.

REISEZEIT
Mitte Mai bis Mitte September herrschen die besten Witterungsbedingungen. Von Mitte Juli bis Mitte August kann es immer wieder zu heftigen Regenfällen kommen, die auch längere Zeit anhalten können.

REISEPLANUNG
Die Reise sollte man keinesfalls ohne einen ortskundigen Begleiter und Dolmetscher unternehmen! Die in den unzuverlässigen Landkarten verzeichneten »Straßen« erweisen sich in der Praxis oft als Fahrspuren oder bestenfalls rauhe Pisten. Fremdsprachenkenntnisse gibt es nur in der Hauptstadt. Eine deutschsprachige Kontaktadresse ist »Egi« Gantumur Erdenetschimeg, Email: tetobe _14@yahoo.de

AUSRÜSTUNG
Geländegängiges Fahrzeug, gute Trekking-Stiefel, regen- und winddichte Überkleidung, viele Schichten, die nach dem Zwiebelprinzip angezogen werden, sind wegen mögliche Temperaturschwankungen zu empfehlen. Sonnencreme mit hohem Filterfaktor.

INFO
www.mongoliatourism.gov.mn

Australien

46 Mit einem Aborigine unterwegs im Regenwald

Regen. Der Name Regenwald kommt nicht von ungefähr. Wobei dieser Regen wie Staub wirkt, feiner noch als Niesel, als seien die Tropfen durch ein unsichtbares Sieb gepresst worden. Das Dach des Waldes ist dicht, mehr als 50 Meter hoch. Jede Pflanze kämpft um Licht und Wasser. Jeder Regentropfen trifft unzählige Male auf Blätter, Äste und Tiere, wird weiter zerstäubt und legt sich, unten angelangt, fein und weich wie ein dünner Film über Kopf und Körper. Unten marschieren Gabal und ich bereits seit sechs Stunden – ohne Pfad und Karte, aber mit einem Ziel.

Eigentlich heißt Gabal »C. J.«; das steht für Collin John. Diesen Namen führt der 51-Jährige »draußen« in der Zivilisation, das heißt, im tristen Ghetto der Gorge Community nahe Mossman. »Drinnen«, im Waldgebiet seines Stammes, der Kuku-Yalanyi, lautet sein Name Gabal, wie der Name des Baums, unter dem er geboren wurde. Gabals Regenwald ist Heimat von rund 20 Aborigine-Stämmen und zugleich ein Nationalpark, der seit dem Jahr 1988 auch auf der Welterbeliste der UNESCO steht.

Eigentlich wollte ich mit C. J. nur ein Interview über die heilenden Wasser und Massagemethoden der Kuku-Yalanji machen. Jetzt bin ich mittendrin im Daintree-Nationalpark, in einem Garten Eden, der Nahrungsfülle und Heilkräfte hervorbringt und für Gabal/C. J. die wirkliche Heimat ist. Er hat mich eingeladen: »Ihr Deutschen interessiert euch wirklich für uns. Das spüre ich.« Und dann nahm er mich mit.

Grüne Geheimnisse

Einst wurden die Aborigines gejagt, dann geächtet. Erst seit 1998, als sich der damalige Premierminister Kevin Rudd bei den Aborigines für begangenes Unrecht entschuldigte, hat sich das Verhältnis zu den australischen Ureinwohnern deutlich verändert. Aber langes, wildes Haar mit grauen Strähnen, ein zotteliger Bart, Falten im klobigen Gesicht, ein

Wo der Regenwald direkt aufs Meer trifft: Im Daintree-Nationalpark im nördlichen Teil von Queensland ist dieses seltene Zusammenspiel der Natur zu erleben (r.). Regenwald und Küste (M.) sind gleichzeitig die Heimat von Gabal, der in der Zivilisation Collin John heißt (o.). Nicht jedes Wasser ist zum Schwimmen geeignet, wie ein Schild zeigt ...(u.).

Australien

Der Name Regenwald kommt nicht von ungefähr: Immer wieder tauchen unvermittelt Tümpel auf im so dicht bewachsenen Daintree-Nationalpark (r.). Echsen (o.) , Vögel (M.) und mehr als 3000 allein nachtaktive Spezies teilen sich den Regenwald als Lebensraum, der für sonnensensible Pflanzen stets ein Sonnendach durch Farne oder Bäume bereithält (u.).

fehlender Schneidezahn – das Zeichen, dass der Aborigine erwachsen ist – das erscheint den meisten Weißen immer noch als bloße Verwahrlosung und nicht als traditionelles Erscheinungsbild.

Gabals Territorium ist ganz anders, als es die Fahrt mit der Skyrail vermittelt, einer Gondelbahn, die über einen kleinen Teil des Nationalparks gebaut wurde. Sein Regenwald ist anders als der, den der weiße Ranger den zwei Dutzend Touristen erklärt. Gabal zeigt mir sein Leben. Ohne Worte. Zwei Tage und eine Nacht lang. Unvermittelt sind wir mitten im Interview aufgebrochen.

Gabal trinkt aus einem Blättertrichter, den er am Auslauf verstopft hat. Wasser sammelt sich während des Gehens darin. Er reicht mir davon. Unser Gespräch ist in ein stundenlanges Schweigen übergegangen, das trotzdem viel erzählt, weil mir Gabal wortlos kleine Geheimnisse des Waldes enthüllt: perfekt getarnte Tiere, an denen ich vorbeigestolpert wäre; Blätter, die, zwischen den Fingern zerrieben, ätherische Öle freigeben; kleine Beeren, die als köstliche Zwischenmahlzeit dienen. Wir kommen an Höhlen in außen unscheinbaren Felsformation vorbei. Gabal deutet auf kunstvoll bemalte Wände. Ich denke in diesem Moment an meine Kamera, benutze sie aber nicht, weil ich Gabal und seine Vorfahren damit beleidigen würde.

Im wilden Gemüsegarten

Zum Abendessen zeigt er mir, wie aus Samen, Beeren und Insekten schnell eine einfache, durchaus schmackhafte Mahlzeit bereitet wird. Nebenbei trägt er eine Reihe von Kräutern zusammen, die als Medizin verwendet werden: *Pepperomia* ist ein Mittel gegen Erkältungen, die Blüte des Ti-Baums hilft gegen Bauchschmerzen, seine Blätter zerrieben erzeugen Wärme und wirken bei Verrenkungen oder Muskelverhärtungen. Mit Pea-Blättern kann man sich ein Entspannungsbad bereiten und *Bidi-Bidi* ist antiseptisch. Wir trinken Rattan-Wasser und essen zum Nachtisch Jambal-Mandeln, die fast genauso schmecken wie die Mandeln, die wir kennen. Mit Balzlauten lockt Gabal Vögel und mit einem gebrochenen Blatt einen handflächengroßen Schmetterling, von dem dieser scheinbar nicht genug bekommen kann.

Am nächsten Tag, als wir wieder »draußen« sind, erklärt mir C. J., sozusagen von Mann zu Mann, warum der Schmet-

Australien

terling gekommen ist: »Sex, Drugs und Rock 'n' Roll«, lacht er. »So ein männlicher Schmetterling lebt nur 18 Tage. In dieser Zeit trinkt er die 50-fache Menge Alkohol, die er eigentlich vertragen würde, tanzt dementsprechend froh gelaunt durch die Lüfte, bis er ein Weibchen findet, das mit ihm 48 Stunden ohne Unterbrechung Liebe macht ... Diese Blätter mit ihren ätherischen Ölen locken sie magisch an!«

Unruhig ist die Nacht

Die Nacht ist unangenehm, ich mache kein Auge zu. Das Bett aus Blättern und Zweigen nimmt mir nicht die Angst vor Kriechgetier. Immerhin gibt es auch Pythons von vier Metern Länge im Nationalpark, Spinnen, fiese rote Ameisen und etwa 3000 weitere nachtaktive Spezies. Aber ich vertraue Gabal. Er würde unser Lager nicht in der Nähe von roten Ameisen aufschlagen und Gefahren spüren – denke ich, hoffe ich ... Jedenfalls funktioniert Gabals Moskitoabwehr bestens. Dazu hat er alte Baumrinde gesammelt und angezündet. Nun glimmt sie langsam vor sich hin.

Meint man, die Nacht sei still, dann täuscht man sich. Der Regenwald ist rund 150 Millionen Jahre alt und befindet sich immer noch mitten in der Evolution, die offensichtlich besonders nachts im Gange ist. Es pfeift, blubbert, knackt – permanent, durchdringend, beängstigend. Geräusche, die ich zuvor noch nie gehört habe. Nur das Summen der kleinen Blutsauger ist nicht zu hören.

Wir haben das Lager unter Gabals Geburtstagsbaum, einem unauffälligen Laubbaum, aufgeschlagen, unserem Ziel.

So manche Spinne (o.) kann gefährlicher sein als ein Freshie, wie die kleineren Süßwasserkrokodile in Australien genannt werden (M.). Menschen haben sie nicht auf dem Speisezettel und in Bächen sind sie kaum anzutreffen (o. r.). Wie gedrechselt ist diese Baumwurzel (u.). Und Autor Jochen Müssig zeigt sich mit Sandabdruck im Gesicht (r.).

Gabal wurde währen der Trockenzeit geboren; deshalb hielt sich sein Stamm auch gerade im Wald auf. Hätte Regenzeit geherrscht, wäre er ein Kind des Meeres geworden. Nur wenige Schritte weiter: ein Moa-Farn, den es schon zur Zeit der Dinosaurier gab, und ein Stinging Tree. Die Blätter dieses Baums brennen auf der Haut, wenn man sie berührt – zwei Wochen lang. Die kleinen Baumfröschchen dagegen hüpfen unbehelligt von Blatt zu Blatt.

Ein richtiger Mann

Als es hell wird, marschieren wir zurück, ducken uns unter Wait a Whiles hindurch, dornigen Ranken, die wie wirres, sehr klebriges Haar herabhängen. Jeder männliche Aborigine im Daintree-Regenwald verfügt über dasselbe Wissen wie Gabal. Alter und Wissen bestimmen nach wie vor die Hierarchie innerhalb der Stämme. Berge und Flüsse gelten als Lebensraumgrenzen und der ungeschriebene Verhaltenskodex wird durch Tänze und Gesänge von Generation zu Generation überliefert. Bei den Kuku-Yalanyi muss jeder Junge in seinem Leben 18 Monate lang allein im Regenwald überleben. Erst dann ist er erwachsen, erst dann ist er ein richtiger Mann.
Jochen Müssig

> *So nah dran an einer anderen Kultur und Lebensweise, dabei zur gleichen Zeit so weit weg vom westlichen Denken, war ich bisher noch nie.*

Praktische Reisetipps

ANREISE
Die schnellsten Verbindungen von Deutschland nach Cairns in Queensland, mit Flugzeiten von weniger als 20 Stunden, bieten südostasiatische Carrier wie Singapore Airlines (www.singaporeair.com).

VISA
Noch in Deutschland muss ein kostenfreies Visum online besorgt werden (www.germany.embassy.gov.au).

GESUNDHEIT
Es sind keine Impfungen erforderlich. Wichtig ist ein guter Mücken- und Sonnenschutz.

REISEZEIT
Ganzjährig. Im australischen Winter herrschen sehr angenehme Temperaturen von 20–25 °C. Im Sommer steigt das Thermometer auf mehr als 30 °C.

REISEPLANUNG
Von Cairns zum Daintree National Park sind es ca. 100 Kilometer. Ein geländegängiger Mietwagen ist empfehlenswert und günstig.

UNTERKUNFT
Silky Oaks Lodge im Daintree-Regenwald bei Mossman (www.silkyoakslodge.com.au).

INFOS
Regenwaldtouren werden von Kuku-Yalanyi Dreamtime Walks organisiert, Gorge Community bei Mossman (www.aboriginalaustralia.com.au).
www.queensland-australia.eu (Tourism Queensland)

Island

47 Frühstück mit den Gletschertrollen

Wilde Gesellen, gekleidet in zottige Felle, singen dramatische Liebeslieder aus versunkenen Königreichen. In Restaurants tauchen Männer mit eisernen Schwertern und schwarzen Kettenhelmen auf. Gäste tragen Papierhüte mit zwei Hörnern und klatschen rhythmisch zu Liedtexten einer urgermanischen Sprache. Wo sind wir hier bloß gelandet? Bereits griechische Seefahrer, irische Mönche und altnordische Wikinger gelangten nach Island. Ihnen zu folgen ist ein ganz besonderes Abenteuer.

»Es ist nun mal so, mein Lieber: Wenn die Welt in den Augen der Kinder nicht mehr voller Wunder ist, dann ist nicht mehr viel übrig«, sagt Steinar von Hlidar im Roman »Das wiedergefundene Paradies« von Halldór Laxness.

Gewaltige Natur, starke Menschen

Wer will das nicht, das Paradies wiederfinden, mit einer kurzen Erholungsreise neue Lebensgeister wecken und dabei möglichst Einzigartiges erleben? Im hohen Norden Europas gibt es eine gute Möglichkeit für eine drei- bis viertägige Reise zurück zur Natur mit einem kräftigen Schuss Kultur. Island macht sich nach den Wirren der Finanzkrise, die das Land an den Abgrund geführt hat, wieder in die Zukunft auf. Das spürt man überall. Im 21. Jahrhundert hat Island die Globalisierung angenommen: Das Land hat dem Rest der Welt vorgemacht, wie Herausforderungen gemeistert werden können. Islands Überlebenswille kam 2008 mit der Bankenkrise wieder zum Vorschein. Das Land kämpft um seine internationale Kreditwürdigkeit und bemüht sich um finanzielle Sanierung der verschuldeten Privathaushalte. Und Island besinnt sich auf seine Stärken. Die konsequente Nutzung regenerativer Energien, Wasserkraft und vor allem Erdwärme, Island inspirierte andere Nationen in ihrem Kampf gegen Ressourcenverschwendung und Klimawandel. Reykjavík spielt dabei eine Hauptrolle.

Ob kleiner Papageientaucher (o.) oder starke Islandpferde (u.), die Tierwelt auf der Insel im Nordatlantik muss sich gegen eine archaische Natur wie am dampfenden Tuffberg Namafjall (M.) behaupten. Ob in kleinen Dörfern an der Südküste (r. o.) oder in der Hauptstadt Reykjavík (r. u.), überall sind Wasserfälle und Seen zum Greifen nahe.

Island

Die Jugend scheint nicht mehr ganz so amerika-orientiert zu sein wie noch vor einigen Jahren. Die üblichen Fast-Food-Restaurants fehlen aber ebenso wenig wie die Schlafstädte in den Vororten. Reykjavík wuchs in 100 Jahren von 6000 auf 118000 Einwohner. Die rasche Bevölkerungszunahme hatte eine Zersiedlung zur Folge, sodass die Stadt in der Weite ein wenig verloren wirkt.

Reykjavík ist eine ungewöhnliche Hauptstadt. Hochhäuser fehlen fast völlig, Plätze und Märkte wirken ungeordnet, die Raumgestaltung gibt immer wieder die Sicht auf die umliegenden Berge, Vulkane und den Horizont frei. »Du bist klein, vergiss das nicht«, ruft die Natur Islands jedem Einzelnen entgegen. »Wir sind stark und eigensinnig«, entgegnet der Isländer – und streicht sein Holzhaus hellblau, um dem Grau der erstarrten Lava wenigstens farblich etwas entgegenzusetzen. In der Städtischen Kunstgalerie sind die Werke des bedeutendsten Malers der Isländer, Jóhannes Kjarval, zu sehen. Seine ebenfalls farbkräftigen Bilder haben den Isländern zu einer neuen und eigenwilligen Sicht auf ihre gewaltige Landschaft verholfen. Wer sie gesehen und erlebt hat, kommt nicht mehr los von ihr.

Kleine Könige

Reykjavík am Abend. Isländer sind allesamt kleine Könige, die sich gern dem Volk zeigen. Freitagabend um Neun präpariert man sich und sein Gefährt, vom Ferrari über die sechstürige Limousine bis zur Rostlaube: Bis Mitternacht ist Auto-Corso angesagt. Damit produzieren sie ihren eigenen Großstadtstau. Man fühlt sich wie in New York: »Sind wir nicht großartig?« Mit dem höchsten Autoaufkommen der Welt pro Kopf der Bevölkerung sicherlich. Danach geht es ins »Rex«, eine Kneipen-Bar im postmodernen Designerchic, laut, lebendig, lustbetont. Man isst Seafood Salad, trinkt Egils Gull, Viking, Thule oder den Schwarzen Tod, ein aus Kartoffeln gebrannter Kümmelschnaps, trinkt Wein, trinkt Bier ... Je später es wird, desto lauter, hitziger und voller wird es. Wer Mitglied im Rex Club ist, und das sind nicht nur Männer, kann sich im Keller in einen separaten Raum zurückziehen, um seine private Fete zu zelebrieren. Der »Mafia-Club« ist mit Nischen, Spieltisch und schummriger Beleuchtung ausgestattet. Bis drei Uhr tobt der Wikingersturm, dann sind plötzlich alle wieder auf der Straße. Nach Hause?

Dampfende Hügel (o.) und blubbernde Lava-Felder (M. und u.) im Skaftafell-Nationalpark und an der Nordküste sorgen für einen mystischen Charakter. Mit einem Boot wie in Reykjavíks Hafen (r. o.) sollte man aber den Dettifoss (r. u.) nicht befahren.

Island

Keineswegs, denn nun öffnen die ersten Würstchenbuden. Mit Senf und Ketchup im Burger flanieren die kleinen Könige dem anbrechenden Morgen entgegen.

An der Südküste regiert die Raubmöwe und im Sommer der Papageientaucher. Und Bauer Sigurd. Fremdenführer, die von den alten Sagas erzählen, mahnt er: »Du kannst den Fremden die Vögel erklären, aber die alten Geschichten musst du ihnen nicht alle verraten.« So sind sie, die Isländer: Freundlich, aber eigensinnig. Die ganze Welt rät ihnen, den Walfang einzustellen, doch die traditionelle Jagd auf Finnwale wird beibehalten.

Der Gesang der Gletschergeister

Um sechs Uhr morgens bläst ein frostiger Wind herunter vom Vatnajökull, dem größten Gletscher Europas. Die Luft ist trocken, sie riecht nach Lakritz und schwingt voll wundersamer Geräusche. Der Gletscher knackt und knistert. Aufgeregt hebt ein Schneehuhn ab von seinem Nest im Gletschergeröll. Jetzt wissen alle Wesen im Skaftafell, dass ein Fremdling unterwegs ist. Leicht steigt der Schotterweg an in Richtung Norden, hin zur Gletscherzunge. Die Sonne geht hinter den Bergen auf, taucht die ersten Eisfelder in gleißendes Licht. Im Osten liegt ein See, eingerahmt von riesigen schwarzen Lavahügeln, die in bizarren Zackenformen dem Eisplateau nacheifern. Dazwischen gewaltige Spalten, die im Erdinneren zu enden scheinen. Zartes Dunkelgrün überzieht den Hang. Moose, Flechten streifen ihr Taukleid ab und entfalten eine Farbpalette, die Kjarval so faszinierend festgehal-

Reykjavík als die nördlichste Hauptstadt der Welt (o.) ist stolz auf seine vielfältige Kulturszene, aber auch seine faszinierenden Nordlichter (M.) und eine unerwartet abwechslungsreiche Flora (u.) ziehen die Besucher in ihren Bann. Dem Naturschauspiel aus Wasserdampf, alles überspannendem Himmel und archaischer Natur (r. o.) kann sich keiner entziehen.

ten hat. Hier draußen sind seine Motive lebendig. Senke den Blick hinweg vom Himmel, das Geheimnis liegt zu deinen Füßen. So wie er den Isländern den Blick geöffnet hat für das Wunder ihrer Umgebung, so aufmerksam sollte man sich auf der Endmoräne bewegen.

Der Wind pfeift eisig kalt vom Gletscher herunter, durch die Spalten, über die Felsbrocken, als wollten die Trolle den Fremden begrüßen. Einsam steht man in der gewaltigen Natur und lauscht dem Gesang der Gletschergeister. Ein Schwarm von Graugänsen fliegt über das Eis, ein kleiner Bach murmelt vor sich hin. Stille liegt über Stein und Eis. Jetzt spürt man, warum der Glaube an Feen, Geister und Trolle in Island so lebendig ist. Unweigerlich wird man Teil einer anderen Welt, fühlt die Anwesenheit des Unsichtbaren. Die Sonne über den Gipfeln wird kräftiger, überall schmilzt es, springt auf, spaltet sich. Seevögel schreien. Ein neuer Tag beginnt.

Man setzt sich auf einen Granitbrocken, das Rauschen der Gedanken verschwindet schnell. Was bleibt, ist die überwältigende Natur und ein Gefühl von Klarheit. Lauschen, atmen, lauschen. Die Musik des estnischen Komponisten Arvo Pärt durchzieht den Himmel, sein Streicher-Adagio »Festina Lente« gibt auf ideale Weise diese kontemplative Stimmung wieder. »Eile mit Weile« ist das Geheimnis, das die Feen und Trolle des Vatnajökull flüstern – ein guter Rat auf dem Weg durch unsere unruhige Zeit.
Jörg Berghoff

> Unweigerlich wird man Teil einer anderen Welt, fühlt die Anwesenheit des Unsichtbaren. Wer will sich hier wundern, dass der Glaube an Feen, Geister und Trolle hier noch so lebendig ist.

Praktische Reisetipps

ANREISE
Ein drei Monate gültiger Personalausweis oder Reisepass reicht zur Einreise aus. Icelandair (www.icelandair.de) fliegt direkt von Frankfurt am Main, München und Hamburg nach Keflavík. Günstige Flüge gibt es auch bei WOW air (http://wowiceland.de), früher Iceland Express.

REISEPLANUNG
Von Reykjavík mit dem Auto über die Nationalstraße 1 entlang der Südküste über Selfoss zum Skaftafell-Nationalpark (2 Std.). Wer keine geführte Wanderung unternimmt, sollte am Ausgangsort die geplante Wegstrecke und seine Rückkehrzeit hinterlassen.

REISELEKTÜRE
Halldór Laxness: Das wiedergefundene Paradies, Göttingen 2011. Island – Zeit für das Beste, München 2013.

UNTERKUNFT
Das Fosshótel Skaftafell (Freysnes) mit seinen einfachen, aber geschmackvoll ausgestatteten Zimmern, ist als Ausgangspunkt für Gletschertouren und Wanderungen ideal (www.fosshotel.is). Prunkvoll und zugleich modern ist das Hotel Borg im Zentrum von Reykjavík (www.hotelborg.is).

INFOS
Visit Iceland, Rauchstraße 1, 10787 Berlin.
www.visiticeland.com

Israel

48 Durch die Negev-Wüste

Byzantinische Kirchenruinen, der größte Canyon des Nahen Ostens und malerische Täler mit geheimnisvollen Schluchten und bunten Gesteinsformationen. Und am Ende der Straße durch den Negev steht verlockend das flotte Strand- und Nachtleben von Eilat. Die Wüste zwischen dem Toten Meer im Norden und dem Golf von Akaba im Süden hat einiges zu bieten; sie macht die Hälfte des israelischen Territoriums aus.

»Wohin wollen Sie fahren?« – »Was gibt es dort schon zu sehen!« Die deutschen Urlauber im Hotel in Jerusalem sind skeptisch. In den Negev zu fahren ist für sie nicht etwa verwegen, sondern einfach nur langweilig. Nach Israel kommt man schließlich, um die heiligen Stätten zu besuchen, im Toten Meer zu baden oder in die hippe Szene von Tel Aviv einzutauchen. Aber die Negev-Wüste?

Große Ruinen und kleine Raketen

Zum Glück machen sich bis jetzt nur wenige Touristen auf den Weg. Nie trifft man im Negev auf Reisebusse. Wenn überhaupt, dann sind Einzelreisende auf der Suche nach dem Besonderen unterwegs.

Am besten fährt man von Jerusalem aus am Toten Meer und an der auf einem hohen Felsen gelegenen Festungsruine Masada aus herodianischer Zeit vorbei. Das israelische »Nationalheiligtum«, wo sich die Juden bis zuletzt verschanzten und 73 n.Chr. nur ganz wenige lebend in die Hände der römischen Belagerer fielen, sollte man sich nicht entgehen lassen – auch wegen des weiten Blicks zum Toten Meer und nach Jordanien. Dann wird es endgültig wüstenhaft, mit viel Sand und ohne Bäume. Die Farbe Gelb dominiert, soweit der Horizont reicht. Die Sonne brennt erbarmungslos.

Die Fahrt geht zunächst in den Westen. 20 Kilometer vor Be'er Sheva erheben sich weitere Ruinen inmitten einer großen Leere und Stille. Kein modernes Gebäude in der näheren Umgebung stört den Eindruck. Mamshit ist zwar Teil des

Von wegen Steinwüste! Im Negev können untergegangene Städte der Nabatäer besichtigt werden (o.). Auch wenn der südliche Teil Israels, die nationale Wüste, nicht gerade groß ist, bieten sie unterschiedlichste Landschaftsformen (u.) und Floren (M.). Zu den beeindruckendsten gehört der Timna-Nationalpark, in dem ägyptische Steinbrecher für die Pharaonen arbeiteten (r.).

Israel

In wenigen Stunden kann der Negev von Nord nach Süd durchquert werden (u.). In seiner Mitte liegt Mizpe Ramon. Von einer modernen Aussichtsterrasse (o.) aus hat man einen atemberaubenden Blick in den riesigen Canyon (M.). Die Straßen im Negev sind ausgezeichnet. Man braucht keinen Jeep, um auch die entferntesten kultur- oder naturhistorischen Ziele (r.) zu erreichen.

UNESCO-Weltkulturerbes »Wüsten- und Fernhandelsstädte«, doch gibt es zahlreiche Tage, an denen man den Ort aus der Zeit der Nabatäer, die auch die berühmte Gräberstadt Petra im nahen Jordanien schufen, ganz allein durchstöbern kann. Bis in die byzantinische Zeit hinein und vor der islamischen Eroberung im 7. Jahrhundert war Mamshit noch bewohnt. Davon zeugen zum Beispiel die Ruinen zweier christlicher Kirchen. Am besten besucht man den Ort, wie auch andere verlassene Wüstenstädte, frühmorgens oder spätnachmittags, wenn der Wind »singend« durch die Ruinen weht.

Weiter geht es Richtung Süden über die Landstraße 204. Keine Ortschaften, keine Vegetation, nur dann und wann weiße und wie dicke kleine Raketen wirkende Flugkörper, die fest am Himmel zu kleben scheinen und über Kabel mit dem Erdboden verbunden sind. Es handelt sich um modernstes Erfassungsgerät des italienischen Verteidigungsministeriums. Damit steht das Gebiet unter ständiger Kontrolle – schließlich will man gegen Bedrohungen aus dem Gazastreifen oder Ägypten gewappnet sein.

Wein in der Wüste

Über die Fernstraße Nr. 40 kommt man hinter dem Flecken Sde Boker zur Carmey Avdat Farm. Dort sind Hanna und Eyal Izrael zu Hause. Sie betreiben dank eines perfekt funktionierenden Bewässerungssystems Landwirtschaft in der Wüste. Die Izraels ziehen Reben auf Hügeln, die bereits vor 2000 Jahren die Nabatäer zum Weinanbau nutzten. Der Cabernet Sauvignon und die Merlot-Trauben gehören zu den besten der »Negev-Weinstraße«. Die Bedingungen für den Weinanbau sind gut, da die Kälte im Winter und die Trockenheit im Sommer den Reben viel Stress bereiten – ideale Voraussetzungen für ausgezeichnete Weine. Bei den beiden Winzern kann man auch übernachten. Auf der Veranda ihrer Gästehäuser wird abends unterm Sternenhimmel, der durch kein elektrisches Licht gestört wird, mit einem guten Tropfen angestoßen.

Südlich der Carmey Avdat Farm gibt es erneut Ruinen einer Nabatäersiedlung an der uralten Karawanenstraße zu besichtigen: Avdat. Der Ort ist seit dem 6. Jahrhundert nicht mehr bewohnt. Kaum zehn Autominuten von der Farm entfernt bietet sich ein ganz anderes Bild: fließendes Wasser. Ej Avdat ist die größte natürliche Quelle in dieser Region. Das fri-

Israel

Weinanbau an Orten, wo schon die Nabatäer Reben kultivierten (u.). Die Ruinen ihrer Städte (o.r.) haben sich im trockenheißen Klima erstaunlich gut erhalten. Der Negev (M.) bietet fantastische Aussichtspunkte: auf das tote Meer oder in Canyons, wo in der Antike Eisenerze abgebaut wurden. Manchmal bekommt man hier sogar Steinböcke zu Gesicht (o.).

sche Wasser, an dem sich früher die Kamele der Karawanen labten, fließt durch eine Schlucht, in der Steinböcke leben.

Der Grand Canyon Israels

Weiter auf der Nr. 40 macht man in der kleinen Ortschaft Mitzpe Ramon halt, geht dann den Hinweisschildern nach zur Aussichtsplattform und erblickt – ein Naturwunder: Der Ramon-Krater ist mit einer Ausdehnung von 40 Kilometern der größte Erosionskrater der Negev-Wüste. Dort findet sich eine besonders vielfältige Fauna, darunter die Dorkasgazelle, der Syrische Steinbock und der Asiatische Esel.

Wer es sich erlauben kann, mietet sich im Beresheet Isrotel ein. Von fast allen Hotelzimmern geht der Blick direkt in den Krater hinunter. Die beste Aussicht allerdings hat man auf einer Plattform, die über dem Kraterrand zu schweben scheint. Dort lässt sich auch der schönste Sonnenuntergang des Nahen Ostens genießen.

Der Krater, der als Natur- und Landschaftsschutzgebiet dem Tourismus nur eingeschränkt offen steht, ist ein ideales Wandergebiet. Auch zu Pferde darf man Ausflüge dorthin unternehmen. Auf dem Grund des Kraters begegnet man einem Stück Südamerika: Rund 600 Alpakas und Lamas, die zu einer Farm gehören; auf Letzteren darf man sogar reiten.

Der Pilaster König Salomons

Kurz vor dem mondänen und niemals schlafenden Badeort Eilat am Roten Meer sollte man sich Timna anschauen. Dort ließen bereist die ägyptischen Pharaonen im 15. Jahrhundert v. Chr. nach Metallerzen schürfen. Hieroglyphen aus der Zeit des Ramses' III. (12. Jahrhundert v. Chr.) und Minen aus biblischer Zeit beweisen die wirtschaftliche Nutzung im Altertum. Bei einer Wanderung durch den Nationalpark stößt man auf beeindruckende geologische Felsformationen, die durch Erosion fantastische Formen erhalten haben. Dazu gehören ein gigantischer »Steinpilz« und der mehr als 50 Meter hohe »Pilaster des Königs Salomon«.

Grenzwege

Für die Rückfahrt nach Tel Aviv empfiehlt sich eine ganz besondere Straße, die allerdings aus Sicherheitsgründen nicht immer genutzt werden darf: Westlich von Mitzpe Ramon fährt man Richtung ägyptische Grenze. Hoch oben in luftiger Höhe führt der weitere Weg auf einem Höhenkamm entlang, von dem sich eine umwerfende Aussicht auf die tiefer gelegene Halbinsel Sinai bietet. Immer wieder stößt man auf Sperren, die die israelische Armee errichtet hat. Ist die Straße, die auf den meisten Karten gar nicht eingezeichnet ist, geöffnet, kommt man im Norden fast an den Gazastreifen heran. Ist die Grenzstraße aber geschlossen, bleibt nur die 40er-Route über Be'er Sheva zurück ins quirlige Leben des laizistischen Israel. In Tel Aviv dann scheint die Negev-Wüste auf einem ganz anderen Planeten zu liegen.
Thomas Migge

Am besten besucht man den Ort wie auch andere verlassene Wüstenstädte, frühmorgens oder spätnachmittags, wenn der Wind »singend« durch die Ruinen pfeift.

Praktische Reisetipps

ANREISE
Direktflüge von Deutschland nach Tel Aviv.

VISA
Visafreie Einreise. Deutsche Staatsbürger benötigen einen Reisepass, der mindestens noch sechs Monate Gültigkeit hat.

GESUNDHEIT
Keine Pflichtimpfungen.

REISEPLANUNG
Mietwagen am besten mit GPS-Navigation.

AUSRÜSTUNG
Leichte Kleidung. Da es gegen Abend meist windig und kühl wird, Jacke/Anorak und Pullover mitnehmen. Unerlässlich sind, auch im Frühling und Herbst, Sonnenschutz und Kopfbedeckung. Wanderungen nur mit festem Schuhwerk unternehmen – auch zum Schutz gegen Schlangen, die hier häufig sind.

UNTERKUNFT
• Carmey Avdat Farm. Chalets mit Wüstenpanorama. www.carmeyavdat.com
• Beresheet Isrotel (Mitzpe Ramon). Luxusherberge mit Blick in den Ramon-Krater. www.isrotelexclusivecollection.com/beresheet
• Desert Home. Preiswerte Alternative in Mitzpe Ramon. Gästezimmer mit Balkon und Blick auf die Wüstenlandschaft

INFO
Staatliches Israelisches Verkehrsbüro, Friedrichstraße 95, 10117 Berlin, www.goisrael.de

USA • Peru

49 Über die Rocky Mountains – auf den Spuren der Siedler

Eine landschaftlich schöne, wenig bekannte Route über die Rocky Mountains führt im nördlichen Colorado rund 260 Kilometer durch dünn besiedeltes Land nahe der Grenze zu Wyoming. Startpunkt der Strecke ist Fort Collins rund 100 Kilometer nördlich von Denver. Neben einer bunten Studentenszene hat die Universitätsstadt zahlreiche Mikrobrauereien und das topmoderne Museum of Discovery zur Natur- und Kulturgeschichte der Region zu bieten. Im nahen Bellvue führt der Highway 14 auf atemberaubender Strecke über die Berge vorbei an Wiesen und Wäldern. Dabei bewegt man sich auf historischer Route: Als der Westen der USA besiedelt wurde, war dieser Weg die Verbindungsstrecke zwischen dem nördlichen Colorado und Utah. Von Bellvue windet sich die Straße entlang dem rauen Tal des glasklaren Cache La Poudre River. Unterwegs lockt immer wieder der Blick auf die reißenden Stromschnellen des Flusses – für geübte Kajakfahrer ist das Wildwasser ein Genuss. Mit etwas Glück und einem guten Fernglas erspäht man vielleicht auch wild lebende Dickhornschafe. Auf dem Cameron Pass öffnet sich der Blick auf das Becken des North Park, in dessen wilder Natur sich Kojote und Elch gute Nacht sagen. Die knapp 2500 Meter hoch gelegene Ortschaft Walden ist die »Metropole« der unberührten Region. Hier kann man das North Park Pioneer Museum besuchen, ein wohlverdientes Bierchen zischen und übernachten.

INFO: North Park Visitors Bureau, 4th Street, Walden, www.northparkvisitorsbureau.com

Seit über 100 Jahren brüten Adler am Eagle's Nest Rock. Der markante Felsen liegt nordwestlich von Fort Collins.

50 Rauschen in den Anden – la Catarata Gocta

Im abgelegenen nördlichen Andenhochland ist die Catarata Gocta ein faszinierendes Ziel. Oberhalb des Río Cocahuayco stürzt sich der gewaltige Wasserfall mit riesigen Gischtwolken in zwei Stufen insgesamt 771 Meter in die Tiefe. Damit gehört er in den erlauchten Kreis der höchsten Wasserfälle der Welt, je nach Definition rangiert er sogar auf dem dritten Platz hinter Venezuelas Salto Ángel und den Tugela Falls in Südafrika. Der Gocta, den die Einheimischen auch Catarata de San Pablo nennen, tauchte erst 2002 offiziell auf der Weltkarte auf, zuvor war der sagenumwobene Wasserfall nur den Menschen in der Region bekannt. Der Legende zufolge wird er von einer Sirene bewacht, die von einer Riesenschlange beschützt wird und deren helles Haar man auf dem Grund des Wasserfalls sehen kann – besser, man lässt ihn in Ruhe. Um das imposante Naturschauspiel zu sehen, fährt am besten mit dem Taxi von Chachapoyas rund 20 Kilometer Richtung Norden nach San Pablo. Dort führt eine etwa zweistündige Wanderung zur oberen Stufe. Unterwegs hat man Aussicht auf beide Katarakte. Eine beeindruckende Wanderung führt zudem von dem Dörfchen Cocachimba rund drei Stunden durch den Nebelwald an den Fuß des rauschenden Naturwunders.

INFO: Peru Plaza de Armas, Jr. Ortiz Arrieta 590, Chachapoyas, www.peru.travel/de

Die »Mutter der Fische« soll in dem legendären Wasserfall Gocta leben. Er liegt inmitten der Dschungellandschaft des Amazonas.

Brasilien · Kuba

51 Ilha de Marajó in der Amazonasmündung

Wo Land und Wasser ineinander übergehen – umgeben von Amazonas, Rio Tocantins und dem Atlantik, bilden die rund 2500 Inseln und Inselchen des Arquipélago do Marajó den größten Süß- und Salzwasserarchipel der Erde. Auf der rund 40 000 Quadratkilometer großen Hauptinsel Ilha de Marajó fände die gesamte Schweiz Platz, doch leben auf ihr nur 250 000 Menschen inmitten einer faszinierenden Naturlandschaft. Den Westen der Insel prägen Regenwald und Várzea-Wälder an den Flussufern, die regelmäßig von nährstoffreichem Weißwasser überschwemmt werden – ein Paradies für Fische und Wasservögel. Nördlich davon liegen die Palmen-Sumpfgebiete, und im savannenartigen Osten weiden riesige Büffelherden. Die Büffel sind das ideale Transportmittel in dieser wasserreichen Umgebung, die vor allem in der Regenzeit immer wieder überschwemmt wird. Dem tragen auch die Siedlungen der Einheimischen Rechnung, deren *palafitas* genannte Häuser auf Pfählen stehen. Von den insgesamt 15 Gemeinden auf der Ilha de Marajó bieten Salvaterra und Soure die beste Infrastruktur. Wer mit der Fähre aus Belém im Inselhafen Porto Camará ankommt, kann sie gut erreichen. Alltag und Natur der Insel erlebt man am eindrücklichsten, wenn man sich auf einer *fazenda* einmietet. Sie bieten in der Regel auch abenteuerliche geführte Touren, sei es zu Fuß, per Boot oder auch zu Pferd oder gar Büffel.

INFO: Paratur (Companhia Paraense de Turismo), Praça Maestro Waldemar Henrique, Belem, +55 91 31 10-87 00, www.paraturismo.pa.gov.br

Marajó gilt als größte Binneninsel der Welt. Hier gibt es fast unberührte Natur zu entdecken, in der mehr als 100 Vogelarten zu Hause sind.

52 Sierra Maestra – die schroffe Schöne

Kubas größtes Gebirge steigt an der Riviera del Caribe steil aus dem Karibischen Meer auf und nimmt fast die gesamte Südostküste der Insel ein. Am besten erkunden lässt sich die Region auf der – wenn auch holprigen – Küstenstraße, doch lässt die beeindruckende Landschaft jedes schmerzhafte Schlagloch vergessen. Von ihrer schönsten Seite zeigt sich die Sierra Maestra westlich von El Cobre, wo die Berge fast 2 000 Meter hoch aufragen und mit Farnen, Palmen und dichten Nadelwäldern ein tropisch-grünes Gewand tragen. Wer tiefer in das Gebiet vordringen möchte, das zu einem großen Teil im Nationalpark Sierra Maestra unter Schutz steht, kann eine der Routen wählen, die zwischen Santiago de Cuba und dem Küstenstädtchen Pilón in die Berge abzweigen. Unterwegs auf schmalen, gelegentlich steilen Wanderpfaden entdeckt man eine wunderschöne Pflanzenwelt, darunter blühende Korallenbäume am Wegesrand, verschiedene Palmenarten sowie eine Vielzahl von Orchideen. Wer Glück hat, erspäht einen Rotschwanzbussard im Geäst eines Baumes oder hoch in der Luft. Dazwischen trifft man auf kleine Gehöfte, deren Besitzer Schweine, Ziegen, Truthähne oder Hühner und natürlich ihre Wachhunde halten und sorgsam ihre Kaffeesträucher, Kakaobäume und Bananengärten pflegen. Nicht vergessen: In der Sierra Maestra gibt es keine Versorgungsmöglichkeiten. Auf Ausflügen muss man deshalb immer ausreichend Proviant und Wasser mitführen.

INFO: Cubatur, Calle Heredia, Santiago de Cuba, www.cubatur.cu

In der undurchdringlichen Sierra Maestra bereitete Fidel Castro die kubanische Revolution vor.

Island · China

53 Ab in die Wildnis – unterwegs im Lónsöræfi

Die Einsamkeit und Natur des Nordens intensiv zu Fuß erleben – möglich ist das im Südosten Islands im malerischen Naturschutzgebiet Lónsöræfi. Das Bergland liegt östlich des Städtchens Höfn und reicht bis an den mächtigen Vatnajökull. Europas größter Gletscher streckt hier seine eisigen Finger an seinem südöstlichen Rand aus. Lónsöræfi ist ein geologisches Wunderland, dessen Gesicht vor Jahrmillionen der Vulkan Kollumúli formte. In Gebirgsketten und Schluchten setzen hier Ryolith und andere Gesteine ihre farbenfrohen Akzente zwischen der grünen Vegetation der geschützten Täler.

INFO: Touristeninformation im Gletschermuseum, Hafnarbraut, 780 Höfn, www.visitvatnajokull.is

Mehr als vier Kilometer weit stößt die Lón-Lagune an der isländischen Südküste in das hügelige Landesinnere hinein.

54 Wo die Seekühe grasen: Nationalpark Con Dao

Weit draußen im Südchinesischen Meer liegen die 16 Inseln des Con-Dao-Archipels gut 100 Kilometer vor dem Mekong-Delta. Auf der größten, einzig bewohnten Insel der Gruppe befand sich früher ein berüchtigtes Gefängnis, heute erstreckt sich hier ein artenreicher Nationalpark, der auch die farbenfrohen Korallengärten des umliegenden Meeres schützt. In dieser faszinierenden Unterwasserwelt leben Rochen, Haie, Delfine, seltene Meeresschildkröten und zahllose bunte Fische. Eine Besonderheit sind die »Dugong« genannten Gabelschwanzseekühe, die unter Wasser auf den Seegraswiesen weiden.

INFO: Con-Dao-Nationalpark, www.condaopark.com.vn

Wolken, Fels und Meer kann man im Con-Dao-Nationalpark auf sich wirken lassen. In dem einzigartigen Ökosystem sind seltene Vogelarten wie Zweifarben-Fruchttaube und Rotschnabel-Tropikvogel heimisch.

55 Fjaðrárgljúfur: ein kleiner Grand Canyon

Rund 250 Kilometer östlich von Reykjavík ist das winzige Kirkjubæjarklaustur das Tor zur gewaltigen Vulkanspalte Eldgjá und zur unwirklichen Vulkanlandschaft der Laki-Krater. Ein lohnender Ausflug führt jedoch auch zu einem unbekannteren Naturwunder. Rund zehn Kilometer westlich der Ortschaft fließt der Fluss Fjaðrá durch den zwei Kilometer langen Canyon Fjaðrárgljúfur, dessen Wände bis zu 100 Meter steil aufragen. Besonders eindrucksvoll erlebt man die abenteuerlich zerklüftete Schlucht bei niedrigem Wasserstand, wenn man dem Bachlauf ein Stück durch den Canyon folgen kann.

INFO: SKAFTÁRSTOFA –Touristeninformation, Kirkjuhvoll, Kirkjubæjarklaustur, www.klaustur.is

Über Jahrtausende hat das Wasser an diesem Cañon gegraben und sich tief hineingefressen ins Vulkan- und Tuffgestein. Heute ist die Fjaðrárgljúfur-Schlucht bis zu 100 Meter tief.

Neuseeland · Portugal

56 An der Küste – durch die Catlins

Im Südosten von Neuseelands Südinsel locken die Catlins mit einer zerklüfteten Küste und grünem Regenwald, der im Catlins Forest Park geschützt wird. Eine herrliche Strecke führt von Balclutha entlang der Küste in das rund 170 Kilometer entfernte Invercargill. Auf der Eintagestour auf kurvenreicher, zum Teil nicht asphaltierter Route wird man mit herrlichen Eindrücken belohnt. Ein Höhepunkt ist bei Jacks Bay Jack's Blowhole. Durch einen 200 Meter langen Tunnel schießt hier die Brandung in eine 60 Meter tief gelegene Höhle. Von dort befördert sie der Wasserdruck durch einen Felskamin an die Erdoberfläche. Bei Romahapa führt ein Abstecher nach Nugget Point an der Küste, wo Pinguine und Tölpel, Seehunde und Seelöwen leben. Bei Owaka steigt und fällt der Catlins Lake in der Mündung des Catlins River mit den Gezeiten: Zur Ebbe fast verschwunden, kann er bei Flut fünf Kilometer breit werden. Ein wenig landeinwärts rauscht der Fluss über die traumhaften Terrassen der Purakaunui Falls. Hinter Papatowai erreicht man nur bei Ebbe die Cathedral Caves. Zu diesen Höhlen sollte man eine Taschenlampe mitneh-

men, damit man nicht einem Seelöwen auf die Flossen steigt. An der Porpoise Bay und dem Curio Bay Fossil Forest steht man auf der Felsterrasse am Meer eigentlich auf einem 160 Millionen Jahre alten Waldboden und am Slope Point bei Waikawa am südlichsten Punkt der Südinsel.

INFO: Site Visitor Center, Southland Museum and Art Gallery, Gala Street, Invercargill, www.catlins.org.nz

Die neuseeländischen Catlins steigen steil aus dem Meer empor – entlang der Küste findet man uralte Echsen und hohe Wellen.

57 Wo wilde Ponys weiden – im Nationalpark Peneda-Gerês

Der Peneda-Gerês ist Portugals einziger Nationalpark, eine 700 Quadratkilometer große Schönheit, die im Nordwesten des Landes direkt an der Grenze zum spanischen Galicien liegt. Wer sich von den wunderbaren Küsten des Landes lösen kann, findet in dem hufeisenförmigen Schutzgebiet eine atemberaubende Landschaft, in der vier Gebirgskämme aus dem grünen Kleid ihrer dichten Vegetation karge Granitgipfel in den Himmel heben. Dazwischen bezaubern liebliche Täler und stille Seen, murmeln Bäche und stürzen sich Wasserfälle in die Tiefe. Seit 2009 ist die Region Biosphärenreservat der UNESCO. Hier wachsen Eichen, Eiben, Eukalyptus- und Maulbeerbäume, Almwiesen und in den Höhen Ginster, Krüppelkiefern und genügsames Heidekraut. Die Stars der Tierwelt sind natürlich die wilden Ponys, die die Bergregion durchstreifen. In dem abgeschiedenen Gebiet leben aber auch noch einige Wölfe und gehen imponierende Steinadler auf die Jagd. Erkunden kann man den Peneda-Gerês auf einem Netz von markierten Wanderwegen. Abenteuer sind dabei nicht ausgeschlossen: Bisweilen führen die Pfade an blanken Felswänden entlang oder steil bergab. Hier sind auch begeisterte Kletterer unterwegs.

INFO: Parque Nacional Peneda-Gerês, Avenida António Macedo, 4700-538 Braga, www.geira.pt

In Portugals einzigem Nationalpark kann man auf vielen Wander- und Hikingwegen die abwechslungsreiche Natur entdecken. Zur Entspannung und Abkühlung bietet sich hinterher ein Bad in den Naturpools im Granitfels an.

Finnland · China

58 Am Polarkreis – im Reich der Samen

Im hohen Norden Finnlands erstreckt sich Finnisch-Lappland. Die Region prägen weite Wälder und Moore, unzählige Seen und Flüsse sowie karge, *tunturi* genannte Kuppen, die sich von Gletschern rund geschliffen aus der Ebene erheben. Hier hat die Natur ganz klar die Oberhand, denn in dem riesigen Gebiet leben weniger als 200 000 Menschen in einigen kleineren Städten und abgelegenen Siedlungen. Wenige Tausend Bewohner Lapplands gehören zur ethnischen Minderheit der Samen, die hier schon vor Jahrhunderten mit ihren Rentierherden das Land durchstreiften. Als hauptsächliche Lebensgrundlage hat die Rentierzucht heute an Bedeutung verloren, weshalb sich viele Samen inzwischen dem Tourismus geöffnet haben. Für Besucher bedeutet dies eine einmalige Möglichkeit, mehr über ihren Alltag und ihre faszinierende Kultur zu erfahren. Zu den landschaftlichen Höhepunkten zählt der riesige See Inarijärvi in Nordlappland, mit 3000 Inseln ein wahres Labyrinth aus Wasser und Land. Weiter im Süden wartet der Nationalpark Pyhä-Luosto mit einer Amethystmine auf, in der man sich mit einem Hammer bewaffnet selbst auf die Suche nach den edlen Steinen machen kann. Das Schutzgebiet bietet darüber hinaus beste Möglichkeiten zum Wandern.

Info: Samisches Kulturzentrum Sajos/ Saamelaiskulttuurikeskus Sajos, 99870 Inari, Tel. +358-(0)10 839 31 09, www.sajos.fi

Der Inarijärvi liegt nördlich des Polarkreises, er ist mit seinen unberührten Gewässern ein Paradies für Angler.

59 Longji titian – auf der Wirbelsäule des Drachen

In Chinas tiefem Süden gehört die Region Guilin zum Autonomen Gebiet Guangxi, in dem zahlreiche ethnische Minderheiten leben. Im Nordwesten der Region gehen die berühmten Karstkegel in wilde Bergregionen über, in denen sich malerische Dörfer der Dong, Yao und Miao verstecken. Nur selten erlebt man Natur und Kultur in China so authentisch wie an den Rändern des Huaping-Naturreservats bei Longsheng. Auf einer Höhe von 1200 bis 1600 Metern schützt das 130 Quadratkilometer große Areal eine artenreiche Flora und Fauna. In seinen immergrünen Regenwäldern leben so seltene Tiere wie der Silberfasan, der bis zu zwei Meter lange Riesensalamander, der Moschus-Hirsch oder der Südchinesische Tiger. An der nördlichen Peripherie des Reservats haben die hier ansässigen Zhuang ab dem 13. Jahrhundert an den steilen Berghängen Reisterrassen angelegt, um so die wenigen Anbauflächen optimal zu nutzen. In Jahrhunderten haben sie durch die *longji titian*, die »Drachen-Wirbelsäulen-Terrassen«, der Landschaft ein kunstvoll gestaltetes Gesicht gegeben. Östlich von Longsheng stehen am »Katzenberg« (Mao'er Shan) rund 15 000 Hektar Wald unter Naturschutz. Auf den 2142 Meter hohen Gipfel führt ein 15 Kilometer langer Wanderweg. Oben kann man übernachten und am nächsten Morgen bei klarem Wetter eine fantastische Aussicht über die unendliche Bergwelt Guangxis genießen.

INFO: Guilin Tourist Information Center, North Ronghu Road 14, Guilin, www.visitguilin.org

Die fantastische Karstlandschaft von Yangshuo Guilin entdeckt man am besten auf einer Flussfahrt auf dem Yu-Long-Fluss.

60 Von der Skelettküste ins Kaokoveld

Rechts präsentieren sich die aufsteigenden Sandberge des Wüstengürtels, links stahlblaue Aussichten auf den Atlantischen Ozean – sofern nicht die berüchtigten Nebelschwaden der namibischen Küste den Blick verstellen. Sonst gibt es an der Skelettküste nichts zu sehen außer Robben, flatternden Seevögeln und – mit viel Glück – der Schwanzflosse eines in die Tiefe hinab rauschenden Wals. In Torra Bay verwandelt sich die sinnliche Küstenroute in eine fordernde Bergstrecke. Jenseits des Wüstengürtels, der die atlantische Küste mit hitzebrütenden Sandbergen und Geröllebenen im Würgegriff hält, breitet sich ein unberührtes Gebirgsland aus. Das Kaokoveld ist eines der aufregendsten Wildnisgebiete im ganzen Land. Diese nahezu unerschlossene Region ist eine der schönsten Landschaften Namibias – mit Granitbergen, tief eingeschnittenen Trockenflussbetten und einzigartiger Wüstenvegetation. Seltene Wüstenelefanten und bedrohte Spitzmaulnashörner, Oryxantilopen, Bergzebras, Giraffen und Kudus haben zwischen den Tönnesenbergen, den Giraffenbergen und den Schwarzen und Fahlen Kuppen ihr malerisches Revier. Richtung Westen rauscht der Kunene an der Grenze zu Angola zum Meer. Wer nicht geländeerfahren ist, sollte nur bis Opuwo fahren und sich lieber einem der gut ausgerüsteten Tourveranstalter anvertrauen.

INFO: Kaoko Information Centre, Main Road, Opuwo, www.namibia-travel.net

Die Skelettküste ist einer der einsamsten Orte dieser Welt. Hier grenzt die Wüste Namib direkt ans Meer.

61 Adoptierte Schildkröten: Rocktail Bay

Im äußersten Nordosten Südafrikas erstreckt sich das Maputaland Coastal Forest Reserve von der Grenze zu Mosambik bis zur Sodwana Bay im Süden. Das Schutzgebiet und UNESCO-Welterbe ist ein subtropisches Paradies mit unberührten Wäldern, Seen und Marschen, einsamen Stränden und weitläufigen Korallenriffen.

Ein besonders beeindruckender Küstenabschnitt ist die 40 Kilometer lange Rocktail Bay. Besucher finden hier eines der exklusivsten Unterwasserparadiese, das sie in 14 renommierten Tauchgebieten erkunden können. Wenn im Sommer die Wassertemperaturen auf 28 °C steigen, reicht die Sichtweite unter der Oberfläche bis zu 35 Meter. Dann ist die Zeit der Walhaie, die im Wasser ihren riesigen Schatten werfen, der bedrohten Unechten Karett- und der Lederschildkröten, die am Strand ihre Eier ablegen.

In dieser unberührten Idylle nimmt seit einigen Jahren ein ungewöhnliches Joint-Venture-Experiment seinen erfolgreichen Lauf. In Zusammenarbeit mit den Naturschutzbehörden, Wissenschaftlern und den Gemeinden der hier ansässigen Mqobela und Mpukane betreibt das südafrikanische Unternehmen Wilderness Safaris das schöne Rocktail Beach Camp. Die Öko-Lodge beteiligt sich am Maputaland Sea Turtle Project, indem ein Teil der Konzessionsgebühren für die Überwachung der Strände und Schildkrötennester verwendet werden. Gäste können an den nächtlichen Patrouillengängen teilnehmen und eine Schildkröte »adoptieren« – ein einmaliges Erlebnis.

INFO: Wilderness Safaris, Johannesburg und Kapstadt, www.rocktailbay.com

Die Küste vor Rocktail Bay schützt ein riesiges Reservat, in dem Unterwasserparadies leben Delfine und Wale.

Nordirland

62 Londonderry – eine Stadt erfindet sich neu

Die »Peace Bridge« über den River Foyle (o.) wurde 2011 eingeweiht und verbindet den Ebrington Square mit der Innenstadt. Sie ist ein Symbol für Frieden und Verständigung, die Kanonen aus dem 17. Jahrhundert (M.) auf der Stadtmauer haben ausgedient. Während der zahlreichen Festivals präsentiert sich die Stadt kreativ und bunt geschmückt (u. und r.).

Das nordirische Londonderry polierte 2013 als Großbritanniens Kulturhauptstadt sein Image auf. Besucher aus der ganzen Welt feierten mit und waren erstaunt, keine düstere, in der Vergangenheit hängen gebliebene Stadt der Konflikte, sondern eine moderne, weltoffene Kulturmetropole zu erleben. Eine besondere Vielfalt an Festivals, Ausstellungen, Konzerten und anderen Kulturereignissen wird auch künftig das Bild Londonderrys prägen.

Das Gute an Nordirland sei, hört man überall von Down im Osten bis Londonderry im Nordwesten, von Antrim im Norden bis ins südliche County Armagh, dass Fremden alles nachgesehen wird – Weil sie keine Ahnung haben. Hier kann man zum Beispiel mit einem Celtic-Fußballtrikot auf dem Leib in einen Rangers-Pub gehen, und man wird höchstens aufgefordert: »Hey, zieh das Trikot andersherum an, und wir trinken einen Pint zusammen.« Denn letzten Endes zählt der gemeinsame Spaß am Sport und nicht, ob man katholische oder protestantische Stürmer anfeuert.

Ein Land im Aufbruch

In Nordirland hat sich in den letzten Jahren viel gewandelt, politisch und wirtschaftlich. Die wichtigste Veränderung vollzieht sich aber in den Köpfen: zu einer Offenheit, die eines Tages alle Barrieren beseitigt haben wird. »Open-minded into a better future« – Das bringen die Nordiren immer wieder zum Ausdruck, in Londonderry verbunden mit einer Herzlichkeit und einer Gastfreundschaft, die weit entfernt ist von antrainierter Service-Mentalität für Touristen.

Nach über 30 Jahren Bürgerkrieg ist unser kontinentaleuropäisch voreingenommener Blick auf das Land der »Troubles« noch immer von den Schreckensbildern der Vergangenheit geprägt. Doch sieht die Gegenwart anders aus. Gegensätze zwischen den Bevölkerungsgruppen bestehen weiterhin, aber sie werden nicht mehr totgeschwiegen oder

In der Bogside, dem katholischen Stadtviertel im Westen, sind die Wandbilder (o.) inzwischen zum beliebten Besuchermotiv geworden. In vielen Pubs gibt es traditionelle Live-Musik (M.) und die St. Columb´s Cathedral (u.) lädt zum Innehalten ein. Das »Playhouse« (r.) als Theater- und Kulturzentrum der Stadt genießt einen ausgezeichneten Ruf.

Nordirland

weggebombt. Viele »cross-community-projects« sind auf Toleranz und eine gemeinsame, konfessionsübergreifende Zukunft ausgerichtet. So wurde Londonderry zur Boomtown und ganz Nordirland zu einem Land im Aufbruch. Der 2013 verstorbene Literaturnobelpreisträger Seamus Heaney hat Nordirland und seine Menschen in dem Band »Die Hagebuttenlaterne« so beschrieben:

»Die winterharte Frucht erglüht zur Unzeit,
Apfel des Dorns, ein kleines Licht für kleine Leute,
das nur von ihnen will, dass sie den Docht
der Selbstachtung am Leben halten,
und es nicht nötig hat, mit Glanz zu blenden.«

Die stille Einsamkeit der Sperrin Mountains, die weite Seenlandschaft in Fermanagh, Geschichten von kämpfenden Riesen und alten Whisky-Brennern, von der Auferstehung der »Titanic« und prähistorischen Skulpturen und Steinkreisen: Nordirland ist viel zu reich, um mit schönem Schein zu glänzen.

Spiel mit Worten

Wenn es um geistreich-witzige Wortspiele geht, haben Iren und Briten oft die Nase vorn. Dazu lädt die englische Sprache geradezu ein. So wird durch den Platztausch zweier Buchstaben aus dem Nachnamen eines ehemaligen Premierministers ein Lügner (»bliar«) und aus einem alternden Fußballnationaltrainer ein Fallensteller (»caught in a trap«). Auch vor der Hochkultur machen diese Wortschöpfer nicht Halt: »Let it be LegenDerry« war der Slogan für das Kulturjahr 2013.

In der Tat wandelt sich Londonderry am Foyle von der »City of Conflicts« zur »City of Culture«. Musik- und Pub-Kultur spielen dabei eine tragende Rolle. Wer das Gemisch aus Iren, Briten, Katholiken, Protestanten und Gästen aus aller Welt abends in der Waterloo Street und der Shipquay Street in und vor den Pubs friedlich feiern sieht, kann sich nicht mehr vorstellen, dass der Frieden erneut verloren geht. Die große Mehrheit der Jungen und Alten will nicht mehr die Schlachten der Vergangenheit schlagen, sondern ihr Leben genießen. Und die Einwohner freuen sich über jeden interessierten Besucher.

Stadt der Kultur

Da kam die 2013 erstmals im Vereinigten Königreich ausgerufene »UK City of Culture« gerade recht. Londonderry

Nordirland

freute sich über die Auszeichnung – und nahm diese als Ansporn, die Infrastruktur zu verbessern und zu sanieren. Teil der neuen Anziehungskraft ist die »Walled City«. Rund 80 Millionen Pfund flossen in Projekte wie die Transformation des Ebrington Square zu einem heiteren öffentlichen Platz, den Bau der Peace Bridge und die Wiederbelebung der Uferpromenade am Foyle.

Weitere Anziehungspunkte sind Sehenswürdigkeiten wie die fast vollständig erhaltenen mittelalterlichen Stadtmauern, das mehrfach ausgezeichnete Tower Museum, in dem die Stadt ihre bewegte Geschichte bis hin zu den »Unruhen« preisgibt, und die Guildhall. Eine Stadt, »wo die Troubles begannen und die Kunst heilt« (New York Times), hat sich neu erfunden. So gelang »Derry~Londonderry« in der internationalen Presse der Sprung von den Nachrichten- auf die Kultur- und Reiseseiten.

In Zeiten wie diesen

Londonderry lockt auch nach 2013 mit spektakulären Theaterinszenierungen, mit unterschiedlichen Konzertreihen und dem größten irischen Musikfestival, dem Fleadh Cheoil, das im August des Jahres 2013 zum ersten Mal in Nordirland stattfand. Auch die Verleihung des angesehenen Turner-Preises verlieh der Stadt zusätzliches Gewicht: Die auf der Shortlist stehenden Werke wurden im Oktober auf dem einst umkämpften Ebrington Square ausgestellt. Ende November wurden die Sehenswürdigkeiten zum großen Finale des Kulturhauptstadtjahres beim »Lumiere Festival of Light« noch einmal in Szene gesetzt. Voller Optimismus geht man davon aus, dass sich die Besucherzahlen in den nächsten Jahren mehr als verdoppeln werden.

Die einst rein politischen Motive der Wandbilder wurden längst erweitert, Friedenstaube (o.) und Alltagsszenen über der Bogside (M.) sind keine Seltenheit mehr. Während der Festivals sorgen zahlreiche Straßenmusiker für eine entspannte Atmosphäre (u.), die Stände in der Altstadt rund um die Guildhall bieten dann Kunsthandwerk und Kulinarisches (r.) an.

Die bunte Friedenstaube an einer Hauswand am Eingang zur Bogside, von Schulklassen beider Konfessionen in schöner Gemeinschaft gemalt, zeigt, wie man bereit ist, aufeinander zuzugehen. Kompromissbereitschaft ist auch in Londonderry schon lange kein Fremdwort mehr. Selbst die Orange Boys, die jedes Jahr die Stadtmauer entlang ziehen, zeigten sich kompromissbereit, die Anzahl der Oraniermärsche zu reduzieren, um die Katholiken nicht übermäßig zu provozieren. Besonders der Bereich rund um das neue Besucherinformationszentrum am Foyle wirkt einladend und offen – schließlich erhielt die Stadtmauer im Laufe ihrer Geschichte auch immer wieder neue Tore.

Londonderry rühmt sich, Gastgeber des größten Halloween-Festes auf der Insel zu sein, und arbeitet weiter an seinem Ruf als kulturelles Zentrum. Walled City Festival, City of Derry Drama, Maiden City oder Foyle Film Festival, der Veranstaltungskalender ist überaus reich bestückt. Wer am Derry Playhouse vorbeikommt, dem Herz der städtischen Kreativkultur, der sollte seine letzten Pfunde für ein Ticket zusammenkratzen, um die Bühnenversion von »Days like this« live zu erleben: Ein junger nordirischer Protestant trifft einen jungen nordirischen Katholiken. Sie lernen sich kennen, sich gegenseitig tolerieren und achten. Im Hintergrund läuft der Van Morrison-Song »Days like this«: »... when no one steps on my dreams ... there will be days like this.«
Jörg Berghoff

> Hier kann man sich nicht mehr vorstellen, dass der Frieden noch einmal verloren geht. Die Chancen stehen gut, dass der einstige Unruheherd Londonderry dauerhaft zur »Stadt der Harmonie« mutiert ist.

Praktische Reisetipps

REISEPLANUNG
Zur Einreise genügt der Personalausweis oder Reisepass. Von Dublin mit Bus Éireann (www.buseireann.ie) oder ab Belfast mit Ulsterbus (www.translink.co.uk) nach Londonderry.

REISELEKTÜRE
Seamus Heaney: »Die Hagebuttenlaterne« und »Norden« (Gedichtbände in zweisprachiger Ausgabe), München 1995 und 1996.

ÜBERNACHTUNG
Das Beech Hill Country House südöstlich vom Stadtzentrum bietet georgianische Eleganz in einem großen ruhigen Park und besitzt eines der besten Restaurants der Stadt (www.beech-hill.com).

AUSGEHEN
Nach einem Besuch im Derry Playhouse, im Millenium Forum, dem Verbal Arts Centre oder dem Waterhouse Theatre kann man in Pubs wie dem »Anchor Inn« in der Ferryquay Street 38 vorbeischauen oder Livemusik im »Dungloe« erleben (www.thedungloebar.com).

INFO
Derry Visitor & Convention Bureau, 44 Foyle Street, Londonderry, www.derryvisitor.com und www.whatsonderrylondonderry.com

Belgien

63 Im Hochmoor auf dem Venn-Plateau

Nicht weit hinter der deutsch-belgischen Grenze liegt das größte Naturschutzgebiet Belgiens mit seinem Tier- und Pflanzenreichtum, mit Mooren und Heidelandschaften, die fast bis zum Horizont reichen – eine unbesiedelte Landschaft von stiller Schönheit, wie sie in Westeuropa nur noch selten zu finden ist.

Scharf bläst der Wind bei strahlendem Sonnenschein, es hilft kaum, die dicken Jacken enger zu ziehen. Handschuhe wären jetzt hilfreich. Wie gut, dass wir Gummistiefel tragen, denn immer wieder versinken wir im weichen Boden. Rau ist das Klima, aber sanft wiegen sich schimmernde Gräser im Wind. Eine Offenbarung sind Weite und Stille.

Auf dem höchsten Berg Belgiens

Bad Münstereifel, Monschau, Kalterherberg. Von Westen kommend, wird die Besiedlung immer dünner, immer waldreicher die Gegend. Tiefer und tiefer führt die schmaler werdende Straße in den dichten, dunklen Märchenwald der Wallonie, beinahe kanadisch anmutend. Im Norden liegt Eupen, im Süden Malmédy. Immer weniger Menschen begegnen uns. Beschilderung – Fehlanzeige. Dass es stetig bergauf geht, bemerken wir kaum – schließlich befinden wir uns im vermeintlich flachen Belgien.

Endlich zeigt uns ein unscheinbares Schild, dass wir die richtige Richtung eingeschlagen haben, und schon bald stehen wir auf der mit knapp 700 Metern höchsten Erhebung Belgiens, der Botrange. Darauf ein Turm, das Signal de Botrange. Wo früher eine stählerne Wetterfahne mit den Worten »Sicco campo« (trockener Ort) auf die Unwirtlichkeit der Umgebung schließen ließ, befindet sich heute eine Sendeanlage. Unweit davon wartet der Ausgangspunkt unserer Moorwanderung: das Naturparkzentrum Botrange. In der veritablen Rangerhütte wird der Besucher auf die Besonderheiten der Umgebung vorbereitet. Es gilt, strenge Regeln zu beachten, damit Mensch und Natur im Einklang miteinander bestehen bleiben.

Hilfreich sind die Wegmarken im Hohen Venn (o.). Wilde Narzissen verwandeln die Landschaft ab März in ein Blütenmeer (M.). Wer Glück hat, kann Wildtiere in ihrem natürlichen Lebensraum beobachten (u.). Endlose Weite bietet sich dem Blick auf die stille Landschaft (r. o.), die nur selten von Bäumen oder markanten Felsen unterbrochen wird (r. u.).

Belgien

Auf Holzstegen durch die Hautes Fagnes

Nach einigen Schritten aus dem Wald des Venn-Plateaus (französisch Hautes Fagnes) – denn auf diesem befinden wir uns, wie auf einem Schild steht – öffnet sich unvermittelt der Blick auf eine pastorale Parklandschaft, wie wir sie so nur aus der Malerei kennen: Weite unter grenzenlosem Himmel, je nach Jahreszeit auffallend die silbrig schimmernden Köpfe des Wollgrases, das Altrosa der Heide, das lichte Grün der Birken, im Winter glitzernder Schnee, soweit das Auge reicht. Alles durchsetzt von Baumgruppen und mäandernden Bächen. Der Jahreszeit entsprechend können die Farben changieren, doch immer sind sie sanft. Und immer wieder: Stille! Für diese Erfahrung nehmen wir gern ein Wetter in Kauf, das auf dem Hochplateau eigenen Gesetzen unterliegt und in jedem Fall extrem ist: Im Sommer wird es richtig heiß. Weite Teile des Gebiets wurden 2011 sogar durch ein Feuer zerstört. Vom Herbst bis zum Frühjahr weht ein scharfer Wind; die Niederschlagsmengen sind beachtlich. Im Winter schneit es heftig; die Kälte ist arktisch und verbietet Wanderungen. Manche Wege sind bisweilen wegen Witterung und Bodenbeschaffenheit, aber auch zum Schutz der Tiere, etwa zu Brutzeiten, gesperrt.

    Mitnichten stehen wir aber in unberührter Natur. Darauf verweisen manche wie mit dem Lineal gezogene Wege und Schneisen durch Wald und Heide. Gefahr lauert im Verborgenen, denn einst wurde Torf aus dem riesigen Moor gewonnen, das nun renaturiert wird. Überall sammelt sich Wasser, wenn auch nicht immer sichtbar. Ich schrecke auf, weil der Boden nachgibt – die Erde ist vollgesogen mit Wasser.

Das Casino von Spa ist das älteste Spielcasino der Welt (o.). Der Turm Signal de Botrange steht auf der höchsten Erhebung Belgiens (M.). Ein Holzkreuz grüßt Wanderer inmitten des Hohen Venns (u.). Das Städtchen Malmedy versprüht französisches Flair in der Wallonie (r. o.). Kilometerlange Holzstege führen sicher durch die Moorlandschaft (r.).

Belgien

Es heißt, bei Nebel oder Schneesturm sei früher eine Glocke geläutet worden, um die Verirrten aus dem Torfmoor zu leiten. Heute instruieren Hinweisschilder und ein Farbleitsystem, welche Wege begehbar sind. Holzstege führen über das Moor, denen man tunlichst folgen sollte. Es macht Spaß, darüber zu laufen und man lernt wieder, die Umgebung rechts und links des Weges konzentriert zu beobachten, seltene Gräser etwa oder Moosbeeren. Wer Glück hat, erspäht ein Reh oder ein Wildschwein.

Man ist fast immer allein unterwegs. In einem windgeschützten Winkel breiten wir unsere Decke über einem Fleckchen trockenen Mooses aus, sehen Wolken ziehen, verfallen in Tiefenentspannung – und vergessen fast, uns wieder auf den Weg zu machen.

Kontrastprogramm très français

Wandern macht hungrig. Hat man erst einmal das Naturschutzgebiet betreten, ist man völlig auf sich allein gestellt und der Proviant, den wir auf dringendes Anraten eingepackt haben, geht zur Neige. Die Baraque Michel, ein weiterer Ausgangspunkt für Wanderungen durchs Hohe Venn, ist weit und breit das einzige Gasthaus in der Heidelandschaft. Bereits Anfang des 19. Jahrhunderts wurde es als Herberge errichtet.

Da die Wege in Belgien im Allgemeinen kurz sind, wollen wir über Malmédy zu einem Ort, dessen Name für den einen die elektrisierendste Rennstrecke Europas, für den anderen der Inbegriff von Wellness ist: Spa. Der anspruchs-

Die Kathedrale Saints Pierre, Paul et Quirin aus dem 18. Jahrhundert in Malmedy (o.). Immer wieder helfen Wegekreuze bei der Orientierung (M.). Der Bestand wilder Narzissen ist in Europa stark bedroht und so ausgeprägt fast nur noch im Hohen Venn anzutreffen (u.). Fehlt die sommerliche Farbenpracht, wirkt das Hohe Venn rau und wild (r. o.).

volle »Circuit de Spa-Francorchamps« wird wegen seiner rasanten Kurven auch »Ardennen-Achterbahn« genannt. Und alle heutigen Wellnesstempel verdanken ihre Bezeichnung als »Spa« dem jahrhundertealten belgischen Badeort. Unsere Ziele sind jedoch andere: In Malmédy wie in vielen anderen Städtchen Belgiens umfängt den Besucher bereits französisches Flair. Das südliche »Tor zum Hohen Venn« mit deutsch-belgischer Vergangenheit, nur wenige Kilometer entfernt in der überwiegend französischsprachigen Provinz Lüttich (Liège), besticht durch seinen leicht abblätternden, schrägen Charme. Wen es gelüstet, der kann sich hier in vielen Straßencafés oder Brasserien, etwa in der »Brasserie de Bellevaux«, am sättigenden belgischen Bier und den köstlichen Pasteten gütlich tun.

Noch ein wenig weiter westlich tauchen wir in das Fin de siècle ein. Unser Ziel in Spa ist das älteste, 1763 eingeweihte Spielcasino der Welt. Vor lauter Schangel-Eleganz finden wir kaum den Eingang. Einarmige Banditen, Black Jack, Poker – sündiges Rot, zerkratztes Gold. Aber dann: der kleine Roulette-Saal mit seinen Draperien, Kronleuchtern und der Bar direkt an den Spieltischen! Das Alter des Publikums scheint sich dem des Interieurs zu nähern. Es geht leger zu, das Spiel zieht uns in seinen Bann und wir genießen die kostenlosen Zitronentörtchen. Geld haben wir nicht gewonnen, aber die Erkenntnis: Unser Nachbarland Belgien ist eine Entdeckung wert!
Sabine Durdel-Hoffmann

> Im Hohen Venn erleben wir eine erholsame Stille, wie sie im hektischen Alltag völlig verloren gegangen ist. Wer hätte geglaubt, dass solche Landschaften in Westeuropa überhaupt noch zu finden sind?

Praktische Reisetipps

ANREISE
Mit dem Auto von Köln kommend, fährt man entweder die A4 Richtung Aachen, dann die A44 Richtung Eupen oder die A4/A1 Richtung Monschau.

REISEPLANUNG
Ausgangspunkt für Wanderungen ist entweder das Naturparkzentrum Botrange (Robertville) oder Baraque Michel (Jalhay). Es gibt ein Farbleitsystem. Erkundigen Sie sich vor Antritt der Wanderung, welche Abschnitte begehbar oder für Besucher gesperrt sind. Diverse Wanderungen werden mit Naturparkführern angeboten.

AUSRÜSTUNG
Unbedingt wetterfeste Kleidung, vor allem wasserdichte Schuhe, ggf. Planen zum Hinsetzen (nur wenige Sitzmöglichkeiten). Im Sommer Getränke und Proviant nicht vergessen (unterwegs keine Verköstigung)!

INFOS
- www.botrange.be (Naturparkzentrum Hohes Venn, Robertville)
- www.baraquemichel.de (La Baraque Michel, Jalhay)
- www.eastbelgium.com
- www.centrenaturebotrange.be (Touristinformation)
- www.casinodespa.be (Spielcasino Spa)

Rumänien

64 Timișoara – Wien im Banat

Was haben Johnny Weissmüller, Europas erste elektrische Straßenbeleuchtung und die rumänische Revolution 1989 gemeinsam? Sie alle haben ihre Wurzeln in Timișoara. Die zweitgrößte Stadt Rumäniens ist eine echte Überraschung für Reisende, die im Banat, der historischen Grenzregion zwischen Rumänien, Serbien und Ungarn, unterwegs sind.

Kommt man wie wir über Land aus Ungarn nach Rumänien, wird einem unmittelbar nach dem Grenzübertritt klar: Hier hat sich das postsozialistische Europa mit der wirtschaftlichen Entwicklung weit mehr Zeit genommen. Pferdekarren auf der Straße, Bauern, die ihr Land von Hand bestellen, und ärmliche Roma-Dörfer lassen erkennen, dass der Fortschritt in der westlichen Region Rumäniens an vielen Stellen noch auf sich warten lässt. Und so hat es uns auch ein Siebenbürger Rumäne erklärt: Das Banat sei pure Depression, denn den Menschen fehlten Eigeninitiative und Unternehmergeist. Erst wenn die Generation, die Rumänien nach 1989 verlassen habe, zurückkehre, käme frischer Wind in die Gegend. Timișoara jedoch vermittelt ein ganz anderes Bild.

Weltoffen und lebhaft

Timișoara, auf Deutsch Temeschwar (auch Temeschburg), ist Wien, Belgrad und Budapest von der geografischen Entfernung her näher als der rumänischen Hauptstadt Bukarest und gehörte im Lauf der Zeit mal zu dem einen, mal zum anderen Staat. Bis vor wenigen Jahren war noch der größte Teil der Temeschwarer mehrsprachig – neben Rumänisch sprachen die meisten Menschen auch Deutsch, Ungarisch oder Serbisch. Auch wenn viele von ihnen mittlerweile in Richtung Westen abgewandert sind, bleiben Weltoffenheit und Völkervielfalt das Programm der Stadt.

Der erste Eindruck ist typisch für Städte im Banat: Auf einer Mischung aus Kopfsteinpflaster, Straßenbahnschienen und reparaturbedürftigen Stadtstraßen, vorbei an Platten-

Timișoara verbindet auf reizvolle Art das Alte mit dem Neuen: Von barocker Kunst (o.) bis zum Grafitti der Jahrtausendwende (M.). Das Stadtbild lebt von seinen vielen Parks und unterschiedlichen Architekturstilen (u.). Dazu zählen auch viele Bauten wie das Palais Neuhaus im ungarisch geprägten Jugendstil (r. u.). Am Bega-Kanal erstreckt sich der Kathedralenpark (r. o.).

Rumänien

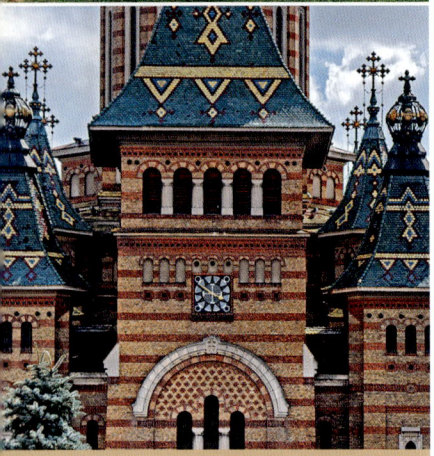

Timișoara ist traditionell eine Stadt der kulturellen, architektonischen (o.) und religiösen Vielfalt: Auf dem Platz der Vereinigung, dem ältesten Platz der Stadt, steht die serbisch-orthodoxe Kathedrale (r.) und ihr gegenüber der römisch-katholische Dom (M.). Die rumänisch-orthodoxe Kathedrale aus den 1930er-Jahren bildet den Blickpunkt auf dem Siegesplatz (u.).

bausiedlungen verschiedener Epochen gelangen wir ins Zentrum – und werden überrascht: Timișoara ist eine hippe und quirlige Stadt mit pittoresken Bauten, die mal hübsch renoviert, mal mit marodem Charme daherkommen, auf jeden Fall das Auge erfreuen.

Dass hier viel los ist, beweist schon die Hotelsuche: Die erschwinglichen Herbergen der Innenstadt sind belegt. Erst die freundliche Touristenzentrale kann weiterhelfen und verweist uns an ein Haus, das seine besten Tage schon hinter sich hat, aber zentral liegt. Unsere Mitgäste sind vor allem Männer, die zum Arbeiten in der Stadt sind und am Wochenende wieder nach Hause fahren werden, denn Timișoara ist in der ansonsten desolaten rumänischen Wirtschaftslandschaft eine echte Erfolgsgeschichte. Und so lästern die Bewohner des verschmähten Banats gerne: Was will ein Südrumäne werden, wenn er groß ist? Temeschwarer!

Beim Gang durch die Stadt zeigt sich, dass Timișoara von Kontrasten lebt. Seine wechselvolle Geschichte spiegelt sich in den 15 000 erhaltenen historischen Gebäuden und den vielen Parkanlagen wider. Hier hat sich die österreichische Herrschaft mit ihrem Barock ebenso verewigt wie der ungarische Jugendstil und der sozialistische Städtebau der 1960er-Jahre. Manches Schaufenster erinnert mit seinen verstaubten Auslagen an graue Zeiten. Gleich daneben wird die neueste Computertechnik präsentiert. Fastfood-Ketten bestehen neben traditionellen Cafés. Auf den Plätzen und in den Einkaufsstraßen wird flaniert – besonders Schuhliebhaber kommen auf ihre Kosten. Dabei ist das Publikum auffallend jung, denn abgesehen von sehenswerter Bausubstanz und einer blühenden Industrie weist Timișoara auch acht Hochschulen auf – und das dazugehörige (studentisch geprägte) Nachtleben mit Klubs, Bars und Discos.

Jugendstil und Barock

Unser Rundgang führt zum Siegesplatz, der Piața Victoriei. Er ist von Jugendstilpalais mit auffallend großen Dächern gerahmt, und rumänische Oper und rumänisch-orthodoxe Kathedrale stehen einander gegenüber. Hier durfte sich der berühmte ungarische Jugendstilarchitekt László Székely ausleben; eine Tafel am Piaristen-Gymnasium erinnert an ihn. Einen Kontrast zu Székelys Bauten bietet die ganz traditionelle, prächtig ausgestattete Kathedrale im moldauisch-ru-

Rumänien

Das Leben der ehemals großen jüdischen Gemeinde hat in Timişoara seine Spuren hinterlassen. Die Synagoge in der Fabrikstadt (o.) und die große Synagoge in der Innenstadt (M.) werden heute für Konzerte der Philharmonie und Theateraufführungen genutzt. Beide Bauten stammen aus der Mitte des 19. Jahrhunderts. Unten ein Detail aus einer Kirche.

mänischen Stil mit ihren zahlreichen Türmchen und bunten Dachpfannen, die erst 1947 geweiht wurde. Temeschwar, ab 1860 ungarisch, war 1920 Rumänien zugeschlagen worden und damit die westlichste Stadt des damaligen Königreichs.

Vor der Kathedrale erinnert ein Kreuz daran, welche Rolle Timişoara beim Sturz des Ceauşescu-Regimes spielte: Von hier ging im Dezember 1989 die rumänische Revolution aus. Einen Platz weiter, auf dem Piaţa Unirii (Platz der Vereinigung), erkennt man, dass Timişoara lange österreichisch war. Davor, 1515–1716, gehörte die Stadt zum Osmanischen Reich. Die Habsburger siedelten »Banater Schwaben« an und ließen Temeschwar als Hauptort eines neuen Kronlandes zur Festungsstadt ausbauen – Reste der Mauern sind noch zu sehen –, die mit ihren neuen Gotteshäusern, dem Rathaus und Theatern auch eine kleine Kulturmetropole wurde. Davon zeugen nicht nur der barocke römisch-katholische Dom und eine Pestsäule, auch die übrige Bebauung des Platzes ist noch im damaligen Stil erhalten. Der Dom steht in Konkurrenz zur serbisch-orthodoxen Kathedrale und dem dazugehörigen, orientalisch anmutenden serbischen Bischofspalast. Nichts wirkt angestaubt, sondern höchst lebendig. Die Tische der Restaurants und Cafés sind dicht besetzt und in der Platzmitte wird gerade eine Bühne für eines der vielen Festivals aufgebaut, die im Lauf des Jahres stattfinden.

Jüdisches Timişoara

Dass Timişoara auch eine jüdische Geschichte hat, bezeugen gleich drei Synagogen. Die größte davon befindet sich in der Innenstadt. Sie wurde 1985 geschlossen, wird aber heute als Konzertsaal der Philharmonie genutzt und soll weiter renoviert werden. Das 1865 geweihte Gotteshaus mit Platz für 3000 Menschen war eine der größten Synagogen Europas. Ebenfalls sehr schön ist die Synagoge der Fabrikstadt in der Nähe des Bega-Kanals. Auch sie schloss 1985 ihre Pforten und war vom Einsturz bedroht. Mittlerweile dient sie dem rumänischen Nationaltheater als Aufführungsstätte, das sich im Gegenzug zur Renovierung des Baus von 1889 verpflichtet hat. Nur die im maurischen Stil errichtete Synagoge in der Josefstadt wird von den knapp 400 Mitgliedern der orthodoxen Gemeinde noch genutzt. Zur Zeit ihres Baus (1906–1910) lebten noch über 8000 Juden in Timişoara.

Stadt mit Strahlkraft

Timișoara rühmt sich, zu den fortschrittlichsten Städten des Landes zu gehören – und das nicht erst seit gestern. Stolz verweist man darauf, dass sie die erste europäische Stadt mit elektrischer Straßenbeleuchtung war. Bereits 1884 wurde sie installiert. Schon seit dem Jahr 1718 gibt es eine Brauerei, übrigens wiederum die älteste Rumäniens. Im selben Jahr wurde die erste Grundschule eröffnet und ab 1899 fuhr in Temeschwar eine elektrische Straßenbahn.

Aus Temeschwar selbst stammte der Tarzan-Darsteller der ersten Stunde und olympischer Rekordschwimmer, Hans »Johnny« Weissmüller. Aus dem benachbarten Lugoj (Lugosch) kam der erste Leinwandvampir, Bela Lugosi alias Graf Dracula. Die Literaturnobelpreisträgerin Herta Müller besuchte in Timișoara Schule und Universität. Seinen 300 000 Einwohnern bietet Timișoara ein rumänisches, ungarisches und deutsches Theater, ein Puppentheater und eine Philharmonie.

Am Ende unseres Aufenthalts in Temeschwar sind wir sicher: Wir kommen mit mehr Zeit, einer rechtzeitig getätigten Hotelbuchung und Theaterkarten zurück.
Petra Frese

> *Timișoara lebt schon lange das vor, was für ganz Europa angestrebt wird: Das harmonische Zusammenspiel von nationaler Vielfalt, Traditionsbewusstsein und Aufgeschlossenheit gegenüber Neuem.*

Praktische Reisetipps

ANREISE
Am einfachsten erreicht man Timișoara per Flugzeug. Es gibt von Deutschland aus Direktverbindungen ab Dortmund, München und Stuttgart. Mit der Bahn kann man Timișoara über Budapest erreichen. Auf der Autobahn kommt man bis ins ungarische Szeged, weiter geht es auf kleineren Straßen.

ÖFFENTLICHER TRANSPORT
In Timișoara kommt man mit der Straßenbahn und dem O-Bus gut voran. Es gibt mehrere Autovermietungen. Die Stadt ist aber auch gut ans rumänische Eisenbahnnetz angebunden.

UNTERKUNFT
Mehr als 60 Hotels und Pensionen stehen Besuchern zur Verfügung, vom luxuriösen Hotel Timișoara neben dem Opernhaus bis zu kleinen Pensionen.

REISELEKTÜRE
Martin Eichler/Dan Leopold Ciobotaru/Martin Rill: Temeswar – Timișoara. Eine Perle des Banats. München 2010.

INFOS
• Die Touristeninformation (Centrul de Informare Turistica) befindet sich in der Alba Iulia Str. 2, Timisoara, E-Mail: infoturism@primariatm.ro.
• www.temeswar.info (offizielles Tourismusportal der Stadt)
• www.rumaenien-info.at/de/reisefuehrer/staedtetourismus/189 (offizielle Seite des rumänischen Fremdenverkehrsamtes in Wien)

Griechenland

65 Argithea im Pindos-Gebirge

Argithea im südlichen Pindos-Gebirge zählt zu den entlegensten und am dünnsten besiedelten Landkreisen auf dem griechischen Festland. Viele Dörfer sind nur über raue Pisten zu erreichen und im Winter oft tagelang von der Außenwelt abgeschnitten. Im ganzen Landkreis gibt es nur vier einfache Pensionen und eine einzige Tankstelle. Zeus als Gott der Gastfreundschaft ist hier noch quicklebendig.

»Habt ihr euch verfahren?«, begrüßt uns Christos, ein Deutschlehrer aus Athen, in seinem Heimatdorf Frangiana. Da steht die einzige Tankstelle der Region, in der in 72 Dörfern nur noch 3450 Menschen leben. Sein Benzin muss sich der Tankstellenbesitzer selbst mit seinem Klein-Tankwagen unten in Trikala in der Thessalischen Ebene besorgen – für die schweren Tanklastzüge der Mineralölfirmen sind die Straßen hier oben viel zu schmal, kurvenreich und instabil.

Kaffee, ganz privat

Wir werden nach dem Auftanken an die beiden Tische gebeten, die vor dem Kassenraum stehen. Die vier Gäste dort wollen wissen, woher wir kommen. Als sie »aus Deutschland« hören, greift einer von ihnen sogleich zum Handy und ruft Christos an. Er solle kommen, zwei Deutsche seien da. Fünf Minuten später steht er vor uns und kann kaum glauben, dass wir mit voller Absicht in sein Dorf gekommen sind: »Ihr seid die ersten Deutschen hier seit dem letzten Krieg!«

Ähnliches erleben wir überall im Landkreis Argithea. Am Dorfeingang von Leontito halten wir für ein Foto: Schneebedeckte Hänge steigen von der Baumgrenze zu den über 2000 Meter hohen Gipfeln auf. Im Garten eines Hauses stehen zwei große Tische. Wir glauben, das Dorf-*kafenio* gefunden zu haben, und öffnen die Gartenpforte. Eine junge Frau kommt uns entgegen: »Wie trinkt ihr euren Kaffee?« Wir bestellen ihn mit Zucker und Milch. Sie fragt noch, woher wir kommen, und verschwindet in der Küche. Dann begrüßt uns

Ein geländegängiges Fahrzeug (u.) ist Voraussetzung für eine Tour ins südliche Pindos-Gebirge, wo viele Straßenschilder nur noch griechische Schrift tragen (M.). Highlights einer Tour sind alte Klöster (o.) und mittelalterliche Brücken (r.o.) – und vor allem Begegnungen mit den Menschen, die in dieser vollkommen weltabgeschiedenen Landschaft leben (r.u.).

Griechenland

Wie im Kloster Spilia (u.) hängen in allen Kirchen viele Ikonen. Sie schmücken auch die steinerne Ikonostase in der Dorfkirche von Kali Komi (M.). Ein Fresko zeigt die Heilige Weisheit mit ihren drei Töchtern: Liebe, Glaube und Hoffnung (o.). Schnee liegt noch bis weit in den Mai hinein auf den Bergen der Umgebung (r. u.), während es in den Tälern schon blüht (r. o.).

die unter einem Baum Hühnerköpfe putzende Mama in ihrem Haus. Wir sind im Familiengarten gelandet! Die junge Frau bringt uns den Kaffee, spricht ein wenig Deutsch mit uns. Und schon ist Petros – früher Tavernenwirt in Westfalen – bei uns am Tisch. Sie hatte ihn direkt aus der Küche angerufen und gebeten zu kommen: Deutsche seien da. Er fragte sie am Telefon erst einmal, ob sie ihn womöglich auf den Arm nehmen wolle …

Zu Gast in Leontito

Nun sitzen wir mit Petros, der eigentlich aus einem Küstenstädtchen stammt und dort noch eine Granatapfel-Plantage besitzt, seiner Frau und seinem alten Schwiegervater Kostas am Tisch. Kostas war in jungen Jahren sieben Jahre lang als Religionslehrer für griechische Kinder in Ostwestfalen gewesen, stammt aber aus Leontito. In seiner Jugend war er zum Studium noch zu Fuß zur nächsten Bushaltestelle gegangen – im 40 Kilometer entfernten Dorf Mouzaki am Rand der Thessalischen Ebene. Damals lebten in seinem Dorf 80 Familien, heute sind es im Winter gerade noch drei Alte. Sie kümmern sich um die Schafe und Ziegen. Um Hühner zu halten, ist es auf fast 1500 Metern Höhe zu kalt. In manchen Jahren fällt sogar im Mai noch Schnee. Im Januar liegt er manchmal sechs Meter hoch, tagelang ist das Dorf eingeschneit, ohne Strom und Telefon.

Heute aber, am Osterdienstag, sind noch ein paar Weggezogene da, die über die Feiertage heraufkamen. Petros nimmt uns mit auf die *platía* mit dem »offiziellen« Kaffeehaus unter einer 700 Jahre alten Platane. Zwei Tische sind besetzt, an einem gehört auch der Dorfpriester zur trinkfreudigen Truppe. Er ist von Ostern bis Weihnachten hier oben, danach wird es ihm zu kalt. Jeder schüttelt uns die Hand. Dann erklärt man uns, warum in Argithea nur noch 9,25 Einwohner pro Quadratkilometer leben. Wegen der extremen Armut hätten die Großeltern bereits in der Nachkriegszeit großen Wert darauf gelegt, dass ihre Kinder studieren, um es einmal besser haben. Nun sind die meisten Dorfkinder Akademiker, die in der abgeschiedenen Bergwelt keine angemessene Arbeit mehr finden.

Mitten in die Gespräche hinein klingelt Petros' Handy. Wo wir denn blieben, das Mittagessen sei auf dem Tisch! Uns erwarten frisch gebratene Hochrippe, köstlicher Salat und die üppigen Reste vom Ostermahl: kaltes Lamm, kaltes

Griechenland

Schwein und kaltes Kokoretsi, im Naturdarm gegrillte Innereien vom Lamm. Im Dorf-*kafenio* hatten wir schon einige Tresterschnäpse trinken müssen, zur Mahlzeit gibt es Bier – und gleich unterhalb der *platía* eine kleine Pension. Da warten wir vor der Tür, bis die alten Wirtsleute ihren Mittagsschlaf beendet haben und uns zwei Zimmer fertig machen. Abgeschieden, aber nicht gottverlassen

Die nächste Nacht verbringen wir in einer Pension in Kali Komi. Deren 42-jähriger Wirt Thomas war 20 Jahre lang Barmann in guten Hotels auf der Insel Skiathos, ist mit einer Britin verheiratet und mag die Abgeschiedenheit. Zusammen mit seinem Vater arbeitet er als Bauunternehmer. Seine Mutter betreut 50 Schafe und Ziegen (zwei werden meist im Winter von Wölfen gerissen), die Familie baut auf winzigen Feldern Kartoffeln, Mais, grüne Bohnen und Tomaten an. Für größere Felder sind die Hänge von Argithea viel zu steil. Bestenfalls sind ein paar Apfel-, Maronen-, Walnuss- und Granatapfelbäume abzuernten. Gäste sind extrem selten. Am häufigsten kommen Jäger, die Wildschweine und Damwild schießen. Braunbären und Luchse gibt es ebenfalls, aber die stehen unter Schutz.

Thomas nimmt uns in seinem Jeep ins noch höher gelegene Nachbardorf Ellinika zur Kirche mit, deren Hof er und sein Vater kürzlich neu gepflastert haben. Das Dorf war früher eine wichtige Karawanenstation auf dem Weg von Nordwestgriechenland nach Süden. Es hatte sogar zwei Schulen. Eine ist geschlossen, die andere dient jetzt als Dorf-*kafenio*. Heute Abend herrscht viel Betrieb, denn alle Männer namens Giorgos feiern ihren Namenstag und schauen deshalb im »Zentralcafé« vorbei. Wir werden jedem vorgestellt und natürlich mit Handschlag begrüßt. Nach 20 Minuten stehen acht Flaschen Bier auf unserem Tisch – von jedem Georg eine.

Das Kafenio: Treffpunkt eines jeden Dorfes, das nicht nur Getränke, sondern auch Lebensmittel anbietet (o.). Wer braucht einen Pool bei einem solchen Naturschwimmbecken (M.). Wie ein Adlernest thronen die Dörfer über die Küste, das Meer erscheint wie eine türkisfarbene Verlockung (u.). Auch der Dorfpriester ist im Kaffeehaus ein gern gesehener Gast (o.r.).

Bevor wir am nächsten Morgen weiterfahren, zeigt uns Thomas noch stolz die Dorfkirche von Kali Komi, die wie alle Kirchen im Landkreis den ganzen Tag über unverschlossen ist, damit jederzeit die Gläubigen eintreten können. Die hohe Ikonostase mit zweistöckiger Ikonenreihe ist – einzigartig im ganzen Land – aus Naturstein gemauert und unverputzt. Wir sehen an diesem Tag noch andere Sakralbauwerke, allen voran das Kloster Spilia als bedeutendstes Pilgerziel der Region. Es steht weltabgeschieden, aber nicht gottverlassen auf einem Fels. Eine Piste führt hinauf. Als wir ankommen, schiebt gerade ein Ehepaar aus Trikala ihren erwachsenen, schwer behinderten Sohn im Rollstuhl in die freskengeschmückte Klosterkirche. Sie ist »Maria als Leben spendendem Quell« geweiht. Schon in byzantinischer Zeit vollbrachte ihre Ikone in Konstantinopel Wunderheilungen. Hoffentlich hilft sie auch diesem jungen Mann!

Argithea aber ist wohl nicht mehr zu helfen. In keinem anderen Landkreis Griechenlands sind so wenige Straßen asphaltiert, sind die Winter so hart und die Landwirtschaftsflächen so klein. Linienbusse in die Städte fahren keine, im ganzen Kreis verkehrt nur ein einziges Taxi. Auch die letzten Grundschulen werden bald schließen, wenn nicht mehr junge Priester wie der im Dorf Mesovouni hierher ziehen. Seine sechs schulpflichtigen Kinder halten als einzige »Besucher« die Dorfschule am Leben.

Klaus Boetig

> Die Gastfreundlichkeit ist grenzenlos: Am Osterdienstag werden uns frisch gebratene Hochrippe, köstlicher Salat und die üppigen Reste vom Ostermahl aufgetischt.

Praktische Reisetipps

ANREISE
Flug nach Thessaloníki, Vólos oder Athen, dann mit geländegängigem Fahrzeug nach Karditsa in Thessalien und von dort weiter nach Argithea. Für die Einreise nach Griechenland genügt ein Personalausweis.

REISEZEIT
Ostern bis Oktober.

AUSRÜSTUNG
Regenfeste Kleidung und Warmes zum Überziehen für kühle Abende. Festes Schuhwerk.

UNTERKUNFT
• Pension Alkiviadis in Kali Komi, www.hotel-alkiviadis.no
• Pension Delidimi in Leontito
• Pension Ta Ragazia am Kloster Sipiliä
Gesundheitszentrum im Dorf Anthiro

INFO
• www.dimosargitheas.gr (Griechisch, schöne Fotos)
• Kartenmaterial: Für den nördlichen Teil des Landkreises »South Pindos 1:50 000« (2013), für den gesamten Landkreis »Central Greece 1:250 000« (2012),
• www.anavasi.gr
• Reisestationen: Athen – Thermopylen – Lamia – Karditsa – Mouzaki – Argithea – Mesovouni – Vlasi – Leontito – Frangiana – Kali Komi – Elliniko – Karditsa – Athen

Auch moderne Kunst findet Platz im Schlosshof von Gruyère (o.). Das Markenzeichen der Region, der Greyerzer Käse, reift in Laiben heran (M.). Der Kranich (französisch »la grue«) war schon 1543 das Wappentier von Gruyère (u.). Die Kirche vor der Bergkulisse von La Valla, Vanil Blanc und Moléson (r. o.) und in typischer Schweizer Voralpenlandschaft (r. u.).

Schweiz

66 Almen, Aliens, Artefakte – Gruyère

Im Kanton Freiburg (französisch Fribourg) zu Füßen des pittoresken Berges Moléson auf einem Felsplateau in die sanften Hügel des Voralpenlandes gebettet, wirkt das mittelalterliche Örtchen Gruyère auf den ersten Blick wie die Kulisse für einen Heimatfilm. Scheinbar aus Raum und Zeit gefallen, verschmelzen hinter den Befestigungsmauern in munterem Eklektizismus archaisch-schweizerische Architektur, Kostbarkeiten aus Fernost und futuristisches Hollywood.

Ungewohnt strenge, herzhaft-würzige Aromen führen uns »an der Nase« die steilen Stufen hinauf zum schlossgekrönten Gipfelplateau über der lieblichen grünen Saane-Ebene. Zu unseren Füßen eine Modelleisenbahnlandschaft: viel Grün, kleine Ortschaften, Sträßchen, rundherum Berge, Kühe. Hinter den Mauern – immer dem appetitanregenden Duft nach – öffnet sich der Blick unter strahlend blauem Himmel auf eine Schweiz im Taschenformat.

Echter Schweizer Käse

Schief und krumm, doch aufgeputzt, bunt und blumengeschmückt säumen mittelalterliche Häuschen beiderseits die holprige, leicht ansteigende Marktgasse. Am Ende der einzigen Straße Gruyères, an deren oberstem Punkt, thront eine weiße Kapelle. Niedrige Türen, geschwungene Fensterwölbungen, Balkone mit überbordendem Blumenschmuck, vergoldete Zunftzeichen, viel detailreich geschnitztes Holz und der in der Mitte munter dahinplätschernde Brunnen entrücken uns in vergangene Zeiten. Damen in Saris, Herren mit Turbanen überholen uns – Gäste aus dem Fernen Osten fühlen sich hier offenbar ganz zu Hause. Portugiesische Satzfetzen dringen an unser Ohr, denn neben Deutschen bilden hier Portugiesen die andere Minderheit unter den französischsprachigen Schweizern.

Bald eröffnet sich auch dem Begriffsstutzigsten, wo wir uns befinden: in der Heimat des Fondues und Raclettes. Daher der

Die Kreuzigungskapelle (o.) krönt die Marktgasse (M.), die einzige Straße Gruyères innerhalb der archaischen Befestigungsmauern des Örtchens (u.). Die Marktgasse wird von mittelalterlichen Häusern gesäumt, in denen sich heute Läden, Restaurants und Hotels befinden. Das Schloss mit seinem Barockgarten erwartet den Besucher am Ende der Gasse (r.).

Schweiz

Duft! Auf putzigen Terrassen mit filigranem Mobiliar aus den 1950er-Jahren, an rotkariert gedeckten Tischchen unter gestreiften Markisen nehmen wir rote Köpfe vor Heizstäben wahr. Heizstäbe? Moment, wir haben Hochsommer und es herrschen etwa 30 Grad im Schatten. Aber niemand lässt es sich nehmen, und es sind viele Schweizer darunter, die kulinarische Besonderheit der Region zu kosten. Die Heizstäbe entpuppen sich als Tisch-Raclettes. Wir gönnen uns aber ein Fondue in seiner ganzen Schlichtheit: Madame bringt einen feuerroten Topf voll blubberndem Käse, dem berühmten Gruyère oder Greyerzer, gekochte Kartoffeln, Weißbrot, Gewürzgurken, ein Gläschen kühlen Fondant, dazu kunterbunte Kinderteller. Im Kontrast zur Schlichtheit des Gerichts steht der astronomische Preis. Aber was für ein Aroma und diese Cremigkeit! Nie schmeckte ein einfaches Fondue köstlicher. Wer erleben will, wie diese Cremigkeit entsteht, besuche die Schaukäserei Maison du Gruyère am Fuß des Hügels im Dörfchen Pringy. Hunger auf Süßes? Nicht weit von hier, in Broc, ließe sich dem Prinzip der Gegensätzlichkeit huldigen und die Schokoladenfabrik Cailler besuchen. Aber leider: Rien ne va plus – nichts geht mehr.

Bodhisattvas und Barock

Mit nun ebenfalls feuerroten Köpfen ziehen wir beglückt weiter. Immer wieder schauen wir in die Eingänge der charmanten, bisweilen sehr hutzeligen und dämmrigen uralten Gaststuben und Hotels, deren rückwärtige Terrassen Ausblicke auf die schroffe Bergwelt oberhalb der Almen gewähren. Die Schweiz! So haben wir sie uns vorgestellt.

Weiter führt uns der Weg bergan, das Käsearoma bleibt unser ständiger Begleiter. Plötzlich stehen wir – die Kulisse der Bergwelt im Hintergrund – vor dem Tibet-Museum und fühlen uns in ein ganz anderes, weit entferntes Hochland versetzt. Ist das Museum äußerlich auch unspektakulär, präsentiert Alain Bordier im Innern in aufsehenerregendem Ambiente seine in drei Jahrzehnten auf vielen Reisen kenntnisreich zusammengetragene Sammlung buddhistischer Skulpturen, Gemälde und Ritualgegenstände aus Nepal, Kaschmir, dem Swat-Tal, Nordindien und Myanmar (Birma) in den Räumen der renovierten St. Josephs-Kapelle. Die Kostbarkeiten waren der Öffentlichkeit zum Teil jahrhundertelang verborgen und ziehen heute Gäste aus aller Welt an.

Schweiz

Eine ganz andere Welt empfängt uns am Ende der Straße: Auf dem höchsten Punkt des Plateaus liegt das märchenhaft-schöne Schloss der Grafen von Greyerz. Neben einer grandiosen Aussicht wird uns dort auch ein Überblick über acht Jahrhunderte Architektur gewährt. Die Grafen zählten zu den bedeutendsten Fürstengeschlechtern der Westschweiz, doch Mitte des 16. Jahrhunderts ging der letzte Spross, Michael von Greyerz, schlichtweg bankrott. Nach wechselvoller Geschichte sind heute Wandmalereien Camille Corots, der französische Barockgarten, der oktogonale Treppenturm und der Hof mit Kapelle und geschmackvoll zurückhaltendem Dekor zeitgenössischer Künstler zu bewundern.

Aliens im Alpenland

Eigentlich wollten wir nur einen Kaffee trinken. Eine spärlich in Schwarz gekleidete Elfe, kryptisch tätowiert von den Ohrläppchen bis hinunter zu den Fersen – das meiste davon sichtbar – offeriert uns in charmantem Schwyzerdütsch Milchkaffee. Und eigentlich sitzt es sich recht bequem unter dem Gewölbe aus Wirbelsäulen, im Angesicht außerirdischer Fratzen, in den riesigen Knochenstühlen einer fernen Zukunft auf

Gruyère liegt malerisch auf einem Felsplateau oberhalb der grünen Saane-Ebene (o.). Im Ort schmücken Zunftzeichen, Schnitzereien und aufwendige Bemalung die mittelalterlichen Häuser (M.). Die alte Sonnenuhr im hölzernen Wandelgang des Schlosses ist heute außer Dienst (u.). Im Schlosshof begrüßt das Brunnenhäuschen die Besucher (r.).

einem anderen Planeten. Gemütlich ist es im dämmerigen Licht und im Gelächter inmitten verhaltener »Ohs« und »Ahs« der verblüfften Besucher.

Wir haben völlig überraschend, denn äußerlich ließ rein gar nichts darauf schließen, einen Zeitsprung gemacht und sind auf dem Rückweg vom Schloss im Reich des »Großmeisters des Leinwandhorrors« Hansruedi Giger gelandet. Der Innenarchitekt, Designer, Maler und Bildhauer schuf mehr als 30 Jahre lang fantastische Kunst und wurde vor allem durch seinen »biomechanischen« Stil« in Airbrush berühmt. Dann wurde Hollywood auf ihn aufmerksam und gewann Giger für die Ausstattung zahlreicher Science-Fiction-Filme. Für das Design von Ridley Scotts »Alien« erhielt Giger 1978 den Oscar. Nach Bars in Tokio, Chur, und New York erwarb Giger 1997 das Schloss St. Germain in Gruyère und brachte dort das HR Giger Museum mit seiner Privatsammlung fantastischer Kunst samt Bar unter.

Später am Tag geht es nach Nordwesten ins beschaulich verschlafene Nachbarstädtchen Bulle. In der Abendsonne lassen wir auf der Hotelterrasse den Tag bei einem Glas Wein Revue passieren. Die Ziegenherde des benachbarten Bauern leistet uns Gesellschaft und bedient sich mit versonnenem Blick wie selbstverständlich an unseren Erdnüssen. Alles andere hätte uns auch gewundert.

Sabine Durdel-Hoffmann

> Ein Kleinod in den schweizerischen Voralpen hält für den Flaneur viele Überraschungen bereit. Er gerät unverhofft in eine Entdeckungstour jenseits von Raum und Zeit.

Praktische Reisetipps

ANREISE
Von Norden über Basel kommend liegt Gruyère auf halber Strecke zwischen Bern und Lausanne. Mit dem Auto nähert man sich auf der A12 und nimmt die Ausfahrt Bulle. Alternativ: Zug bis Bulle, dann weiter mit dem Postauto nach Gruyère.

BESTE REISEZEIT
Gruyère ist ebenso Sommer- wie Winterreiseziel, es gibt Wanderrouten und Möglichkeiten zum Wintersport.

UNTERKUNFT
Hotels, Ferienwohnungen oder Gruppenunterkünfte sind unter www.la-gruyere.ch zu buchen. Zimmer in historischen Gebäuden sind teils klein und haben außerdem sehr niedrige Decken.

REISEPLANUNG
Die Umgangssprache ist Französisch, Deutsch oder Englisch werden nur sehr selten gesprochen. Der Ort Gruyère ist ab ca. 19 Uhr für Autos gesperrt.

INFOS
• www.la-gruyere.ch (La Gruyère Tourisme)
• www.moleson.ch (Office de Tourisme)
• www.chateau-gruyeres.ch (Schloss Gruyère)
• www.lamaisondugruyere.ch (Schaukäserei La Maison du Gruyère, Pringy)
• http://cailler.ch (Schokoladenfabrik Cailler, Broc)

Korfu

67 Auf dem Korfu-Trail über die Oliveninsel

Jahrhundertealte Olivenhaine, uralte gepflasterte Verbindungswege, vergessene Bergdörfer, einsame Klöster und traumhafte Steilküsten – Korfu und Wandern, das ist eine aufregende Kombination. Auf dem Korfu-Trail, der über 220 Kilometer von Süden nach Norden über die Insel führt, kann man die von Griechen, Venezianern, Franzosen und Engländern geprägte Insel aus einem ganz neuen Blickwinkel erleben – und zwar hautnah.

Wandern? Georgios von der Taverne »Captain« in Kerkyra lacht. »Das geht nicht«, schüttelt er verständnislos den Kopf, »wir Griechen wandern nicht!«– Wieso sollte es dann einen Wanderweg geben? Ich lasse mich nicht beirren, schließlich bin ich, ausgerüstet mit Wanderstiefeln, Rucksack und Karte, nach Korfu gereist. Ich bin nicht hier, um Badeurlaub zu machen, sondern um die Insel auf dem Korfu-Trail zu erkunden. Bezeichnenderweise war es auch nicht die Inselregierung, die ihn erschlossen hat, sondern die Engländerin Hilary Paipeti. Sie hat verschiedene Wege und Pfade zu einem durchgehenden Wanderweg zusammengefasst und ihn auch mit Hilfe freiwilliger Helfer markiert.

Ein versteckter Weg durchs Gestrüpp

Seit einer Stunde wandere ich nun am tiefblauen Meer durch weißen Sand einen schier endlosen Strand entlang. Die Karte ist eindeutig, der Weg soll landeinwärts durch das unüberwindlich erscheinende Dünenmeer zur Korission-Lagune führen. Ansammlungen grüner Wacholderbüsche lassen die in der Mittagshitze flimmernden Sandberge allerdings als undurchdringliche Barriere erscheinen. Einen Wegweiser gibt es nicht, also versuche ich mir selbst einen Weg durch das Dickicht zu bahnen – und mich nicht zu verirren. Bereits im Vorfeld wurde ich gewarnt: Der Korfu-Trail sei nicht wie ein deutscher Alpenwanderweg ausgeschildert. Aber das, so sagte ich mir, ist doch Teil des Erlebnisses!

Die Klosterinsel Vlacherna (o.) vor Kerkyra ist ein Wahrzeichen Korfus. Am Strand von Liapades (M.) beginnt der Aufstieg nach Lakones. Kleiner Dorfplatz der verschlafenen Ortschaft Krini (u.). Blick vom Südhang des Pantokrator über die Insel (r. o.). Der unter französischer Herrschaft erbaute Liston (r. u.) gehört zu den schönsten Plätzen Kerkyras.

Korfu

Kopfzerbrechen bereitet mir nur, dass meine Wasservorräte langsam zur Neige gehen. Endlich stoße ich auf eine verwehte Fahrspur, die tatsächlich in einen festgetretenen, durch trockenes Gestrüpp führenden Weg übergeht. So erreiche ich endlich die Lagune. Eine Stunde später sitze ich unter schattigen Baumkronen auf der Terrasse der einsam gelegenen »Taverna Alonaki« über dem Meer und genieße frischen Fisch. Die griechische Geburtstagsgesellschaft nebenan wundert sich allerdings gehörig, wie es der seltsam gekleidete Tourist geschafft hat, diesen versteckten Ort griechischer Gastlichkeit zu finden.

Hohe Gipfel und ein Gewitter

Drei Tage bin ich bereits unterwegs. Die Markierungen, gelbe Schilder mit der Aufschrift »Corfu Trail« und einem Richtungspfeil oder einfach nur gelbe Punkte an einem Baum, auf dem Boden oder einem Felsen, sind im Verlauf der Wanderung etwas besser geworden – meine Kondition aber auch. Denn jeden Tag geht es über zwei oder drei bis zu 400 Meter hohe Berge.

Seit drei Stunden steige ich nun durch einen »Märchenwald« voller Skulpturen aus Konglomerat-Gestein den schmalen Pfad zum Agii Deka, dem zweithöchsten Berg Korfus, hinauf. Oben bietet sich ein herrlicher Blick über die Insel – und auf eine schwarze Gewitterfront, die direkt und in erschreckener Schnelligkeit auf den Gipfel zuzusteuern scheint. Gerade noch rechtzeitig kann ich mich in ein verlassenes Kloster unterhalb des Gipfels retten, bevor sich unter fürchterlichem Getöse Sturzbäche vom Himmel ergießen. Eine Regenpause nutze ich, um so schnell wie möglich nach Agii Deka zu kommen. Eine enge Gasse führt ins Dorf hinein, wo ich rechtzeitig vor dem nächsten Regenguss in ein schmuckloses Café schlüpfen kann.

Vier alte Männer mit wettergegerbten Gesichtern und ein noch älterer Pope in einem langen schwarzen Gewand trinken aus kleinen Gläsern griechischen Kaffee und mustern mich neugierig. »Nein, hierher kommen nur vereinzelt Touristen«, erzählen sie. Und mit der Griechenlandkrise sei auch die Zahl der Badeurlauber zurückgegangen. Der kleine Kreis gehört zu den wenigen Bewohnern der Bergdörfer, wo meist nur noch schwarz gekleidete Witwen, runzelige Bauern und ganz wenige junge Leute ausharren.

Gemütliche Cafés in Kerkyra laden zum Verweilen ein (o.). Neugierig folgen Truthähne den Wanderern auf dem Korfu-Trail (M.). In den Geschäften von Kerkyras Altstadt, die zu Recht zum UNESCO-Welterbe zählt, werden Erzeugnisse der Insel verkauft (u.). Immer wieder bietet der Korfu-Trail herrliche Ausblicke auf türkisblaue Meeresbuchten (r.)

Korfu

Abends bieten sich von vielen Hotels entlang des Korfu-Trails malerische Ausblicke auf die Buchten wie hier auf die von Liapades (o.) unterhalb eines kleinen Bergdorfs. Vom 911 Meter hohen Pantokrator blickt man bis hinüber nach Albanien (M.). Ein letztes Mal führt der Korfu-Trail am Meer entlang (u.) zum Cap Ekaterinis, bevor er nach 220 Kilometern endet.

Pater Safronios' Kloster

Sechster Tag. Und was für eine phänomenale Aussicht hat er zu bieten: Ich stehe vor dem Kloster Panagia Mirtiótissa an der zerklüfteten Steilküste über dem tiefblauen Meer hinter Pelekas, einem kleinen und schicken Gebirgsort an der Westküste Korfus. Ich klingele und werde von Pater Sofronios herzlich und in fließendem Deutsch begrüßt. Er führt mich durch die kleine, blendend weiß gekalkte Anlage, die in einem wahren Blumenmeer zu verschwinden scheint. Viele Jahre lang hat er die einstige Ruine eigenhändig liebevoll Stein für Stein wiederaufgebaut und von Grund auf restauriert. Sogar eine alte Ölmühle machte er wieder flott. Ein Türke, so erzählt Pater Sofronius, soll im 14. Jahrhundert an dieser Stelle eine alte Marienikone in einem Myrtenstrauch gefunden haben. Er trat daraufhin zum Christentum über und gründete dieses Kloster, dessen lange Tradition er selbst nun als Eremit fortführe.

Kletterpartien mit Traumpanorama

Längst habe ich aufgehört, die Tage zu zählen – der Weg ist das Ziel, dieses Motto habe ich inzwischen verinnerlicht. Täglich freue ich mich auf eine weitgehend menschenleere Natur, herrliche Bergpanoramen – und Tavernen am Wegesrand. Nun stehe ich aber am Kiesstrand von Liapades und frage mich, wie ich die Steilwand überwinden soll. Nach meiner Karte führt der Weg nach Lakones direkt am Swimmingpool eines Hotels vorbei auf einen Kinderspielplatz im Schatten der Felswand. Tatsächlich, ein gelber Pfeil weist zu einem Trampelpfad und ich beginne die Kletterpartie. Kreuz und quer kämpfe ich mich durch struppiges Gebüsch und Olivenhaine bis zu einer weiteren Felswand. Auch dort tut sich überraschenderweise ein Weg auf, diesmal eine alte Pflasterstraße, die in venezianischer Zeit die Dörfer miteinander verband.

In Lakones genieße ich einmal mehr die grandiose Aussicht aufs Meer und das berühmte Kloster Paleokastritsa. Doch es kommt noch besser. Hinter der Ortschaft Krini bilden die Berge einen schmalen Durchlass, der das atemberaubendste Panorama der ganzen Tour freigibt: auf die traumhafte Bucht von Agios Georgios mit ihrem langen und unverbauten Sandstrand.

Der Pantokrator und ein (fast) verlassenes Dorf

Die letzte Etappe ist die Königsetappe. Ein schmaler Bergpfad führt in wilden Serpentinen den steilen Südhang des Pantokrator hinauf und endet unvermittelt auf einer grünen Hochebene. Durch alte Steineichenwälder, über bemooste Steine und zuletzt eine endlose zerklüftete Kalksteinebene geht es auf den 911 Meter hohen Gipfel, dessen charakteristischer Dom über das Wohl der Insel zu wachen scheint. Es herrscht große Stille. Die nächste Siedlung scheint Hunderte von Kilometern entfernt zu sein. Ehrfurcht erfüllt mich beim Blick auf die Berge und Täler, die ich in den letzten zehn Tagen erklommen und durchquert habe. Doch noch ist das Ziel nicht erreicht.

Tief unten ducken sich die Ruinen von Perithia, ein verlassenes mittelalterlichen Dorf, an den Nordhang des Pantokrator. Ganz verlassen ist das »Geisterdorf« aber nicht mehr. Allein fünf Tavernen haben dort in den letzten Jahren ihre Pforten geöffnet. Unter den Weinranken der »Taverna Old Perithia« lasse ich die Wanderung, die nun kurz vor ihrem Ende steht, Revue passieren. – Immer, wenn ich irgendwo auf der Welt einen gelben Punkt sehe, werde ich an meine ereignisreiche Etappen auf dem Korfu-Trail denken.
Oliver Fülling

Täglich freue ich mich auf eine weitgehend menschenleere Natur, herrliche Bergpanoramen – und Tavernen, die am Wegesrand zu einer Rast einladen.

Praktische Reisetipps

ANREISE
Direktflüge nach Kerkyra, dem Hauptort von Korfu.

REISEZEIT
Die beste Zeit für den Korfu-Trail ist die Zeit von Mai bis Mitte Juni und von Mitte September bis Mitte November, wenn es noch nicht so heiß bzw. nicht mehr so heiß ist wie im Hochsommer. Im Oktober kann es vereinzelt zu starken Gewittern kommen.

REISEPLANUNG
Je nach Kondition sollte man neun bis zehn Tage einplanen. Sinnvoll ist es, ein bis zwei Tage Pause einzulegen, etwa am Sandstrand von Agios Georgios. Die Tagesetappen betragen zwischen fünf und acht Stunden Gehzeit.

ÜBERNACHTEN
Übernachtungsmöglichkeiten gibt es am Ende jeder Etappe. Jeweils um die Mittagszeit kommt man auf allen Etappen an Tavernen vorbei.

ÖFFENTLICHER TRANSPORT
Von Kerkyra fahren Busse nach Kavos, dort befindet sich der Startpunkt des Trails. Wer Teilstrecken abkürzen möchte, kann unterwegs in den Tavernen ein preiswertes Taxi bestellen. Zurück mit dem Linienbus via Kassiopi nach Kerkyra.

INFO
• Über www.thecorfutrail.com kann man den »Companion Guide to the Corfu Trail« erwerben.
• Aperghi Travel (www.aperghitravel.gr) organisiert Unterkunft und Gepäcktransport entlang der Strecke.

Dänemark · Großbritannien · Spanien

68 In der Ostsee verstreut – die dänischen Inseln

Die rund 400 Inseln des dänischen Königreichs liegen fast alle in der Ostsee. Seeland und Møn, Falster und Lolland werden die meisten kennen, aber Eilande wie Lyø und Stryne, Drejø und Birkholm sind im dicht besiedelten Dänemark menschenleere Geheimtipps. In der »dänischen Südsee«, einer Reihe kleiner Inseln südlich von Fünen, finden Segler ihr Paradies. Lolland und Falster haben sich dem »grünen Urlaub« verschrieben. Viele Landwirte bewirtschaften hier schmucke Bio-Betriebe und vermieten gemütliche Unterkünfte. Die Höfe öffnen gern ihre Tore für interessierte Urlauber. Gleiches gilt für die Parks und Ausstellungen, die sich mit den Klimaveränderungen beschäftigen und über die Herausforderungen informieren, die bei der Schaffung neuer Energiequellen auftauchen. Hierzu zählt beispielsweise der interaktive Erlebnispark H2 Interaction in Vestenskov. Seeland profitiert hingegen von der quirligen Hauptstadt Kopenhagen und den wirtschaftlichen Entwicklungen in der gesamten Øresundregion. In der Europäischen Union gibt es kaum eine Region, die ein solch starkes Wachstum aufweisen kann. Die mit rund 7000 Quadratkilometern Fläche größte Insel des Landes fällt im Südosten steil ins Meer ab. Rund 40 Meter hoch und 15 Kilometer lang ist dort die Kreideküste Stevns Klint.

INFO: Copenhagen Visitor Center, Vesterbrogade 4A, 1577 Kopenhagen V., www.visiteastdenmark.de

Ein dänisches Vorzeigedorf: Die Häuser sind von grün bewachsenen Bergen eingerahmt, das Wasser ist nur wenige Meter entfernt.

69 Stille Schönheit im Meer – The Lizard

Im äußersten Südwesten Englands lockt die Halbinsel Cornwall mit versteckten Buchten und faszinierenden und abwechslungsreichen, oft schroff ins Meer hinabfallenden Küstenlandschaften. Hier findet jeder Besucher seinen ganz persönlichen Traumstrand. Viele von ihnen ziehen sogleich zum Land's End und lassen die wunderschöne Halbinsel The Lizard links liegen. Damit versäumen sie eine bezaubernde Landschaft mit verträumten Fischerdörfern, schroffen Klippen und kleinen Sandbuchten an der Küste, saftigen Wiesen und grünen Hügeln im lieblichen Hinterland.

Weitab vom lauten Treiben der Welt lässt sich die wildromantische Halbinsel in abwechslungsreichen Tagesetappen auf dem Cornwall Coast Path erkunden. Hier kommt man zur Ruhe, spürt den Wind, riecht das salzige Wasser und wandert federleicht über teppichweiche Wiesen. Von der Mullion-Bucht aus führt eine rund 20 Kilometer lange Küstenstrecke bis nach Cadgwith. Dabei passiert man die traumhaft schöne Sandbucht Kynance Cove und gelangt zum Lizard Point an der Spitze der Halbinsel. Er markiert den südlichsten Punkt Großbritanniens, an dem seit Jahrhunderten die Lichter des Lizard Lighthouse Schiffe vor den gefährlichen Steilklippen warnen. Beruhigende Stille, der Klang des Windes, die reine Luft und ein Licht, das die Farben der Landschaft mit tiefem Blau und kräftigem Grün überlagert – wer schließlich im Pub von Cadgwith eintrifft, hat ein beglücktes Leuchten in den Augen.

INFO: Bodmin, Shire Hall, Mount Folly, Bodmin PL31 2DQ, www.visitcornwall.com

Lizard Lighthouse markiert das südwestlichste Ende Cornwalls. Der Leuchtturm soll Schiffe sicher in den Ärmelkanal geleiten.

70 Ursprüngliche Wildnis – an der Quelle des Guadalquivir

Im Nordosten der Provinz Jaén liegt eine wilde, einsame Region, deren ursprüngliche Landschaft von drei Gebirgszügen geprägt wird. Bis zu einer Höhe von 2000 Meter ragen die Gipfel der Sierras Cazorla, Segura und las Villas in den spanischen Himmel auf. Zusammen bilden sie den größten Naturpark Andalusiens – eine waldreiche Insel, deren grünes Kleid vor allem Schwarzkiefern, Stein- und Pyrenäen-Eichen bilden. In dieser wildromantischen Landschaft wachsen aber auch Wacholder und Seidelbast, Mäusedorn und Erdbeerbaum sowie zahlreiche weitere Pflanzenarten. Berühmt – und bei Jägern beliebt – ist der Parque Natural zudem für seine breite Palette an teilweise sehr seltenen Wildtieren. Neben Rot- und Schwarzwild sind hier Mufflons und scheue Steinböcke heimisch, und im weiten Himmel über den Bergen kreisen majestätisch Adler, Geier und Habichte. Wanderer und Mountainbiker können die Region auf zahllosen ausgedehnten Touren erkunden. Eine beliebte Route führt zur Quelle des Guadalquivir unterhalb des 2028 Meter hohen Cabañas-Gipfels in der Sierra Cazorla. In dem Tal, das sich der Fluss zwischen der Sierra Carzola und Sierra de Pozo gegraben hat, werden seine Wasser zum Embalse del Tranco de Beas aufgestaut. An dem großen Stausee im Herzen des Naturparks kann man in Gästehäusern und auf Campingplätzen übernachten.

INFO: Oficina de Turismo de Cazorla, Ruinas de Santa María, Plaza de Santa María, 23470 Cazorla, www.cazorla.es

Der Rio Borosa entspringt im andalusischen Sierras-de-Cazorla-Naturpark, inmitten von mediterranen Kiefern- und Eichenwäldern.

Island · Norwegen

71 Feuer und Eis – im Gebirgsmassiv Kverkfjöll

Im Nordosten Islands liegt südlich der Askja-Calderen das abgeschiedene Gebirgsmassiv Kverkfjöll im Schatten des Vatnajökull. Unmittelbar am Nordrand des riesigen Gletschers ragen die steilen Berge von Islands drittgrößtem Gebirge über 1900 Meter auf. Sie gehören zu einem uralten Vulkansystem mit faszinierenden Kontrasten. Mitten im Gletscher liegen hier dampfende Hochtemperaturgebiete, bringen heiße Quellen, Fumarole und Solfataren das Eis zum Schmelzen. Die bemerkenswerten Ergebnisse dieses ewigen Wettstreits zwischen Feuer und Eis sind leuchtend blaue Eishöhlen, die sich teils kilometerlang unter dem Gletscher erstrecken – aber zum Erkunden viel zu gefährlich sind. Die unberührte Landschaft der Kverkfjöll ist ein Traum für Naturfreunde, gibt sich jedoch so lebensfeindlich, dass Menschen hier stets nur Besucher waren. Dementsprechend schlecht ist die Infrastruktur, dass man das Gebiet nur mit geländegängigen Fahrzeugen erreicht. Die einzigartige Welt am Polarkreis lässt sich zu Fuß am intensivsten erleben. Ein hervorragender Ausgangspunkt für Tageswanderungen ist die vom isländischen Wanderverein betreute Hütte Sigurðarskáli mit Campingplatz und Übernachtungsmöglichkeiten. Ranger und Hüttenwarte informieren hier über die Touren.

INFO: Nationalpark Vatnajökull, Rangerstation Kverkfjöll, www.vatnajokulsthjodgardur.is

Berühmt sind die isländischen Gletscherhöhlen. Leider brechen immer mehr infolge der Klimaerwärmung in sich zusammen.

72 Versteinerte Trolle – am Porsangerfjord

Langfjord, Altafjord, Laksefjord, Tanafjord oder ganz im Osten Varangerfjord – im hohen Norden Norwegens bieten die Fjorde der einsamen, riesigen Finnmark ein landschaftlich besonders beeindruckendes Reiseziel. Zum einmaligen Reiz der charakteristischen Meeresarme zählt sicherlich auch, dass sich in ihre Abgeschiedenheit nur wenige Besucher aufmachen und man über weite Strecken ganz allein ist. Wer von Karasjok im Süden oder Alta im Südwesten kommend der Europastraße E6 Richtung Nordmeer folgt, gelangt unweigerlich in den 2000-Seelen-Ort Lakselv. Norweger, Samen und finnischstämmige Kvenen leben hier am schönen Porsangerfjord, der sich über 120 Kilometer von der Insel Magerøya im Westen und der Halbinsel Sværholt im Osten in die Finnmark hineinzieht. Am Westufer schützt der 742 Quadratkilometer große Stabbursdalen-Nationalpark den nördlichsten Kiefernurwald der Welt. Bis zu 500 Jahre alt sind die Bäume, die sich in der eiszeitlich geprägten Landschaft zu faszinierenden Gestalten verbiegen. Auf den Inseln Trollholmen und Reinøya sind die weißen und grauen Dolomitfelsen zu abenteuerlichen Formationen erodiert. An der Spitze der Halbinsel Trollholmsund sind sie in einem kuriosen Halbkreis angeordnet. Den Legenden der Samen zufolge sind sie versteinerte Trolle, die hier für immer erstarrten, weil sie vom Sonnenlicht überrascht wurden. Im Land der Mitternachtssonne kann dies natürlich schnell passieren.

INFO: Visit Porsanger, Akkøyringen 35, 9700 Lakselv, Tel. + 47 974 123 57, www.visitporsanger.no

Viele Legenden ranken sich um Trollholmsund im nördlichen Norwegen. Lichtscheue Trolle sollen hier zu Dolomitformationen erstarrt sein.

Großbritannien · Portugal

73 Uralter königlicher Wald – im New Forest

Ökologischer Tourismus mit Wander- und Aktivprogrammen steht im New Forest National Park zwischen Bournemouth, Salisbury und Southampton im Mittelpunkt. Zwar wurde Englands jüngster Nationalpark erst 2005 ins Leben gerufen, doch schon stolze 900 Jahre alt ist das idyllische Wald- und Heideland, das bereits Wilhelm der Eroberer als königliches Jagdrevier nutzte. Rund 300 Kilometer gut ausgeschilderte Wander-, Rad- und Reitwege führen durch einsame Landschaften, entlang bezaubernder Küstenabschnitte, durch alte Wälder und weites Heideland.

INFO: Lyndhurst Visitor Information Centre, Main Car Park, Lyndhurst SO43 7NY, www.thenewforest.co.uk

Spektakulär geht die Sonne über dem New-Forest-Nationalpark auf. Sie taucht die krumme Kiefer am Bratley View in sanftes Licht.

74 Einsame Strände: die Westküste Portugals

Weite, einsame Strände, Felskanten, von der Brandung gepeitscht, geduckte Fischerhäuschen – jenseits des Massentourismus ist Portugals Westküste ein Ziel für Individualisten, Naturfreunde und Sportler. Östlich der Costa Vicentina wandert man in der bergigen Region Monchique durch Kiefer- und Korkeichenwälder, unter Kastanien, Mimosen und Eukalyptusbäumen. Die größte Attraktion sind jedoch heiße Heilquellen, die dem Vulkanboden entspringen. Schon die Römer kurierten hier Gelenkschmerzen und Magenprobleme. Heute geht man ins Thermalbad – oder kauft das Água de Monchique in Flaschen.

INFO: Touristeninformation, Largo S. Sebastião, 8550 Monchique, Tel. 282 91 11 89, www.cm-monchique.pt

»Parque Natural do Sudoeste Alentejano e Costa Vicentina«, eines der letzten marinen Biotope in Europa.

75 Wilde Ponys – im Exmoor-Nationalpark

Der Exmoor-Nationalpark zählt zwar zu Großbritanniens kleinsten Nationalparks. Im Südosten von England schützt er knapp 700 eindrucksvolle Quadratkilometer mit Küsten, Mooren, Wäldern, Hügeln, Tälern und malerischen Dörfern. Auf Wanderungen begegnet man sicherlich einigen der rund 30 000 Schafe des Parks, erspäht vielleicht einen Hirsch oder gar eine kleine Herde der berühmten wilden Exmoor-Ponys. Ein perfekter Ausgangspunkt für Wanderungen ist Exford mit seinen stimmungsvollen Reetdachhäusern.

INFO: Exmoor National Park, Exmoor House, Dulverton, Somerset TA22 9HL, www.exmoor-nationalpark.gov.uk

Exmoor-Ponys können in den Mooren Südwestenglands noch frei umherziehen. Sie gehören zu den letzten Wildpferden Europas.

76 Weit im Westen – Cabo da Roca

An der Atlantikküste Portugals reicht eine Landzunge wie eine große Nase weit ins Meer. Genau an deren Spitze markiert das Cabo da Roca den westlichsten Punkt des europäischen Festlands. Gut 140 Meter ragt die Küstenlinie hier aus dem Atlantik empor, an ihrem Ende steht ein Leuchtturm aus dem Jahr 1772. Welle für Welle nagt das Salzwasser immer wieder neue Formationen in den Stein. Möwen kreischen am Himmel, und wer es wagt, ein wenig näher an den Abgrund zu treten, wird mit einem beeindruckenden Blick in die Weite belohnt: Steil fällt die Küste ins Meer, kantig trotzen die braunen Felsen dem Wasser. Gischt legt sich wie Nebel um die Ausläufer des schroffen Küstenstreifens. Irgendwie hat es ein Riesenbrocken geschafft, dem täglichen Wellenspiel zu widerstehen. Wie ein aufrechter Bär ragt er aus dem Wasser und trägt deshalb auch den Namen Bärenfelsen. Immer wieder schweift der Blick in die Ferne und genießt das Panorama, das schon Dichter und Sänger inspiriert hat. »Aqui onde a terra se acaba e o mar começa« – »Hier, wo die Erde endet und das Meer beginnt« – schrieb Portugals Nationaldichter Luís Vaz de Camões. Dieses Zitat haben die Portugiesen in grauen Stein meißeln lassen und als Monument am Kap aufgestellt. An dieser Stelle lassen sich die Besucher vor allem abends vor dem Hintergrund des malerischen Sonnenuntergangs gerne fotografieren.

INFO: Posto de Turismo – Cabo da Roca, www.visitportugal.com

Die Klippen am Cabo da Roca sind außerordentlich beeindruckend. Von hier aus kann man den Blick weit hinaus auf die unermessliche Weite des Atlantiks schweifen.

77 Der Nationalpark Cilento und Vallo di Diano

Im tiefen Süden Italiens schützt seit 1991 der Parco Nazionale del Cilento e Vallo di Diano eine abwechslungsreiche Landschaft, in der mehrere historische Bauwerke zum UNESCO-Welterbe gehören. Mit rund 1800 Quadratkilometern Fläche ist der Cilento der zweitgrößte Nationalpark des Landes, aber dennoch noch immer ein Geheimtipp. Südlich von Salerno reicht er von einem 100 Kilometer langen Küstenstreifen am Tyrrhenischen Meer bis zu den Bergen des Apennins. Das Gebiet umfasst Steilküsten mit malerischen Grotten, Buchten und weichen Sandstränden und ein bergiges Hinterland mit mittelalterlichen Dörfern, dessen höchste Gipfel fast 2000 Meter aufragen. Der Nationalpark beherbergt einen Naturschatz mit allein rund 1800 Wildpflanzenarten, darunter fast 200 stark gefährdete Raritäten. Einige Arten kommen weltweit nur in dieser Region vor. Hierzu gehört auch die Palinuro-Primel, die auf dem Logo des Parks zu sehen ist. Im wilden Hinterland kreisen Steinadler und Habichte, gehen Wölfe, Wildkatzen und Fischotter auf die Jagd. Aktivurlauber finden hier großartige Bedingungen unter anderem zum Wandern, Radfahren, Tauchen und Reiten. Geschichtsinteressierte begeistern zudem die schönen historischen Ortskerne, die Kartause von Padula, die Relikte der antiken griechischen Stadt Elea – und natürlich die faszinierenden Tempelruinen von Paestum, in der Antike die wichtigste griechische Siedlung südlich von Neapel.

INFO: Ente Parco Nazionale del Cilento, Località Montesani, 84078 Vallo della Lucania, www.cilentoediano.it

Auf eine Siedlungsgeschichte von mehreren Jahrtausenden kann Weliko Tarnowo im Norden Bulgariens zurückblicken.

Portugal · Italien · Bulgarien · Slowakei

78 Weliko Tarnowo – Stadt der Wiedergeburt

Wo sich im zentralen Bulgarien die Jantra an der Nordflanke des Balkangebirges ihren Weg durch hartes Gestein Richtung Donau gegraben hat, leben heute rund 75 000 Menschen in Weliko Tarnowo. Das »ruhmreiche Tarnowo« blickt auf eine wechselvolle Geschichte zurück. Hier bestanden schon in der Bronzezeit Siedlungen. Danach hinterließen hier Thraker, Römer, und Byzantiner ihre Spuren, bis schließlich die Slawen kamen. Im Mittelalter war Weliko Tarnowo das Zentrum des Aufstands gegen Byzanz und im 13. und 14. Jahrhundert die Hauptstadt des neuen bulgarischen Zarenreichs sowie der kulturelle Mittelpunkt der gesamten Region. Aus dieser Zeit stammt die auf einem Hügel gelegene Zarenburg, die im Lauf der Jahrhunderte zu einem Schloss umgebaut wurde. Nach seiner ersten großen Blütezeit versank Weliko Tarnowo unter der Herrschaft der Osmanen in einen Dornröschenschlaf, aus dem es erst während der Bulgarischen Wiedergeburt im 18. und 19. Jahrhundert erwachte. Heute ist die Stadt an den steilen Hängen des Balkangebirges wegen ihrer mittelalterlicher Kirchen und der malerischen Altstadt ein beliebtes Ausflugsziel. Ein besonderer Besuchermagnet ist der Ortsteil Arbanasi mit seiner schönen Bebauung aus der Zeit der bulgarischen Wiedergeburt.

INFO: Tourist Information, ulitsa Hristo Botev 5, Weliko Tarnowo, www.velikoturnovo.info

Auf eine Siedlungsgeschichte von mehr als 3500 Jahren kann Weliko Tarnowo im Norden Bulgariens zurückblicken.

79 Stadt der Minen – Banská Štiavnica

Eine Stadt, in der jahrhundertelang der Bergbau die erste Geige spielte – das klingt nach grauer Minentristesse, doch trifft dies auf Banská Štiavnica keinesfalls zu. Die älteste Bergbaustadt der Slowakei liegt in der herrlichen Landschaft eines uralten vulkanischen Gebirges, das reich an Erzen ist. Der Platz gefiel den Menschen schon in der Steinzeit, und bereits in der Bronzezeit vor rund 3000 Jahren wurden hier Gold und Silber abgebaut. Zum Bergbauzentrum wuchs Banská Štiavnica ab dem 9. Jahrhundert heran. Durch die Bodenschätze zu Wohlstand gelangt, wurde es im 15. und 16. Jahrhundert befestigt, und die heutige Altstadt verwandelte sich in eine Perle mit Bauten aus der Gotik, Renaissance und dem Barock. Markante Zeugen jener Zeit sind der Dreifaltigkeitsplatz mit dem Rathaus und der Katharinenkirche, der Kammerhof mit der Minenverwaltung, das Alte Schloss – ursprünglich eine Kirche – sowie das Neue Schloss auf dem Frauenberg. Einen größeren Namen machte sich Banská Štiavnica als Zentrum der Bergbautechnologie. Hier befand sich die erste Bergbauakademie Europas, an der führende Wissenschaftler forschten und lehrten, und in den umliegenden Minen wurden die neuesten Technologien angewendet. Banská Štiavnicas Mischung aus Industriegeschichte, schöner Landschaft und sehenswerter Architektur ist so einmalig, dass die Stadt in das Welterbe der UNESCO aufgenommen wurde.

INFO: Tourist Information, Nám. sv. Trojice 6, 96901 Banská Stiavnica, www.banskastiavnica.sk

Beinamen wie »das slowakische Nürnberg«, »die Silberne« oder »Mineralien-Mekka« trug die Stadt Banská Stiavnica im Laufe der Jahrhunderte.

REISE ZU DIR SELBST

Indien

80 Kamel-Trekking in der Wüste Thar

Gehüllt in farbenprächtige Decken und gestickte Tücher, dirigiert mithilfe von handgewebten Zügeln, sehen die Dromedare so festlich aus, als ginge es zu einer Hochzeit. Auf ihrem Rücken werden wir fünf Tage lang durch die Wüste Thar westlich von Bikaner im indischen Rajasthan geschaukelt werden.

Kamel-Trekking ist etwas für Frühaufsteher. Werden die einhöckrigen Kamele gesattelt und bei Sonnenaufgang bepackt, macht sich nervöse Aufbruchsstimmung breit. Die scheinbar immer schlecht gelaunten Tiere protestieren laut brüllend, gurgelnd, schnaufend und röchelnd. Wirklich schön sind die Kamele nicht. Der kleine Kopf auf dem langen Hals wirkt ein wenig komisch, die Ohren sind winzig, die Augen liegen unter Wülsten, die Zähne sind schief und von unansehnlich gelber Farbe; die Kiefer mahlen ununterbrochen knirschend harte Gräser. Doch sind Dromedare geschickte Schauspieler: Bei jeder Handbewegung zucken sie zusammen, ihre Schau beim Beladen oder Aufstehen ist bühnenreif. Auch haben sie – in Nahaufnahme – große, tiefgründige Augen, die immer ein wenig hochmütig unter den langen Wimpern hervorblicken.

Sanfte Fahrt nach hartem Aufprall

Die ersten Minuten auf dem Rücken meines noch jungen Kamels sind der blanke Horror. Abrupt erhebt es sich mit den Hinterbeinen, sodass mein Oberkörper nach vorn schießt. Es streckt die Vorderbeine – und ich kippe wieder nach hinten. Dann fährt es die Hinterbeine in voller Länge aus – und ich rutsche sofort wieder nach vorn. Das Ganze wirkt wie ein Auffahrunfall ohne Kopfstütze. Allerdings wird der Ritt bereits nach den ersten wiegenden Schritten zu einem meditativen Erlebnis. Es ist ein unbeschreibliches Gefühl, hoch oben auf dem Tier zu sitzen, das seine Nase kühn in den Wind steckt, und hinauszureiten in ein Meer aus Sand, das mit dem stahlblauen Himmel am Horizont flimmernd verschmilzt.

Mein Zelt habe ich inmitten der Einsamkeit der Wüste Thar aufgeschlagen (o.). Dort begegne ich auch der Frau, die in ihr Gebet versunken ist (u.). In Tola lässt sich dieses hübsche Mädchen porträtieren (M.). Wüstenimpressionen: Ausblick von einer Düne (r. o.) und Kamel-Trekking in einer Gegend, die überwiegend aus Stein- und Steppenboden besteht (r. u.).

Indien

Dromedare werden in Rajasthan sowohl als Last- wie auch als Reittiere gebraucht. Sie werden nach anstrengenden Tagesmärschen als Erste versorgt (o.). Ein mehrtägiges Kamel-Trekking bietet nicht nur Wüstenerlebnisse (M.), sondern auch Einblicke in den harten Lebensalltag besonders der Frauen, die Wasser pumpen (u.) und Brennholz schleppen müssen (r.).

Zunächst geht es durch steiniges Terrain mit scharfblättrigen Pflanzen und dornigen Sträuchern. Der hart gebackene Stein- und Sandboden ist ockerfarben bis gelbbraun. Die Kamele beschleunigen ihren Schritt und streben den Sanddünen zu. Bis auf ihren sanften Fußtritt ist kein Laut zu hören. Überrascht stelle ich fest, dass die Umgebung keineswegs so ohne Leben ist, wie ich zunächst dachte, denn ich höre kleine Glöckchen läuten. Eine Herde schwarzer und weißer Ziegen taucht unvermittelt auf und entschwindet auch sofort wieder in einer Wolke aus Staub und Dunst. Die flauschigen rotbraunen Ohren meines Kamels lauschen dem Klang der Glöckchen nach.

Die monotone Bewegung eines Kamelritts und das gleichmäßige Schaukeln des »Wüstenschiffs« ähneln sehr dem Rhythmus, dem sich Muslime beim Lesen des Koran hingeben. Diese Weite, diese Stille – man kann sie geradezu physisch spüren, sich in ihr verlieren und in dieser Einöde sich für den einzigen Menschen auf Erden halten. Ich erahne: Die Wüste tut der Seele gut. Und erwache unsanft aus meinen Träumen, als mein Reittier stolpert.

Lieder am Lagerfeuer

Eine Anzahl zierlicher Hütten weist darauf hin, dass wir Borana, unser Etappenziel für diesen Tag, erreicht haben. Nach dem althergebrachten Verhaltenskodex der Wüste steigen wir außerhalb der Ortschaft von den Kamelen und führen die Tiere die staubige Dorfstraße entlang. Man schaut den Bewohnern nicht respektlos vom Rücken der Dromedare in ihre Behausungen!

Es ist kurz vor sieben, als wir am nächsten Morgen verschlafen und kreuzlahm vom Liegen auf dem meist harten Boden aus den Zelten kriechen. Schemenhaft huschen im Halbdunkel der blauen Morgenschatten Gestalten vorbei. Kaum hat sich die Sonne über den Sanddünen erhoben, da züngeln bereits kleine Feuer, um die sich, in der morgendlichen Kühle vermummt, die Reisenden scharen. Langsam zeichnet ein roter Schimmer am östlichen Horizont den ersten zaghaften Tupfer des beginnenden Tages. Am Ende eines weiteren Tages auf dem Kamelrücken übernachten wir in der Nähe des heruntergekommenen Wüstennests Berla.

Ich freue mich auf diese Abende am Lagerfeuer. Ein Sänger aus unserer Begleittruppe bringt Lieder von der Einsam-

Indien

keit des Hirten, dem Lieblingskamel, der leidvollen Liebe und den Beschwernissen des Wüstenlebens zum Besten – monotone Musik, so weit wie die Wüste Thar. Die Trommeln schlagen den Rhythmus und die Maultrommel füllt die sternenklare Nacht mit Melancholie und Sehnsucht.

Klage unter dem Sternenhimmel

Nach dreistündigem Ritt am folgenden Sonntagmorgen erreichen wir Akkeli. Dort lasse ich mich massieren: Dazu läuft mein Kamelführer quer über meinen auf dem Boden hingestreckten Körper, sodass die Knochen krachen – Wellness auf rajasthanische Art. Doch mir tut sie gut. Am Lagerfeuer dampft das Wasser für unseren schwarzen Tee, den wir, je nach Geschmack, gewürzt mit Kardamon, Ingwer, schwarzem Pfeffer oder mit Kamelmilch dankbar schlürfen.

Nach kurzer Mittagsrast geht es weiter. Einige Reisende ziehen es vor, zur Schonung ihres verlängerten Rückens ein paar Kilometer zu Fuß im glühenden Sand zurückzulegen. Doch halten sie das Tempo der Dromedare, sechs Kilometer pro Stunde, nicht lange mit. Zum schmerzenden Hinterteil haben sich die Wanderer nun auch noch Blasen an den empfindlichen Füßen zugezogen.

Wir reiten der untergehenden Sonne entgegen. Als einziger Laut ist der klagende Gesang eines Kameltreibers zu hören: Lieder über verlorene Liebe und kühne Heldentaten. Auf einer Sanddüne vor der recht ansehnlichen Ortschaft Baru bauen wir unsere Zelte auf. Das Feuer knistert, die Flammen lodern in den Sternenhimmel, während wir auf den Matten

Eindrücke entlang der Route beim Kamel-Trekking (M.): In einem Dorf der Wüste Thar balancieren die Frauen schwere Tontöpfe auf ihren Köpfen (o.), festlich geschmückt und farbenfroh präsentiert sich ein Dromedar vor einer Feier (u.). Ein immer wieder stimmungsvolles Bild: Die Silhouetten der Kamele heben sich eindrucksvoll vor der Kulisse des rot gefärbten Abendhimmel ab (r.).

liegen und der fremdartigen Musik unserer indischen Begleiter lauschen. Als das Feuer erstirbt, hüllen sich die Treiber in ihre Wolldecken. Ich schaue zum Himmel, an dem Millionen von Sternen funkeln.

Der Geschmack der Seidenstraße

Nach einem anstrengenden Sieben-Stunden-Ritt erreichen wir endlich Tota. Vor der rotglühenden Scheibe der untergehenden Sonne gehen die Kamelköpfe auf und ab, und es schaukeln die Höcker – ein Bild von surrealer Kraft. Nach dem langen Tag fallen wir vor Müdigkeit fast aus dem Sattel. Der älteste Kameltreiber lacht die Damen an und gefällt sich in Liedern von Mädchen, deren Brüste wie Limonen aussehen. Der Koch schweigt und bereitet unser abendliches Mahl aus Tomaten und Knoblauch, Koriander und Chili, köstlichem Gemüse, Kartoffeln und Eiern zu. Diese Szene hätte auch vor 600 Jahren spielen können, als Fernhändler auf der alten Seidenstraße und Abenteurer wie Marco Polo Richtung Jaisalmer unterwegs waren. Der Vollmond ist zur dünnen Sichel geschrumpft und wacht über diese Nacht, von der ich wünsche, sie möge niemals enden.
Rainer Waterkamp

Ein wolkenloser Himmel, spärliche Vegetation und nahezu menschenleere Regionen sind Kennzeichen eines Landes, das als »Reich der Könige« bezeichnet wird. Eine Reise auf dem Rücken der Kamele durch diese Steppenlandschaft ist eine Reise zu sich selbst.

Praktische Reisetipps

REISEPLANUNG
Direktverbindungen nach Dehli ohne Zwischenstopp bieten die nationale Fluggesellschaft Air India (www.airindia.com) und Lufthansa (www.lufthansa.com) ab Frankfurt am Main an. Mit Zwischenstopps auch mit Singapore Airlines (www.singaporeair.com) und anderen Fluggesellschaften. Von Delhi mit dem Mietwagen nach Bikaner.

UNTERKUNFT
In Delhi, Bikaner und Jaisalmer findet man gute Hotels. Während der Tour wird gezeltet.

REISEZEIT
Die beste Reisezeit ist von November bis März.

REISEPLANUNG
Das Auswärtige Amt warnt zwar vor terroristischen Aktivitäten in Neu-Delhi und anderen Metropolen, doch ist Rajasthan davon wenig betroffen. Eine Auslandskrankenversicherung einschließlich Rückholversicherung ist jedoch anzuraten. Kurze Kamelsafaris werden am besten im Rahmen einer Pauschalreise gebucht. Kamel-Trekkingtouren von bis zu sieben Tagen werden von einheimischen Veranstaltern, etwa ab Bikaner und Jaisalmer, angeboten.

REISELITERATUR
Rainer Waterkamp: Rajasthan. Mit Delhi, Agra, Varanasi, Khajuraho und den Höhlen bei Aurangabad, Berlin 2014

INFO
www.adventurecamels.com
(Kameltrekkings ab Jaisalmer)

Von der Landeshauptstadt Colombo am Indischen Ozean (r. u.) führt die Reise hinauf ins ceylonesische Hochland, das auch mit der Bahn (r. o.) erreichbar ist. Die Zimmer in der Greystones Villa sind im Kolonialstil eingerichtet (o.), viele kleine Details (u.) erfreuen das Auge. Ein Kopftuch zu tragen ist in den ersten drei Kurtagen Pflicht (M.)

Sri Lanka

81 Ayurveda im Hochland

Nie in meinem bisherigen Leben habe ich meine Frau wohl mehr überrascht als durch mein fast bedingungsloses Ja zu einer Ayurveda-Kur. Ich stellte nur eine Bedingung: Nichts darf mich dort in Versuchung führen. Sie fand das passende Ziel – eine alte Kolonialstilvilla beim kleinen Dorf Diyatalawa im Hochland der Tropeninsel Ceylon, ein Ort ohne Cafés, Bars und Pubs, ohne Restaurants und Hotels – und ohne Internet und Pool. Ein echtes Abenteuer also!

Nach der morgendlichen Landung in Colombo, der Hauptstadt von Sri Lanka, wird mir noch ein Tag Schonfrist gewährt. Es geht zunächst in ein komfortables Stadthotel. Vom Balkon schweift der Blick über die Pool-Landschaft und den Beira Lake auf die Hochhäuser von Colombo-Fort, der Business-Metropole der Insel. Am frühen Abend bringt uns ein Tuk-Tuk nach Galle Face, der breiten Flaniermeile der Einheimischen direkt am Meer. Hunderte von Drachen steigen in die Luft, Kinder toben herum, ganze Familien wagen voll bekleidet ein paar Schritte in den Indischen Ozean. Wir lassen uns einen Kokosnuss-Cocktail im alten Kolonialhotel »Galle Face« munden, bevor es zum üppigen Abendbuffet mit seinen 1000 Versuchungen zurück ins eigene Quartier geht. Einziger Hinweis auf die bevorstehende Kur ist nur die ausgiebige Untersuchung durch drei Ayurveda-Kapazitäten im Hotelzimmer, bei der auch die eigenen Ziele für den Kurerfolg formuliert werden.

Ankunft in Greystones Villa

Am nächsten Morgen steht ein Minibus samt Fahrer, Reiseleiter und Bordmechaniker vor der Tür, der uns in acht Stunden an unser gesundes Ziel bringen soll. Gegen 16 Uhr treffen wir an der fast 1500 Meter hoch gelegenen Greystones Villa an. Mitarbeiter tragen unser Gepäck auf die Zimmer. Kurz darauf treffen sich alle Mitreisende in der Lobby im Erdgeschoss. Außer uns zehn, die zusammen gefahren sind,

Sri Lanka

gehören noch vier weitere Teilnehmer dazu: zwei junge Frauen, die gleich zwei Kuren hintereinander gebucht und den ersten Teil schon hinter sich haben, sowie zwei Stammgäste, die schon mehrmals hier waren und deswegen den Transfer auf eigene Faust organisiert haben. Petra, die Yoga-Lehrerin, gibt erste Informationen über den Ablauf der Kur. Dann entzündet jeder Teilnehmer ein Teelicht und wird aufgefordert, leise oder auch laut Wünsche zu äußern, die ihm die Kur erfüllen soll. Gleich danach läutet die Glocke zum Abendessen im Speisesaal im Erdgeschoss. Darin stehen zwei lange Tische mit Platz für jeweils sieben Gäste. Eine feste Tischordnung gibt es nicht. Serviert werden eine Schale mit Gemüsesuppe und eine kleine gebratene Banane in Palmzuckersirup, danach trinken wir ayurvedischen Tee. Während des Essens herrscht Schweigegebot. Gegen 19.30 Uhr ziehen sich alle auf ihre Zimmer zurück. Dort wartet auf jeden eine Zwei-Liter-Thermoskanne mit heißem Wasser, ein Zungenschaber und ayurvedisches Zahnputzpulver. Gegen 21 Uhr schläft die ganze Anlage: Früh-ins-Bett-gehen wird zum Standard werden.

Stirnguss, Kopfmassage – und kleine Rationen

Der Montag ist der erste volle Kurtag. Um 5 Uhr beginnen die Tempelgesänge in einem nahen buddhistischen Tempel. Sie halten bis 7 Uhr an. Unter die frommen Klänge mischt sich viel Vogelgezwitscher, Sittiche und Beos fliegen im Garten der Greystones Villa umher. Um 8 Uhr wird das ayurvedische Frühstück serviert: Reissuppe mit Knoblauch und Bambusblättern, danach Gewürztee. Anschließend wird uns der Weg zum »Peace Heaven« gezeigt, dem eigentlichen Behandlungszentrum auf dem Gelände. Der Weg dorthin, drei Minuten, führt durch idyllische Natur mit vielen Eukalyptusbäumen, aber auch zahlreichen Teesträuchern. Man zeigt uns die Behandlungsräume, die Kräuterküche zur Zubereitung von Medizin, die Badewanne für Kräuterbäder und vieles mehr.

Unsere erste Anwendung ist ein etwa 30-minütiger Stirnguss (Shirodhara). Man liegt auf einem breiten Massagetisch, über dem grüne und rote Wärmelampen hängen, und wird mit einer Decke zugedeckt. Die Augen werden abgedeckt. Auf einem Gasöfchen brodelt die ölige Flüssigkeit, die zunächst langsam über die Stirnmitte geträufelt wird, später

Während in Colombo und in den anderen Küstenorten des Landes (r.) stets angenehmes Badewetter herrscht, ist das Klima im Hochland auf über 1000 Metern Höhe stets angenehm frisch (o.). Zwischen den Anwendungen bleibt viel Zeit für Müßiggang und Lektüre (M.). Das ayurvedische Essen ist rein vegetarisch, aber abwechslungsreich und lecker-exotisch (u.).

Sri Lanka

dann von Schläfe zu Schläfe. Danach folgt eine kurze Stirn- und Hinterkopfmassage. Alles wird gut abgetrocknet. Dann wird uns ein Kopftuch umgebunden, das wir nach Möglichkeit die nächsten drei Tage tragen sollen – auch beim Schlafen. Nach dem Stirnguss steht Ruhe auf dem Programm – genossen auf einer Liege im Garten. Um 13 Uhr wird zum Mittagessen geläutet.

An den ersten drei Tagen der Kur sind Schmalhans-Rationen vorgesehen. Heute gibt es einen Kräuter- und Wurzeltrunk als Aperitif und danach eine gut gewürzte Gemüsesuppe. Die darin verwendeten Gewürze und Kräuter und das Gemüse werden uns vom Koch zum Betrachten und Fotografieren auf Silberplatten präsentiert. Um 14 Uhr erwartet uns dann eine 50-minütige Rückenmassage mit reichlich warmem Öl. Um 15 Uhr wird zum Tee gebeten. Danach stehen auf silbern glänzenden Tellerchen die individuell abgestimmten ayurvedischen Medikamente zur Einnahme für die nächsten 24 Stunden bereit – und natürlich auch wieder gut gefüllte Thermoskannen mit heißem Wasser zur Mitnahme aufs Zimmer. Um 18 Uhr wird ein leichtes Abendessen serviert, um 19.30 Uhr sind schließlich alle Kurgäste auf ihre Zimmer entschwunden.

Yoga, Wurzelpaste – und kurze Ausflüge

Am Donnerstag ist die erste Kurstufe abgeschlossen. Wir dürfen uns die Haare waschen und wieder so viel essen, wie wir wollen. Die Tage haben ihren Rhythmus gefunden: Yoga vor Frühstück und Abendessen, täglich drei bis vier Anwendungen, bei denen wir mal mit Kräuter- und Wurzelpasten bedeckt, mal mit Ölen eingerieben werden. Es gibt Massagen, Inhalationen, Vorträge und regelmäßig Gespräche mit der Ayurveda-Ärztin im Haus. Zwischendurch dürfen wir uns auf Gartenliegen entspannen, schlafen sollen wir tagsüber allerdings nicht. Ein Hindu-Priester und später ein buddhistischer Mönch kommen ins Hotel, zelebrieren ihre Riten und lassen sich befragen. Ich liebe meinen täglichen Kurzbesuch im Dorf, wo jeder weiß, warum wir hier sind. In der zweiten Hälfte der Kur stehen auch kleine Ausflüge auf dem Programm: eine Bahnfahrt durchs Hochland, der Besuch einer Teeplantage, ein kurzer Einkaufsbummel in einem nahen Städtchen. Das reicht – mehr will unser ganz zur Ruhe gekommener Körper und Geist gar nicht erleben.

Diyitalawa ist nur ein kleines Dorf, besitzt aber einen Bahnhof (u.). Begegnungen mit den Menschen des Landes sind fester Bestandteil des Urlaubs – ob bei einer flüchtigen Begegnung mit einer alten Teepflückerin (o.) oder in den vielen gemeinsamen Stunden mit den gut ausgebildeten Mitarbeiterinnen der ayurvedischen Kurabteilung (M.).

Einlauf und Abfahrt

Dann ist der 18. und damit letzte Tag in Greystones Villa gekommen. Zum letzten Mal Yoga, dann Frühstück mit Papaya und Porridge. Danach kann man ayurvedische Heilkräuter und Gewürze kaufen. Außerdem bekommt jeder seine individuellen ayurvedischen Medikamente mit nach Hause, nett verpackt und mit genauer Einnahmeanleitung. Fürs Mittagessen konnte jeder einen Wunsch nennen. 15 Schüsseln mit unterschiedlichem Inhalt stehen auf dem Tisch, darunter Auberginen-, Papaya-, Babyjackfruit- und Okracurry. Dann rückt die Ärztin mit zwei Helferinnen für einen finalen Öl-Einlauf an. Problemlos, durchschlagende Wirkung nach etwa 90 Minuten.

Am nächsten Morgen kommt der Bus, um uns in vielstündiger Fahrt in ein Hotel nahe dem Flughafen von Colombo zu bringen. Dort sind Zimmer angemietet, in denen wir den Rest des Nachmittags und frühen Abends verbringen können. Im Hotel gibt es ein bombastisches Buffet – die einen stürzen sich auf Fleisch und Fisch, die anderen auf die leckersten Desserts. Und so mancher genießt auch wieder ein Bier. Das dürfte umgehend ein Kilo zurück auf die Waage bringen! Aber jetzt wissen wir, wie wir sie eines Tages wieder auf angenehme Weise verlieren können …
Klaus Boetig

Auf einem Gasöfchen brodelt die ölige Flüssigkeit, die zunächst langsam über die Stirnmitte geträufelt wird, später dann von Schläfe zu Schläfe. Es folgt eine Stirn- und Hinterkopfmassage.

Praktische Reisetipps

EINREISE
Per Internet ist zunächst eine gebührenpflichtige Electronic Travel Authorization zu erwerben (www.eta.gov.lk). Das Visum wird dann bei Einreise erteilt.

GESUNDHEIT
Eine Malaria-Prophylaxe ist für das Hochland von Sri Lanka nicht zwingend erforderlich.

REISEPLANUNG
Ayurveda ist eine traditionelle indisch-srilankesische Heilkunst, die den Menschen ganzheitlich sieht. Lebensweise und Ernährung spielen in ihr neben naturheilkundlichen Medikamenten und Kuranwendungen eine bedeutende Rolle. Authentische Ayurveda-Kuren werden vor allem in Südindien und in Sri Lanka angeboten. Um mögliche medizinische Erfolge zu erzielen, sollte eine Kur mindestens 14 Tage dauern.

KUREN
Betreiber des Kurzentrums Greystones Villa ist ein deutscher Arzt. Die Yoga-Lehrerin kommt aus Deutschland, das übrige Personal ist aus Sri Lanka. Die medizinische Leitung liegt in den Händen einer renommierten einheimischen Ayurveda-Ärztin. Mehr Infos bei Nandhi Ayurvedic Therapies, Christophstr. 5, 70178 Stuttgart, www.ayurveda-kur.de

INFO
• www.srilanka-botschaft.de (Botschaft von Sri Lanka, Niklasstr. 19, 14163 Berlin)
• www.srilanka.travel (offizielles Tourismusportal)

Japan

82 Dem Glück mit hängenden Affen nachhelfen

Kyoto ist von großer Schönheit. Seine über das ganze Stadtgebiet verteilten Tempelanlagen sind freundliche Orte der Ruhe und Stille. Auf drei Seiten von Bergen eingefasst, bietet die alte kaiserliche Hauptstadt jede Menge an kulturellen Highlights. Viele Tempel und Shinto-Schreine wurden im Jahr 1994 zur Liste des UNESCO-Weltkulturerbes hinzugefügt. Dazwischen findet man vor allem in Gion, dem alten Geisha-Viertel von Kyoto, an jeder Ecke religiöse Symbole und Glückssymbole.

Die erste Nacht in Gion auf dem original japanischen Futon-Bett habe ich hinter mir. Schlafen knapp über dem Boden ist für einen Europäer gewöhnungsbedürftig, verdeutlicht aber schon im Vorfeld, dass in Gion eben alles anders ist. Auch der Tisch und die Stühle sind sehr niedrig. Das Waschbecken im Bad ist kaum 30 Zentimeter über dem Boden installiert, davor ist ein kleiner Hocker aufgestellt.

Liebliches aus Stroh und Stoff, Holz und Papier

Auf dem Weg zum Frühstück in einem Café gehe ich unglaublich saubere Straßen entlang. Bereits auf diesem kurzen Stück Weg fallen mir die Shimenawa über den Hauseingängen auf: Die aus Reisstroh gedrehten Seile, mit Blättern oder Obst bzw. Gemüse geschmückt, sollen unter anderem vor bösen Geistern und Krankheiten schützen. Oft werden daran im Zickzack geschnittene Papierstreifen als Opfergabe befestigt; das geschieht meist zu Neujahr. Auf diese Weise sollen die Götter willkommen geheißen werden. Im Tempel trennen die Shimenawa, die hier natürlich deutlich größer als über den Hauseingängen sind, die Besucherzonen vom Bereich der Götter.

Da es in Kyoto etwa 2000 Kulturstätten gibt, muss man sich die Zeit gut einteilen, um möglichst viele davon zu sehen. Das öffentliche Verkehrssystem fordert, sofern man keine Kenntnisse der japanischen Sprache hat, große Auf-

Die aus Reisstroh aufgedrehten Seile an den Häusers sollen Glück bringen (o.). Karg und einfach präsentiert sich der buddhistische Friedhof in Kyoto (M.). Bekannt sind die »hängende Affen« genannten Stoffkugeln im Yasaka Koshin-do Tempel in Kyoto (u.). Ema sind hölzerne Glücksbringer, die man in den Tempeln erwerben kann (r.o.). Schrein mit Senshafuda (r.u.).

Auf der Rückseite dieser Holztafeln werden Wünsche notiert. An der Wand des Tempels gehängt, warten sie auf ihre Erfüllung (o.). Es ist üblich, Glücksbringer im Tempel zu hinterlassen (M.). Glückstäfelchen verraten die Gedanken ihrer Bittsteller (u.). Die Gartenkultur der Japaner ist legendär: hier eine Szenerie mit Kiefern und Granitfelsen in einem Park von Kyoto (r.).

Japan

merksamkeit. Man muss schon sehr genau aufpassen, um sich nicht zu »verfahren«. Am besten die Haltestationen vorher abzählen! Spätestens nach 24 Stunden kommt man damit gut klar.

Durch ein sehr gutes Frühstück gestärkt, geht es los. Ein Seitenblick auf zahlreiche farbige Säckchen führt mich zuerst in den Yasaka Koshin-do-Tempel. Schnell finde ich heraus, dass es sich bei den »Stoffkugeln« um Talismane handelt: *Kukurizaru* – »hängende Affen«. Der Name rührt von der Form der Päckchen, die aussehen, als wäre ein Affe an Armen und Beinen zusammengebunden und aufgehängt worden. Die auf dem Stoff festgehaltenen Wünsche werden der jeweiligen Schutzgottheit des Tempels übergeben. Lange Schnüre, an denen mehreren Kukurizaru befestigt sind, hängen von der Decke des kleinen Schreins, in dem die Gottheit mit Mütze und Lätzchen sitzt. Die vielen bunten Säckchen ergeben ein sehr sympathisches Bild.

Manche Symbole, wie die O-Mamori, dienen als Glücksbringer in jeder Lebenslage, zum Beispiel bei Prüfungen, Reisen und wichtigen Terminen, und werden deshalb ständig mitgeführt. O-Fuda sind Amulette aus Papier, Stoff oder ähnlichen Materialien, die man in einem Shinto-Schrein erwerben kann. Meistens nimmt man O-Mamori mit nach Hause, hängt sie an die Tür oder Decke, damit die Familie vor Krankheit und Unglück geschützt ist.

Persönliche Wünsche

Fast jeder Tempel in Kyoto hält eine Auswahl an Glücksbringern für die Gläubigen bereit. Schulklassen finden sich ein. Die Kinder kaufen sich im Außenbereich vor den Zeremonien die Holztäfelchen, Figuren, Beutel, Papierzettelchen oder Lose. Sie haben großen Spaß beim Ausfüllen oder Ergänzen von Wunschtäfelchen, es wird viel gelacht. Bei den Mädchen geht es wahrscheinlich um den neuesten Schwarm, um gutes Aussehen oder den Wunsch, dass die beste Freundin auf immer und ewig die beste Freundin bleiben möge.

Sehr beliebt sind die Ema, bedruckte Holztafeln, meist in Form eines Hauses. Ema bedeutet »Pferdebild«, denn früher waren auf der Vorderseite nur Pferde zu sehen. Mittlerweile gibt es die Tafeln aber mit verschiedensten Motiven. Die farbigen Zeichnungen sind sehr abwechslungsreich und schön anzuschauen. Auf der unbeschriebenen Rückseite finden die

Japan

eigenen Wünsche oder auch nur ein einfaches Dankeschön Platz. Abschließend erhalten die Ema ein Bändchen und werden an Haken auf dem Tempelvorplatz gehängt. Dort warten die Wünsche dann darauf, erfüllt zu werden.

Kichernde Schüler wie ernste Erwachsene stehen gleichermaßen an den Verkaufsständen. Kaum ein Japaner scheint von diesen Ritualen keinen Gebrauch zu machen.

Wahrsagung und Visitenkarten

Glaube und Aberglaube haben in Japan einen ganz anderen Stellenwert als in Europa. Dabei werden religiöse Handlungen spielerisch in den Alltag integriert. Auch lassen die herrlichen Farben – allgegenwärtig sind kräftige Rottöne – die japanischen Tempel und Schreine freundlich erscheinen. Besonders in Gion gehen Alltag und Religiosität mehr oder weniger fließend ineinander über. Viele Tempel befinden sich in Gärten, die sich zu den einzelnen Jahreszeiten immer wieder von einer anderen Seite zeigen. Allein dieses Naturschauspiel lädt die Menschen dazu ein, sich hier einzufinden.

Einen Besuch des riesengroßen buddhistischen Friedhofs von Kyoto mit seinen eng beieinanderstehenden Gräbern sollte man sich nicht entgehen lassen. Er liegt auf einem Hügel, von dem man eine gute Aussicht hat. Bei einem geruhsamen Spaziergang durch die Anlage lassen sich im Einzelnen die Unterschiede zu unseren christlichen Friedhöfen entdecken.

In einigen buddhistischen Tempeln und Shinto-Schreinen lernt man die O-Mikuji kennen. Dabei handelt es sich um gerollte Papierstreifen mit Wahrsagungen, die wie Lose

Schulkinder stehen kichernd vor den Wunschtafeln und lesen sich gegenseitig die Texte vor (o.). Wasserkellen dienen der rituellen Reinigung (M.). Shimenawa (u. und r. o.) werden besonders zu Neujahr als Schutz vor Krankheiten und dem Bösen über Hauseingänge und Eingangstore gespannt. Sie sollen die Anwesenheit einer höheren Präsenz symbolisieren.

gezogen werden. Ist man mit der Prognose, die sich auf sehr unterschiedliche Lebensbereiche beziehen, nicht einverstanden, hängt man die Papierstreifen einfach in der Nähe des Schreins oder Tempels in einen Baum. Gefällt die Vorhersage aber, nimmt man diese mit nach Hause. Ich habe den Eindruck, dass es ziemlich viele O-Mikuji gibt, die nicht so recht passen, denn die Bäume im Umkreis sind reichlich damit behängt. Wenn es beim ersten O-Mikuji nicht passt, kauft man eben das nächste, irgendwann wird schon das richtige dabei sein!

Bei einigen Tempeln entdecke ich eine Art Visitenkarten aus Reispapier, die von den Besuchern möglichst hoch über den Eingängen aufgeklebt werden. Es handelt sich um Senshafuda, rechteckige Sticker mit den persönlichen Daten, teilweise künstlerisch gestaltet.

In den Gassen und Geschäften lässt sich noch eine Vielzahl von weiteren Glückssymbolen entdecken. Es empfiehlt sich daher sehr, Zeit einzuplanen und auch »hinter die Kulissen« zu blicken. Kyoto, speziell Gion, ist an vielen Ecken eine Augenweide für den Besucher. Die Wege zwischen den Tempelanlagen sind kurz und man kann zwischendrin eine Pause in einem der zahlreichen Cafés einlegen.

Gabriele Gerner-Haudum

>>Nur wo du zu Fuß warst, bist du auch wirklich gewesen.<< Dieser Aphorismus von Johann Wolfgang von Goethe ist in Japan ebenso gültig wie: >>Wenn du ein fremdes Land betrittst, frag, was dort verboten ist.<<

Praktische Reisetipps

ANREISE
Direktflüge ab Deutschland nach Osaka, beispielsweise mit Lufthansa. Günstiger mit Umsteigen z. B. in den Vereinigten Arabischen Emiraten. Weiter ab Osaka Kansai Airport mit dem Schnellzug nach Kyoto.

VISA
Für die Einreise nach Japan ist bis 90 Tage Aufenthalt kein Visum erforderlich.

GESUNDHEIT
Keine Pflichtimpfungen.

REISEZEIT
Ganzjährig. Von Dezember bis Februar kann es empfindlich kalt werden.

TRANSPORT
Taxifahrten sind recht teuer, öffentliche Verkehrsmittel hingegen preisgünstig und sehr pünktlich. Fahrpläne und Ansagen sind gewöhnungsbedürftig.

AUSRÜSTUNG
Ganzjährig. Bekleidung wie in Deutschland. Warme Kleidung und Trekkingschuhe für die Wintermonate. Point-it-Reiseheft, um notfalls auf Gegenstände verweisen zu können, wenn eine Verständigung in englischer Sprache nicht möglich ist.

UNTERKUNFT
Hotel Maifukan. Am besten Zimmer in »Japanese Style« wählen. www.maifukan.com.

INFO
www.auswaertiges-amt.de (Reisehinweise)

Indien

83 Tibetische Heilmethoden

Ladakh, auch Klein-Tibet genannt, ist ein sehr dünn besiedeltes, wunderschönes Fleckchen Erde in Jammu und Kaschmir, einem Bundesstaat im gebirgigen Norden Indiens. Die Landschaften sind wie einem Gemälde entnommen. Freundliche Menschen, sehr gutes Essen und buddhistische Klöster tun ein Übriges, um sich hier nicht nur wohlzufühlen, sondern auch sein inneres Gleichgewicht (wieder) zu finden.

Beim Blick aus dem Flugzeug während des Landeanflugs auf Leh scheinen die schneebedeckten Gipfel des Himalayas zum Greifen nah zu sein. Bei der Ankunft in der auf 3500 Metern Höhe gelegenen Hauptstadt der Region bemerkt man gleich, dass die Luft unter dem unvorstellbar blauen Himmel zwar klar, aber auch sehr dünn ist. Auf der Fahrt zum etwa 100 Kilometer entfernten Kloster beschleicht mich ein mulmiges Gefühl. Etwas mehr als zwei Wochen in der Abgeschiedenheit eines tibetisch-buddhistischen Klosters zu verbringen, kam mir zuerst sehr romantisch vor. Vor Ort wird mir klar, was es bedeutet, weder Stromanschluss noch Handyempfang zu haben.

Gebete im grünen Tal

Unterwegs in dieser kargen Gegend traut man fast seinen eigenen Augen nicht, gibt es hier doch tatsächlich Aprikosenbäume. Ansonsten wachsen vor uralten Klostergemäuern Stockrosen und Blumen, die mir von zu Hause sehr vertraut sind. Die Fahrt geht vorbei am Zusammenfluss von Zanskar und Indus auf einer unbefestigten Straße in die Berge hinauf. Der Atem geht schneller. Das Grün des Hochtals wird nur unterbrochen durch das Gelb der Rapsfelder. Wir fahren weiter und erreichen auf knapp 4000 Metern Höhe, vor schneebedeckten Bergen, das Kloster. Mit der freundlichen Begrüßung durch einen Mönch sind meine Ängste wie weggeblasen.

Das Zimmer ist klein und ordentlich, aber spartanisch eingerichtet. Der Blick aus dem Fenster dagegen ist einfach

Die Shanti Stupa ist eine der Hauptsehenswürdigkeiten in Leh, sie ähnelt der Weltfriedenpagode in Pokhara (o.). Von Türkisgrün bis Tiefblau schimmert der Pangong-See in Ladakh (M.). Mani-Steine sind mit heiligen Texten und Gebeten graviert (u.). Kloster Likir gehört dem Gelbmützenorden (r. o.). Farbige Stupas begegnen einem immer wieder auf dem Weg (r. u.).

Indien

Im Buddhismus verbinden Gebetsmühlen (o.) körperliche Aktivität und spirituelle Inhalte. Orange gilt bei den Buddhisten als Farbe der Weisheit und Erleuchtung, deshalb tragen die Mönche Kleidung in dieser Farbe (M.). Gebetsfahnen sollen die Bitten zum Himmel tragen (u.). Landschaftsimpressionen: Hochtal in Ladakh (r. o.) und Zusammenfluss von Zanskar und Indus (r. u.).

fantastisch: grüne Wiesen mit Blumen in vielen Farben vor einer grandiosen Hochgebirgskulisse, dazu ein strahlendblauer Himmel. Ich gönne mir erst einmal eine Tasse Milchtee. Dann gibt es schon Mittagessen, alle Zutaten stammen aus dem Klostergarten. Köstlich!

Morgens um sechs wecken mich der dumpfe Schlag der Trommel und die mit tiefen Stimmen gesprochenen Mantras. Sofort stehe ich auf und gehe zum Gebetsraum, wo ich mit den Mönchen eine Stunde lang meditiere. Danach wird Yoga gemacht. Die von Räucherstäbchen erfüllte Luft ist schwer. Umgeben von Buddhafiguren, fühle ich mich wohl. Den weiteren Tagesablauf kann ich selbst gestalten. Ich schlendere über Wiesen und an Häusern mit Gebetsfahnen auf den Dächern vorbei.

Nachmittags unterstütze ich die Mönche in der Küche, bevor ich mich wieder mit einem Buch zum Lesen auf die Wiese zurückziehe. Abends beschließe ich, die Nacht im Schlafsack auf dem Dach des Klosters zu verbringen. Einen solchen Sternenhimmel habe ich noch nie gesehen. Keine anderen Lichtquellen stören den Anblick. Je länger man schaut, umso mehr Sterne entdeckt man. Überwältigend. Ich möchte nie wieder weg von hier!

Auf die Mischung kommt es an

Einige Tage später gehe ich mit Phuntsok noch höher in die Berge zum tibetischen Mediziner. Ich möchte wenigstens einmal ausprobieren, ob sich nicht doch ein Mittel gegen meine jahrelangen heftigen Rückenschmerzen finden lässt. Der Weg ist beschwerlich, es geht über große Steine und schwankende Brücken. Unterwegs sind mehrere Verschnaufpausen nötig.

Angekommen im Haus des Mediziners, führt uns dieser in seine »Praxis«, einen eher düsteren Raum mit »Naturboden«. An der Seite stapeln sich Kisten, Kartons und Schachteln, medizinische Zeichnungen zieren die Wand. Vor einer Steinschale liegen zwei Tierpfoten; das Fell ist noch zu sehen. Ich möchte lieber nicht wissen, zu welchem Tier sie gehört haben und wann sie ihren Dienst als kleine Besen aufgenommen haben. Der Mediziner ist ein älterer Mann. Er trägt eine große Brille mit sehr dicken Gläsern – Sehfehler kann er offensichtlich nicht beheben. Mal sehen, was er in meinem Fall drauf hat …

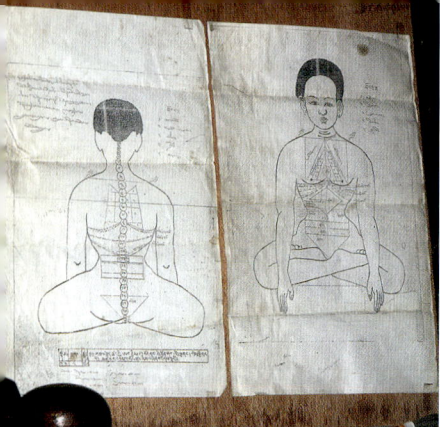

Indien

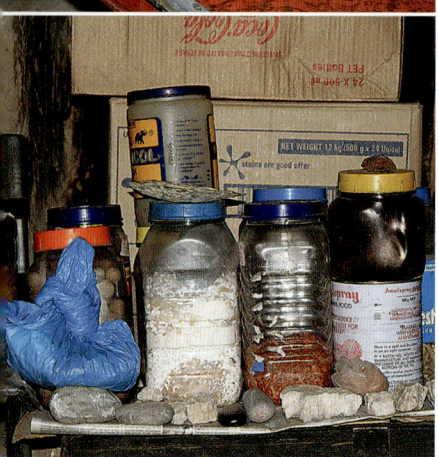

Spannende Einblicke in das Handwerk des Mediziners: Selbst angefertigte Zeichnungen des menschlichen Körpers (o.), gepresste Heilkräuter (M.) und Kräutermischungen (u.), die der Meister eigenhändig herstellt (r.o.).

Der Meister gewährt mir einen Einblick in die Grundlagen seines Handwerks. Dazu gehört ein dickes, offenbar sehr altes Buch. Zwischen den Seiten befinden sich – getrocknet und gepresst – selbst gesammelte Heilpflanzen aus den Bergen. Daneben steht geschrieben, wo sie wachsen und wofür sie in welcher Menge und in welchem Mischverhältnis verwendet werden können. Die für die medizinischen Mischungen notwendigen Wurzeln und Ingredienzen werden in Kartons und Schachteln aufbewahrt. Der Mediziner holt einige hervor und zeigt mir dann einen Behälter, in dem sich – ich mag es gar nicht glauben – ein Stück Nashorn befindet. Am liebsten würde ich sofort gehen, aber er fragt, was mir fehlt. Wenn ich schon mal da bin ...

Ich erzähle ihm bzw. meinem Übersetzer die komplette Krankheitsgeschichte. Der Meister möchte aber noch mehr wissen und forscht auch in meiner Kindheit nach den Ursachen des Bandscheibenvorfalls. Das »Arztgespräch« zieht sich lange hin und ist sehr gründlich. Dann fühlt er auch noch den Puls, schaut mir in die Augen, fasst an die betroffene Stelle ganz oben am Rückgrat und beschreibt mir die Therapiemittel. Die Herstellung der Medizin sei aber aufwendig, dafür benötige er Zeit und Ruhe. Morgen würde er mir sie ins Kloster bringen. Ich bin damit einverstanden. Bei dieser Prozedur – vielleicht mit geriebenem Nashorn – möchte ich nicht unbedingt dabei sein. Was ich nicht weiß, ...

Das Erfolgsgeheimnis

Wir gehen anschließend in den Vorgarten. Die Frau des Mediziners bringt uns Tee, den ich dankbar annehme, da es in dem dunklen Raum empfindlich kalt geworden ist. In den Garten hingegen scheint warm die Sonne. Mein »Naturheiler« begleitet uns noch ein Stück talwärts. Am nächsten Tag kommt er wie versprochen und bringt mir einige Tütchen; die Einnahmeempfehlung übersetzt mir Phuntsok: täglich dreimal, aufgelöst in warmem Wasser. Ich beginne mit der Behandlung vor Ort – es schmeckt grauenhaft! Aber bereits nach drei Tagen geht es mir wesentlich besser.

Wehmütig breche ich nach zwei Wochen wieder Richtung Leh auf und nehme die wertvolle Erfahrung mit, dass man auch ohne Technik und andere Errungenschaften der Zivilisation (über)leben kann. Musik, Fernsehen, Handy – sie haben mir nicht gefehlt und ich kann mir gut vorstellen, sie gar nicht mehr zu nutzen.

Die Medizin reichte für ein halbes Jahr, schmerzfrei war ich über ein Dreivierteljahr lang. Ich hätte die Tütchen nachbestellen können. Da ich aber nichts über die Zusammensetzung meiner Medizin wusste und auch keine Zollprobleme riskieren will, verzichtete ich aber auf die Übersendung von »Pulver aus Indien« und beschloss, einfach nochmal hinzufliegen und mir alles wieder direkt vor Ort zu besorgen.
Gabriele Gerner-Haudum

>>Eine Reise ist ein Trunk aus der Quelle des Lebens.<<

Christian Friedrich Hebbel

Praktische Reisetipps

ANREISE
Derzeit gibt es keine Direktflüge von Deutschland nach Leh. Umsteigeverbindungen mit mindestens einem Zwischenstopp in den Vereinigten Arabischen Emiraten oder über Delhi.

VISA
Für die Einreise nach Indien wird ein Visum benötigt. Das Touristenvisum hat eine Gültigkeit von sechs Monaten.

GESUNDHEIT
Keine Pflichtimpfungen.

REISEZEIT
Die beste Reisezeit für Ladakh sind die Monate von Juni bis September. Davor und danach kann es teilweise sehr kalt werden.

TRANSPORT
Am besten mietet man sich in Leh ein Allradfahrzeug mit Fahrer. Bei längeren Aufenthalten in entlegenen Gebieten einen Termin zur Abholung vereinbaren!

AUSRÜSTUNG
Von Juni bis Ende September leichte Baumwollkleidung, dazu Pullover und warme Jacken sowie Trekkingschuhe, da es auch während der Sommermonate in höheren Lagen zu Schneefall kommen kann. Sonnenschutz mit hohem Lichtschutzfaktor. Taschenlampe mit Kurbelbetrieb. Mittel gegen Höhenkrankheit.

UNTERKUNFT
In Leh Hotels, ansonsten Übernachtung in Zeltcamps oder im Kloster.

INFO
• www.incredibleindia.org/index.php/travel/destination/leh-ladakh
• www.auswaertiges-amt.de (Reise- und Sicherheitshinweise)

REISESTATIONEN
Leh – Pangong Lake – Neh – Kloster Alchi – Kloster Thikse – Kloster Likkir – Kloster Lamayuru

Vereinigte Arabische Emirate

84 Im leeren Viertel, wo alles begann

Die Liwa-Oase ist das Tor zur größten Sandwüste der Welt, der Rub Al Khali. Sie ist auch die ursprüngliche Heimat der heutigen Herrscherfamilien der Emirate von Abu Dhabi und Dubai. Ihre Entdecker durchquerten sie noch mit Kamelen, ihre Bewohner fahren heute lieber mit dem Auto. Nach den Abenteurern kamen Ingenieure und Erdölsucher, denn ausgerechnet mitten in der Wüste liegt die Zukunft des arabischen Landes.

Dieses Meer verschluckt beinahe jeden Laut. Es ist ein Meer aus endlosen Sanddünen, das vor einem liegt wie ein versteinerter Wüstenozean. Eine Kamelkarawane und eine Herde Oryx-Antilopen ziehen vorüber. Zu hören ist davon nichts. Und doch kann diese Stille auf unglaubliche Weise laut sein. Wenn man endlich eine der mehr als 100 Meter hohen Sanddünen erklommen hat und sich oben auf den Dünenkamm setzt, um nur schweigend auf diese lebensfeindliche Landschaft zu schauen, ist es zu hören, das laute Klopfen, das Pochen des eigenen Herzens.

Rub Al Khali und Liwa-Oase

Die Suche nach der eigenen Identität treibt heutzutage viele stressgeplagte Städter in die Wüste. Dabei kann man sich wohl nirgendwo besser verlieren als in der Rub Al Khali, der größten zusammenhängenden Sandwüste der Erde: 780000 Quadratkilometer, eine Fläche, die eineinhalb Mal so groß ist wie Spanien. Nirgends Menschen. Nur Sand, überall Sand: vor einem, hinter einem, in allen Poren.

Die Liwa-Oase ist das Tor zum »Leeren Viertel«, das auf Arabisch Rub Al Khali heißt. Der britische Diplomatensohn Wilfred Thesiger durchquerte die Region in der Nachkriegszeit als dritter Europäer. Bevor er mit seiner Kamelkarawane in Liwa ankam, zeigten die Landkarten für diese Gegend nur »leere Flächen«. Thesiger zählt zu den letzten großen Entdeckern des 20. Jahrhunderts. Noch heute ist das, was er über seine Reise mit den Beduinen durch die Wüste in »Arabian

In der Liwa-Oase liegt eine der spektakulärsten Hotelanlagen des Emirates: der Palast der Fata Morgana, arabisch Qasr Al Sarab (r.). Wie der Name ahnen lässt, ist die Oase eher der romantischen Vorstellung nachempfunden als der Wirklichkeit. Kamelausritte (o.) führen in die Wüste, wo der Sand in vielen Farben leuchtet (u.).

Vereinigte Arabische Emirate

Sands« geschrieben hat, große Abenteuerliteratur. Allerdings musste Thesiger später erleben, wie die von ihm beschriebene Welt, die über Jahrtausende unverändert überdauert hatte, binnen einer Generation verschwand. Denn nach ihm kamen Ingenieure und die Ölsucher.

Wie eine Fata Morgana aus »1001 Nacht« darf man sich die Liwa-Oase deshalb heute nicht mehr vorstellen. Von der Hauptstadt Abu Dhabi sind es mit dem Auto nur knapp zwei Stunden auf einer vierspurig ausgebauten schnurgeraden Schnellstraße. Schließlich haben Menschen wie Ali Al Mansori nicht ewig Zeit. Ali ist Protokolloffizier des Scheichs der Liwa-Region und auf dem Weg zu seinem Chef, der – wie auch die Scheichs von Abu Dhabi und Dubai – in der Oase eine Residenz hat. Ali sitzt in seinem vollklimatisierten Zwölf-Zylinder-Mercedes S 600, schwarz mit abgedunkelten Scheiben, trägt Sonnenbrille, eine akkurat gebügelte, schneeweiße Kandura, einen messerscharf gestutzten Bart und hört Musik übers Handy. Darüber, dass der Scheich seine Gäste ausgerechnet in diese abgelegene Oase einlädt, wundert er sich keineswegs. Ali ist schließlich in der Liwa-Oase aufgewachsen und weiß, dass dies der Ort ist, an dem alles begann. »Liwa ist das Herz der Nation«, bekräftigt er.

Bereits im 17. Jahrhundert bewohnten die Bani-Yas-Beduinen die Oase. Aus ihnen gingen die Al Nahyan und die Al Maktoum, die heutigen Herrscherfamilien von Abu Dhabi und Dubai, hervor. Damals lebten die Beduinen von den Dattelplantagen der Oase und zogen in den Sommermonaten ans Meer zum Fischen und zum Perlentauchen. Noch bis zur Unabhängigkeit des Landes vor mehr als 40 Jahren war das so, sagt Ali. Das Perlengeschäft lohnt indes nicht mehr, seit die Japaner die künstliche Perlenzucht etablierten. Aber Abu Dhabi ist längst durch einen anderen Schatz reich geworden: Erdöl.

Ohne Wasser kein Wohlstand

Auch die Beduinen haben am Wohlstand teil. Ihre Häuser sind modern ausgestattet, haben fließend Wasser und Satellitenanlagen. Die Liwa-Oase ist in Wirklichkeit ein riesiges Gebiet, das sich aus mehr als 50 einzelnen Oasen mit etwa 40 Dörfern zusammensetzt. Heute leben laut Schätzungen zwischen 50 000 und 100 000 Menschen dort. Anders als in den großen Städten des Landes liegt der Anteil der Einheimischen bei fast 70 Prozent. Doch auch hier kann sich kaum

»Die Liwa Oase ist das Herz der Nation«, sagt Ali Al Mansori (o.), Protokolloffizier des Scheichs der Liwa-Region. Aus den Bani-Yas-Beduinen gingen die heutigen Herrscherfamilien von Abu Dhabi und Dubai hervor. Für Kameltreiber (M. und u.) wie Touristen ist genügend Wasser vorhanden. In der Qasr Al Sarab leuchtet so mancher Swimmingpool (r.).

Vereinigte Arabische Emirate

mehr ein Emirati vorstellen, bei Temperaturen von mehr als 40 Grad in der Landwirtschaft zu schuften. Obst- und Gemüseanbau, die Pflege der Dattelhaine sowie die Kamelzucht, das erledigen nun ausländische Saisonarbeitskräfte aus Indien, Bangladesch oder Pakistan.

Durch die intensive Landwirtschaft ist in den vergangenen Jahren der Grundwasserspiegel stark gesunken. Das eigene Wasser deckt schon lange nicht mehr den Bedarf der Landwirtschaft und auch der Bevölkerung. Deshalb wird Trinkwasser über eine Pipeline von den Entsalzungsanlagen am Meer hierher gepumpt. Kurioserweise liegt das Potenzial der Liwa-Oase ausgerechnet im Rohstoff Wasser, auch wenn zwischen endlosen Sanddünen nichts davon zu sehen ist: Seit dem Jahr 2008 wird mitten in der Wüste an einem Trinkwasserspeicher für Abu Dhabi gebaut. Die Versickerungsbecken befinden sich etwa 30 Kilometer außerhalb von Liwa unsichtbar im Gestein unter den Sanddünen verborgen. Sie dienen als natürlicher Trinkwasserspeicher für Krisenzeiten. Abu Dhabi deckt inzwischen mehr als 90 Prozent seines Wasserbedarfs aus der Entsalzung von Meerwasser. Und die Bevölkerung der Hauptstadt wird bis 2030 von heute einer Million auf geschätzte 2,7 Millionen wachsen. Ein Ölunglück im Persischen Golf und das Emirat stünde innerhalb von 48 Stunden ohne sauberes Trinkwasser da.

Fata Morgana und singender Sand

Die Regierung von Abu Dhabi plant auch, das Leere Viertel im Rahmen eines touristischen Projektes langsam zu erschließen. Scheich Khalifa eröffnete 2009 in der Liwa-Oase eine der spektakulärsten Hotelanlagen des Emirats: den Palast der Fata Morgana, arabisch Qasr Al Sarab. Wie der Name schon ahnen lässt, will man an dieser Stelle für die Gäste jene Zeiten wiederbeleben, die den romantischen Vorstellungen von einer Oase entsprechen. Es sei dahingestellt, ob es sie in dieser Form überhaupt schon jemals gegeben hat. Wasser ist reichlich vorhanden, es plätschert in Springbrunnen und leuchtet türkis aus so manchem Swimmingpool.

Das in die Dünenlandschaft eingebettete Resort erinnert mit seinen sandfarbenen Zinnen und Windtürmen an die traditionelle Lehmbauweise der Emirati-Architektur. Vor Strapazen früherer Wüstendurchquerer werden die Urlauber gewiss verschont bleiben. Die Vielfalt der Schattierungen und Farben

Die Einheimischen leben in der Liwa Oase (o.) vorwiegend von der Kamel- und Dattelzucht (u.). Beides erinnert noch heute an die Vergangenheit eines nomadisch lebenden Wüstenvolkes. Jeden Winter gibt es sogar einen Schönheitswettbewerb für Kamele (M.). Doch ohne große Wasservorräte könnte hier auch das schönste von allen nicht überleben.

der Sanddünen ist aber auch ihnen nicht verborgen, denn die Dünen reichen quasi bis direkt vor die Zimmertür. Sie leuchten in allen erdenklichen Farben: von Rot über Rosa, von Weiß bis Ocker und Schwarz. Der Wind hält den Sand unablässig in Bewegung. Dass es in der Wüste keine Geräusche gibt, ist nicht ganz richtig. »Singing sands« nennen die Beduinen es, wenn der Wind Musik macht, indem er feine Sandkörner aneinander reibt.

Es ist eine mystische Szenerie, wie sie Wilfred Thesiger wohl oft erlebt hat. Doch welchen Erkenntnisgewinn zieht ein Europäer aus seiner Begegnung mit der Wüste? Die Antworten mögen wie immer sehr individuell ausfallen, doch sind es meist scheinbar ganz banale Dinge, die in Erinnerung bleiben. Sei es der singende Sand oder das Resümee, das Thesiger zum Abschluss seiner Expedition gezogen hat: »Nun hatte ich das Leere Viertel durchquert. Für andere war meine Reise ohne besonderen Wert. Ihr einziges Resultat wäre wohl eine ziemlich ungenaue Karte, die kaum jemals ein anderer benützen würde. Es war ein ganz persönliches Erlebnis, und der Lohn war ein Schluck reinen, beinahe geschmacklosen Wassers gewesen. Mir genügte das.«
Margit Kohl

> Von der Begegnung mit der Wüste bleiben einem oft ganz banale Dinge in Erinnerung: wie wohltuend ein Schluck Wasser sein kann oder wie zauberhaft es klingt, wenn der Wind mit den Sandkörnern spielt und auf wundersame Weise Musik macht.

Praktische Reisetipps

ANREISE
Direktflüge nach Abu Dhabi, etwa mit Etihad Airways und Lufthansa (ca. sechs Stunden). Von Abu Dhabi mit dem Auto sind es knapp zwei Stunden auf einer vierspurig ausgebauten Schnellstraße bis zur Liwa-Oase.

VISA
Deutsche Staatsangehörige erhalten bei Einreise in die Vereinigten Arabischen Emirate (VAE) ein kostenloses Touristenvisum für 30 Tage.

GESUNDHEIT
Keine Pflichtimpfungen.

REISEZEIT
Die Temperaturen in dem sehr trockenen Wüstenklima reichen von 0 °C in der Nacht bis zu 60 °C tagsüber. Empfehlenswert ist eine Reise in die Liwa-Oase während der Wintermonate von Oktober bis Mai (Durchschnittstemperatur 25–30 °C).

AUSRÜSTUNG
Leichte Baumwollkleidung, Kopfbedeckung oder großes Baumwolltuch, das auch gegen Sandsturm nützlich ist. Funktionsjacke/Pullover für die kalten Wüstennächte. Schuhwerk für Dünenwanderungen. Sonnenschutz, robuste Wasserflasche, Taschenlampe, Reiseapotheke. Fernglas für Tierbeobachtungen.

REISELEKTÜRE
Wilfred Thesiger: Die Brunnen der Wüste. Mit den Beduinen durch das unbekannte Arabien.

UNTERKUNFT
Qasr Al Sarab Desert Resort by Anantara, http://qasralsarab.anantara.de.com

INFO
www.visitabudhabi.com (offizielles Tourismusportal)

85 Reine Männersache: Mar Saba

Rund 15 Kilometer Luftlinie östlich von Bethlehem steht das griechisch-orthodoxe Kloster Mar Saba auf einem steilen Felsvorsprung in der Wüste des Kidron-Tals, das sich vom Ölberg in Jerusalem bis zum Toten Meer zieht. Der gesamte Komplex, inklusive der äußeren Mauern, Kuppeln und der zum Kloster führenden Treppen, wurde im 19. und Ende des 20. Jahrhundert restauriert. Die Geschichte des Klosters reicht jedoch sehr viel weiter zurück. Gegründet wurde es im Jahr 483 vom heiligen Sabas (439–532), der hier fünf Jahre als Eremit in einer Höhle verbrachte – der Legende zufolge zog er sich auf Geheiß eines Engels in diese Einsamkeit zurück. Damit besteht Mar Saba schon seit über 1500 Jahren und gehört so zu den ältesten christlichen Klöstern der Welt, die noch bewirtschaftet werden. Hier verbrachte der Kirchenvater Johannes von Damaskus seine letzten Jahre, im Mittelalter war es bekannt als ein berühmtes Zentrum georgischer Gelehrsamkeit und Literatur. In dem Komplex und in den zahllosen Umliegenden lebten einst mehrere tausend Mönche, heute ist hier nur noch rund ein Dutzend ansässig. Gäste sind hier trotzdem stets willkommen, es sei denn, sie sind weiblichen Geschlechts. Seit Beginn des Klosters dürfen Frauen die Anlage nicht betreten, auch wenn dem heiligen Sabas zur Klostergründung einst die Mutter Maria erschienen sein soll und ihm Mut zusprach. Wer die Klostergebäude trotzdem bewundern möchte, kann sie vom nahe gelegenen Frauenturm aus begutachten.

INFO: Visitor Information Center, Manger Square, Bethlehem, http://vicbethlehem.wordpress.com

Mar Saba ist eines der ältesten noch bewohnten Klöster der Welt. Seine Mönche lebten ursprünglich in Höhlen in der judäischen Wüste.

Israel · Großbritannien

86 Mystische Gärten – im Dartmoor-Nationalpark

Seit über sechzig Jahren schützt ein 954 Quadratkilometer großer Nationalpark die einzigartigen und geheimnisvollen Moor-, Heide- und Hügellandschaften des Dartmoor. Sie zählen zu den letzten Wildnissen Europas. Einsame Moore, wild lebende Ponys, urzeitliche Steinkreise und kleine Dörfer, die im dichten Nebel verschwinden: Das Dartmoor beflügelt die Fantasie und mahnt zur Vorsicht. Der südenglische Lebensstil ist aber auch mit Gärten untrennbar verbunden – kleine Paradiese, die versteckt vor dem Lärm der Welt eine seltene Symbiose aus Natur und Kultur bieten. Kommt dann noch anstatt Design Kunst hinzu, trifft man auf Orte, die man am liebsten nicht mehr verlassen will. Ein solcher Glücksfall sind die Stone Lane Gardens bei Chagford am Nordrand des Dartmoor. Schon der Weg, der zwischen Chagford und Drewsteignton nahe dem Castle Drogo zur Stone Lane Farm führt, gleicht einem Abenteuer. In ihrem mythischen Garten strahlen die Skulpturen tanzender Hasen, trauriger Waldgeister und menschenähnlicher Wesen im Zusammenspiel mit seltenen Farnen, kleinen Bächen und behutsam in die Landschaft eingefügten Teichen eine magische Kraft aus. Das Dartmoor im Hintergrund tut ein Übriges. Jeder Besucher kann die Verbreitung selten gewordener Wildblumen unterstützen, indem er sich Setzlinge von der Stone Lane Farm für seinen eigenen Garten mitnimmt.

Info: Stone Lane Gardens, Stone Farm, Chagford, Devon TQ13 8JU, www.dartmoor.co.uk

Allein aus flachen Natursteinplatten besteht die Clapper Bridge in Dartmoor. Weder Mörtel noch Beton stabilisiert die Steine, ein Meisterwerk der Architektur.

87 Der Elbrus – Götterthron im Kaukasus

Russlands höchster Berg ist ein mächtiger schlafender Vulkan, den Gletscher mit ewigem Eis bedecken. In der antiken Mythologie war der gewaltige, geheimnisvolle »Strobilus« das Gefängnis des Prometheus. Bei den Arabern heißt der Riese »Berg der Sprachen«, was auf das Vielvölkergemisch zu seinen Füßen hinweist. Alle Bezeichnungen wie »König der Geister«, »Ort der Glücklichen«, »Heiliger Berg« oder »Thron der Götter« deuten auf das Gewaltige, für Menschen schier Unerreichbare, Himmlische, Göttliche hin. Der Überlieferung zufolge legte selbst die Arche Noah am Elbrus einen kurzen Zwischenstopp ein, bevor sie endgültig auf dem Ararat strandete. Besteigungen und damit ein Eindringen in das »Reich der Götter« waren demzufolge lange Zeit tabu – heute ist das Elbrusgebiet im Prielbrussje-Nationalpark geschützt.

Durch das malerische Baksan-Tal erreicht man die Talstation der Gondelbahn, die auf 3800 Meter hinauffährt. Von dort gelangt man mit einem Sessellift auf die 4160 Meter hoch gelegene Prijut. Zwischen Mai und Anfang September ist sie der Ausgangspunkt für den atemberaubenden Aufstieg zum Ost- oder zum höheren Westgipfel des Massivs. Auf der 5642 Meter hohen Spitze angelangt, wird der beschwerliche Weg mit einem göttlichen Ausblick auf das Gipfelmeer des gesamten Kaukasus belohnt.

INFO: Prielbrussje-Nationalpark, Lesnaya 2, Elbrus, Elbrus-Distrikt, Republik Kabardino-Balkarien, Russland 361603, www.elbrus.net

Der kaukasische Elbrus: Das ist ein geradezu magischer Berg an der Grenze zwischen Europa und Asien, an dessen Hängen mehr als 70 Gletscher mit ihren Eismassen ins Tal hinabfließen.

Russland · Guatemala

88 Die Seele baumeln lassen am Lago de Atitlán

Das Panorama, das sich bereits bei der Anfahrt zum Atitlánsee in Guatemala bietet, ist unbeschreiblich. Der 18 Kilometer breite und 10 Kilometer lange See liegt auf einer Höhe von 1562 Metern über dem Meeresspiegel und wird von drei Vulkanen umgeben: San Pedro (2.995 Meter), Tolimán (3.158 Meter) und Atitlán (3.537 Meter). Der See ist vor etwa 85 000 Jahren durch einen Vulkanausbruch entstanden. Ihn umgibt eine reiche Vegetation an Mischwäldern, die eine Vielzahl von Tieren beheimatet. Rund um den See lebt die indigene Bevölkerung, die unter anderem von den Einnahmen durch den Tourismus, aber auch vom Fischfang und Ackerbau lebt. Für Ruhesuchende ist das kleine Dorf San Marcos La Laguna am Atitlánsee eine wahre Oase der Entspannung. Naturbelassen führen kleine nicht asphaltierte Wege in natürlicher Vegetation durch den Ort. Das Dorf hat sich mit einigen Meditations-, Yoga- und Massagezentren inzwischen zu einem spirituellen Treffpunkt für Aussteiger, Heiler, Künstler und Musiker entwickelt. Empfehlenswert ist unter diesen das San Marcos Holistic Center, das eine große Auswahl an unterschiedlichen Massagen und Therapien anbietet. Das reizende Hotel Lush Apartments, nur wenige Fußminuten von der öffentlichen Bootsanlegestelle entfernt, bietet sich als Unterkunft für jedes Portemonnaie an. Neben acht exklusiven Suiten und drei individuellen Standardzimmern, stehen ebenfalls preisgünstige Zimmer im ökologisch ausgerichteten Hotel zur Verfügung. Die mit lokalen Materialien erbaute Unterkunft ist mit einzigartigen Kunstwerken aus Glas und eigens hergestellten Möbeln ausgestattet. Darüber hinaus zeichnen sich die Zimmer durch Balkone mit unglaublichen Aussichten auf den stahlblauen See aus.

INFO: Lush Apartments, www.lushatitlan.com. San Marcos Holistic Centre, Calle del Unicornio, Barrio 3, San Marcos La Laguna, www.sanmholisticcentre.com

Der Lago de Atitlán zieht zahlreiche Touristen an. Das Süßwasserreservoir ist abe auch fischreich und sichert die Ernten.

DER WEG IST DAS ZIEL

Französisch-Polynesien

89 Mit dem Frachtschiff zu den Marquesas-Inseln

Die traumhafte Reise auf dem Versorgungsschiff »Aranui 3« ist aufgrund der hohen Sicherheitsstandards, der hervorragenden Betreuung an Bord durch Reiseleiter und die ärztliche Versorgung ein kalkuliertes Abenteuer. Vorrangige Aufgabe des Frachters ist die Versorgung der weit abgelegenen Marquesas-Inseln in Französisch-Polynesien. Für die Mitreisenden entfaltet sich auf der Fahrt eine der schönsten und entlegensten Regionen der Erde.

Riesige Basaltsäulen ragen aus dem Meer. Es ist Ua Pou, die Zackige. Beeindruckende Eruptivgesteinsformen heben sich von der grünstrotzenden Dschungellandschaft ab. Besonderen Verdienst um diese bizarre Vulkaninsel erwarb sich der Deutsche Karl von den Steinen. Um 1900 erforschte er im Auftrag des Berliner Völkerkundemuseums die Kultur der Marquesaner und zeichnete deren kunstvolle Tätowierungen in allen Details auf. Heute orientieren sich die Meister der polynesischen Tatoos an den Vorlagen des deutschen Kunsthistorikers! Die Marquesaner galten zudem als die grausamsten Menschenfresser der Südsee, was das Schicksal der Mannschaft eines vor Ua Pou ausgeplünderten englischen Schiffes belegt: Sie garte im Erdofen zum Festschmaus.

Gefürchtete Kannibalen, verehrte Künstler

Während auf der Hafenmole von Hakahau noch emsiges Treiben herrscht, brechen die Wellen des Südpazifiks weißschäumend in die Bucht von Anahoa. In der Ferne hebt sich die Silhouette von Ua Huka gegen den Horizont ab – die Insel der Wildpferde, Reiter und Bildhauer steuert die »Aranui 3« auf der Rückreise an.

Derweil hieven zwei Liebherr-Bordkräne schwere Frachtgüter aus den Ladeluken: Container, Paletten mit Baumaterialien, Auslegerkanus aus Polyester und ein Auto. Als die Sonne sinkt, schiebt sich der Frachter vorsichtig an zwei ankernden Jachten vorbei hinaus in die offene See.

Einbooten nach einem Robinson-Crusoe-Ritt auf der »Pferdeinsel« Ua Huka (M.), Joel und Mareva von der Aranui-Crew (o.), eine »Pae Pae«-Tanzveranstaltung, an der zahlreiche polynesische Beauties auf Hakahau teilnehmen (l. und r. o.). Währenddessen werden von den Bordkränen die Frachten aus den Ladeluken der Aranui gehievt (r.u.).

Französisch-Polynesien

Paul Gaugins Grab auf dem Friedhof von Atuona auf Hiva Oa ist eine Sehenswürdigkeit (o.), ebenso wie die Tänzer auf der Insel Hakahau (u.). Berauschender Blick vom 1000 Meter hoch gelegenen Gebirgskamm Fatu Hivas hinunter auf die Baie des Vierges, die dem norwegischen Naturforscher Thor Heyerdahl zu einem Albtraum geriet (u. und r.).

Die Brücke der »Aranui 3« ist mit modernster Technik ausgestattet: Satellitennavigation (GPS), Radar, Autopilot, Computer sowie Telefon, Funk- und Faxgeräte. Dem erfahrenen Kapitän Theodore Oputu scheint jeder Meter auf der Route seines Schiffes persönlich bekannt zu sein, denn seit Jahrzehnten schon versorgt seine Frachtlinie die abgelegenen Marquesas-Inseln.

Am nächsten Morgen liegt das Schiff fest vertäut an der Hafenmole von Taiohae vor Nuku Hiva, dem Sitz der französischen Verwaltung und eines katholischen Bischofs. »Die Bucht von Nukuhiwa, in der wir damals lagen«, schrieb Herman Melville in seinem Roman »Taipi« (1842), »ist hufeisenförmig. Von unserem Schiff aus gesehen wirkte sie wie ein riesiges natürliches Amphitheater, das in Verfall geraten und mit wild rankenden Pflanzen überwachsen ist. Vom Ufer her steigt das Land überall gleichmäßig in grünen Hügeln an, bis es von sanft gewellten Hängen und mäßigen Erhebungen unmerklich zu großartigen, majestätischen Bergen emporwächst. Die herrliche Küste wird noch reizvoller durch die tiefen, romantischen Schluchten. Nichts kann die großartige Landschaft dieser Bucht übertreffen.« Melville lässt seinen Romanhelden von einem Walfänger desertieren und schildert sein abenteuerliches Überleben bei den gefürchteten Taipi-Kannibalen im Taipivai-Tal.

Als die »Aranui 3« die Taipivai-Bucht verlässt, steht Nuku Hiva blauschwarz vor dem Himmel. Hier und da steigen Rauchsäulen aus dichtem Grün. Nun verlässt das Schiff die Nordwestgruppe der Marquesas und nimmt Kurs auf Hiva Oa in der Südostgruppe, um in der Bucht von Atuona die Nacht zu verbringen.

Gebirgsketten von mehr als tausend Metern ragen auf. Zahlreiche Bäche sprudeln aus dem Inneren dieser blühenden Oase. Gewaltige Schluchten und abgeriegelte Buchten prägen die Landschaft, die sich aus drei explodierten Vulkanen vor Jahrmillionen formte. Im Puamau-Tal bewundern wir die Tiki-Götzen, megalithische Steinkolosse auf tuffsteinernen Plattformen, als Zeugen kannibalischer Festgelage.

Nach Hiva Oa floh der französische Maler Paul Gauguin von Tahiti, das ihm zu »zivilisiert« war, und bannte dort seine letzten Südseeimpressionen auf Leinwand, bevor ihn Alkohol und Syphillis umbrachten. Sein Grab beschert dem Friedhof von Atuona seit 1903 Besucher aus aller Welt. Nur ein paar Gräber weiter hat der belgische Chansonnier

Französisch-Polynesien

Jacques Brel, den die Inseln zu seinem Liebeslied »La Cathédrale« inspiriert haben, seine letzte Ruhe gefunden. Als Nächstes stehen die Küstenorte Vaitahu und Hapatoni auf Tahuata, der kleinsten bewohnten Insel der Marquesas, auf der Lieferliste der »Aranui 3«. Dort wehen vielstimmig und wehmütig die polynesischen Kirchgesänge der Sonntagsmesse zum ankernden Schiff herüber, während die Mannschaft ungerührt Frachtgüter löscht. Es wird noch viele Ladestopps und Landgänge geben.

Scheitern im Paradies

Wieder zurück auf Fatu Hiva, lernen die Passagiere der »Aranui 3« das »Zurück-zur-Natur«-Experiment Thor Heyerdahls kennen. 1936 verzichteten der norwegische Forscher, der durch seine späteren Expeditionen mit dem Balsafloß »Kon Tiki« und dem Schilfboot »Ra« Weltruhm erlangte, und seine Frau Liv ein Jahr lang auf die Segnungen der Zivilisation: »Wir fanden die vielfältigste Landschaft, die wir je gesehen hatten«, notierte er, »friedliche Bergkuppen und Hügel auf welligen Ebenen, durchschnitten von wilden Schluchten und tiefen Spalten, während im Hintergrund ständig Klippen und Türme aufstiegen.«

Über acht steile Kilometer führt die Trekkingtour uns Landgänger von Omoa aus über einen Pass an tausend Meter hohen, wildzerklüfteten Gebirgskämmen vorbei. Tief unter uns taucht die Bucht von Hanavave auf. Dahinter dehnt sich endlos blau der Pazifik aus. Für Heyerdahl (»Ich habe versucht, zur Natur zurückzukehren. Zerschlug meine Uhr zwischen zwei Steinen und ließ mir Haar und Bart wild

Insulanerinnen (o.), die sich freuen, weil die Aranui mal wieder fremde Gesichter auf die abgelegenen Inseln mit Traumstränden (u.) bringt. »Papa« Nöel ist seit 25 Jahren als Matrose auf der Aranui und gehört zu den bekannten Gesichtern (M.). Von Papeete aus führt die Passage zuerst am Fakarava-Atoll des Tuamotu Archipels vorbei zu der malerischen »Bucht der Jungfrauen« auf Fatu Hiva (r. o.).

wachsen. Kletterte auf Palmen, um etwas zu essen herunterzuholen. Zerschnitt alle Bindungen an die moderne Welt.«) wurde Fatu Hiva allerdings zur Hölle. Lebensbedrohliche Eiterbeulen, Moskitos und Skorbut machten den beiden Aussteigern zu schaffen. »Mittlerweile warteten wir in unserer Hütte«, notierte der Naturforscher frustriert, »nur noch auf ein Schiff, das uns von der Insel wegbringen sollte.«

Als vollklimatisierte »Insel der Zivilisation« mit Arzt und Apotheke an Bord, ankert die »Aranui 3« in der Baie des Vierges. Dort heißt es nun Abschied nehmen von den letzten Naturgärten der Erde. Als die Sonne sinkt, stehen die Insulaner am Strand und blicken stumm aus ihrer Dschungelbühne mit Felsen, Flüssen und Wasserfällen, fetten Palmenwäldern und mächtigen Brotfrucht- und leuchtenden Flamboyantbäumen als Kulisse. »In ehrfürchtigem Schweigen«, hielt der am Paradies gescheiterte Heyerdahl fest, »sahen wir, wie sich die mächtigen Felskulissen von Hanavave schlossen, während wir vorüberfuhren. Nie wieder sollten wir eine so schöne natürliche Szenerie sehen.« Dies ahnen auch die schweigend an Deck stehenden Passagiere, als die »Aranui 3« den Anker lichtet.

Roland F. Karl

Den Zauber der Südsee an Deck der Aranui 3 zu durchfahren gehört zweifelsfrei zu den schönsten Reiseerlebnissen eines Lebens – jede einzelne Bilderszene bleibt im Kopf, für alle Zeit!

Praktische Reisetipps

REISEPLANUNG
Air Tahiti Nui oder Air France von Paris nach Papeete (Tahiti).

VISA
Für deutsche Staatsbürger bis zu drei Monaten kein Visum, der Reisepass muss sechs Monate Gültigkeit haben.

GESUNDHEIT
Bei Einreise aus Europa keine Pflichtimpfungen. Empfohlen sind Tetanus, Diphtherie und Kinderlähmung (www.crm.de).

REISEZEIT
Die trockene und angenehmste Reisezeit sind die Monate von März bis Oktober.

AUSRÜSTUNG
Tropentaugliche und sportliche Bekleidung. Leichte Regenkleidung. Festes Schuhwerk für Landgänge. Sonnenschutz und Reiseapotheke.

REISELEKTÜRE
Thor Heyerdahl: Fatu Hiva. Paul Gauguin: Noa Noa. Herman Melville: Taipi. Robert Louis Stevenson: In der Südsee.

REISEPLANUNG
Flug von Papeete nach Nuku Hiva. Anschließend eine Woche an Bord der »Aranui 3« durch die Inselwelt der Marquesas. Alternativ: Ab Papeete zwei Wochen auf der »Aranui 3« durch die Archipele der Tuamotu- und der Marquesas-Inseln.

INFO
• Tahiti Tourisme c/o Eyes2market GmbH, Fasanenstrasse 2, 25462 Rellingen, info@tahiti-tourisme.de, www.tahiti-tourisme.de.
• www.aranui.com oder reservations@aranui.com (direkte Buchung)

Spitzbergen

90 Auf Nordkurs! Mit der »MS Stockholm« in die Arktis

Die See ist kabbelig, das dunkelblaue Meer mit kleinen Kronen weißer Gischt geschmückt. Die Mitternachtssonne hat ein Loch in die Wolken gestoßen und schickt ihre Strahlen auf Meer und Land. Ein Eissturmvogel tanzt über die Wellen, begleitet das Schiff, wie um ihm den Weg zu weisen. Hier draußen, im Bug der »Stockholm«, fühle ich mich lebendig. Der Wind bläst mir ins Gesicht, reißt an Jacke und Mütze. Meine Hand schmerzt, weil ich mich an die kalte Reling klammere.

Wir sind jetzt den zweiten Tag unterwegs und fahren immer weiter gen Norden. Rechts von uns, pardon, an Steuerbord, gleitet Spitzbergen vorbei. Wir sind in der Arktis. Spitzbergen? Arktis? Freiwillig in die Kälte? Wer so denkt, ist nicht vom arktischen Virus infiziert. Noch nicht. Mich hat es schon vor einiger Zeit gepackt und jedes Mal freue ich mich wieder, wenn ich in Longyearbyen, dem Hauptort des Archipels, aus dem Flugzeug steige.

Diese Reise wird mich noch weiter in die Arktis führen, grob gesagt, um Spitzbergen herum. Und zwar nicht in einem der riesigen Pötte, die in dieser Region kreuzen. Nein, ich fahre auf der »MS Stockholm«, einer betagten, aber immer noch rüstigen Dame. In ihrem Bauch schlägt immer noch derselbe Dieselmotor, der ihr 1953 bei Kiellegung eingepflanzt wurde. Schaue ich vom Bug aus zurück, sehe ich sie in ihrer ganzen Pracht, mit ihrem Holz, ihren kleinen Dellen, dem Krähennest, dem Zodiak. Und ganz allein auf der Brücke steht ihr Kapitän Per Engvall und steuert sie. Seine »Stockholm«.

Mit dabei ist eine kleine Schar von angehenden Arktisfans; lediglich für zwölf Passagiere ist Platz in kleinen, einfachen, aber gemütlichen Kabinen, inklusive Seemannsliteratur und kreisrundem Bullauge. Nach den ersten Stunden an Bord, ersten Landgängen und Besuchen in Ny Ålesund und auf der Blomstrandhalvøya sind alle gierig nach Eis. Nach Packeis. Und sie wollen das »große, weiße Tier« sehen – unser Expeditionsleiter ist etwas abergläubisch und spricht das Wort »Eisbär« nicht aus, bis wir den ersten gesehen haben.

Kapitän und Eigner Per Engvall (o.) ist Herz und Hirn seiner »Stockholm« (M.). Seit vielen Jahren steuert er sie durch die Gewässer Spitzbergens. Eisberge sind dabei ständige Begleiter (u.). Dabei zeigt sich, dass Eis viele Farben haben kann. Die »Stockholm« ist aufgrund ihrer geringen Größe ideal, um die Arktis zu besuchen (r. o.). Regelmäßig kommen Walrosse vorbei (r. u.).

Buckelwale gehören zum Alltag. Jahrhundertelang wurden Wale dort oben gejagt, heute haben sie ihren Frieden (o.). Ein Maschinentelegraph zeugt von der guten alten Zeit – und er ist voll funktionstüchtig (M.). Die Pflanzenwelt dort oben ist oft unscheinbar, doch hübsch (u.). Eisbären sind die unangefochtenen Könige der Arktis. Man kann ihnen quasi immer begegnen (r.).

Spitzbergen

Hinter Sturm und Nebel ein richtiger Eisbär

Aber erst einmal wird es ungemütlich. Der Wind frischt auf, ein Sturm kommt aus Nordwest. Es gibt zwei Möglichkeiten: In einer Bucht auf besseres Wetter warten oder alles auf eine Karte setzen und versuchen durchzuhuschen.

Der Kapitän weiß, was seine »Stockholm« zu leisten vermag – und fährt weiter. Es bläst immer stärker und die »Stockholm« rollt in der Dünung. Sie kränkt so weit, dass der Tiefenmesser nicht mehr richtig funktioniert. Regenbö um Regenbö peitscht gegen die Brücke. Immer wieder geht eine Welle über die Aufbauten. Nein, das ist kein Wetter, um auf Deck gemütlich einen Tee zu trinken!

Später in der Nacht, es ist taghell, erkennt man am Horizont eine weiße Linie. »Da ist das Eis«, erklärte der erste Offizier Martin und fügt beruhigend hinzu, »das mindert die Dünung.« Tatsächlich, die See wird spürbar ruhiger. Wir passieren die »Sieben Inseln« und lassen Phippsøya rechts liegen. Ein paar Seemeilen weiter taucht Rossøya auf, ein nebelverhangener Felshaufen, aber immerhin der nördlichste Punkt Europas. Dann sehen wir kein Land mehr. Vor uns liegt nur noch der Nordpol, das nächste feste Land heißt Alaska.

Immer mehr Eisschollen tauchen vor uns auf. Das Meer ist mittlerweile fast spiegelglatt und hat die Farbe von dunkelblauer Tinte. Ein magisches Dunkelblau, ebenso anziehend wie das Türkis, das zu sehen ist, wenn Packeisteile unter Wasser liegen. Viele Stunden verbringe ich während der Fahrt einfach im Bug, um mich an dieser großen Farbpalette zu berauschen.

Um viertel vor Neun ein erster, aber ein toter Eisbär, Reste eines Jungtieres, dessen Körper bereits in Auflösung ist. Traurig, aber immerhin dient er anderen noch als Nahrung. Zwanzig Minuten später ein Kopf am Horizont. Oder nicht? Hinter einer Scholle. Ein gelb-weißer Knopf, kaum zu sehen, dann schon wieder nicht mehr. Wir gucken uns die Augen aus, bis sie schmerzen. Und wirklich: Es ist ein Eisbär, und er trottet auf uns zu! Wir haben seine Neugier geweckt. Vielleicht riechen wir aber nur verführerisch …

Fünfhundert Meter, dreihundert, hundert. Wir kommen immer näher. Vor uns erscheint ein junges Männchen, gut im Futter, wunderschön, unvernarbtes Gesicht, langes Fell und dicht behaarte Pfoten. Immer wieder nimmt er Witterung auf, leckt sich die Schnauze mit seiner schwarzen

Gletscher bestimmen die Landschaft Spitzbergens; in manche kann man regelrecht hineinwandern – allerdings ist das mit nicht geringen Gefahren verbunden (o.), manche kann man erklimmen, wie hier den Ausfonna (M.), und an manchen kann man sich schlicht nicht sattsehen, beispielsweise an der gewaltigen Abbruchkante des Smeerenburgbreen (u.).

Spitzbergen

Zunge. Schließlich ist er nur noch zehn Meter entfernt, dann fünf, dann nur noch zwei. Er schaut die Bordwand hoch, man hört ihn atmen. Aus dem »weißen Tier«, auf das alle gehofft haben, ist ein richtiger Eisbär geworden.

Glockenspiel im Eis

Die »Stockholm« setzt ihre Fahrt fort, zunächst weiter Richtung Norden, weiter ins Packeis. Wir lassen den 81. Breitengrad hinter uns und fahren so lange, bis das Eis zu dick wird. Unsere Expedition ist noch bemerkenswerter, wenn man sich vorstellt, dass diese Gewässer noch vor hundert Jahren kaum befahren wurden. Das »Land« um den Nordpol herum war einigen Abenteurern vorbehalten – und natürlich seinen »Herrschern«, den Eisbären.

Unser Schiff nimmt Kurs auf Nordaustland und den Austfonna-Gletscher. Heute Nacht hat das abgebrochene Eis des Gletschers ständig ans Schiff geklopft. Gleichzeitig drücken große, in langen Zügen dahinrollende Wellen das Schiff hoch und runter. Die Aussicht ist gewaltig. Eine Wand aus Eis zieht sich von einem Ende des Horizonts zum anderen. Bis zu 40 Meter hoch und 170 Kilometer lang. Einförmig ist sie trotzdem nicht; immer wieder neue Details zeigen sich. Mal sind es Spalten, Klüfte, mal farbige Streifen und Vorsprünge. An einigen Stellen sind offenbar große Teile ins Meer gestürzt und Eisberge in allen Größen treiben durch den Ozean, manche in der Größe von Einfamilienhäusern und manche so klein, dass sie gerade einmal einen Gin Tonic kühlen könnten.

Wenn man durch diese Eisfelder hindurchfährt, schließe man die Augen und gebe sich den Geräuschen hin. Eine ganze Sinfonie ist zu hören: Es »klonkt« immer wieder, sobald ein Eisstück gegen das Schiff prallt. Dann ein Stakkato, »Klink, Klink, Klink«, sobald kleine Bröckchen auf den Stahl treffen. Schließlich eine große Bandbreite aus Zischen und Prasseln, wenn die vielen eingeschlossenen Luftbläschen im Eis aufschmelzen. Eis ist wirklich musikalisch, es singt das Lied vom Frost.

Im Bauch des Wals

Mittags fahren wir in die Bucht von Claravagen. Hört sich einfacher an, als es ist, denn die Passage ist nur 20 bis 30 Meter breit. Keine Chance für ein größeres Schiff und nur eine kleine für eines unserer Ausmaße. Um hineinzufahren, wartet unser Kapitän das schmale Zeitfenster ab, in dem sich Ebbe und Flut die Waage halten.

Nach einem Marsch über die Tundra erreichen wir am Ende eines Tals einen fünf Meter breiten Schlund. Im seinem Innern sieht es aus wie im Bauch eines Wals. Ich fühle mich wie der Jonas der Bibel. Dunkel ist es im Gletscher, doch als alle Lichter gelöscht sind und sich die Augen an die Finsternis gewöhnt haben, fällt ein fahler blauer Schimmer durch die Decke.

Die »Stockholm« lichtet den Anker, es geht wieder nach Hause. Kurz bevor wir in Longyearbyen anlegen, besuchen wir noch den Smeerenburg-Gletscher. Die Sonne taucht seine eisigen Zinnen in gleißendes Licht, Bänder aus Staub durchziehen den Gletscherkörper. Es knackt, kracht, und ein hausgroßer Brocken stürzt ins Wasser und schickt eine Zwei-Meter-Welle hinaus, die wir auch auf dem Schiff spüren. Minuten später löst sich ein weiterer Brocken und dann noch einer. Schließlich, um das Bild perfekt zu machen, schwimmen 20 Belugawale vor dem kalbenden Gletscher auf und ab und erfreuen uns zum Abschluss mit einem Ballett.
Peter Laufmann

Unser Autor ist vom Polarfieber gepackt. Manchmal treibt das seltsame Blüten, etwa indem man Dummheiten mit Walrossknochen macht.

Praktische Reisetipps

ANREISE
Longyearbyen/Spitzbergen wird von verschiedenen Flughäfen in Skandinavien angeflogen. Derzeit gibt es keine Direktflüge von Deutschland.

GESUNDHEIT
Die Reise erfordert keine besondere Fitness, aber eine gute Konstitution. Vergessen sollte man nicht einen guten Sonnenschutz, eine Sonnenbrille und gegebenenfalls Mittel gegen Seekrankheit.

REISEZEIT
Die »MS Stockholm« fährt in den Sommermonaten von Mai bis Anfang September durch den Archipel.

AUSRÜSTUNG
Neben Fernglas und Fotoapparat sollte man sich für unterschiedliche Wetterlagen wappnen. Es kann durchaus warm genug für ein T-Shirt sein, aber selbst im Sommer auch schneien. Die Kleidung sollte sich am bewährten Zwiebelprinzip orientieren. Auch sind eine wasserdichte Jacke und wasserdichte Hose zu empfehlen. Bei den Landgängen am besten hohe Gummistiefel tragen! An Bord ist legere Kleidung ausreichend. Und: Badehose nicht vergessen!

INFOS
Die Touren mit der »MS Stockholm« werden von der Fietz GmbH Polarkreuzfahrten organisiert. Sie beantwortet alle Fragen rund um eine Reise in die Arktis.
www.polar-kreuzfahrten.de

Mazedonien

91 Mit dem Drahtesel zum Ohridsee

Mazedonien ist seit 2005 einer der Anwärter auf die EU-Mitgliedschaft. Das kleine südosteuropäische Land aus der Konkursmasse Jugoslawiens ist in West- und Mitteleuropa als Urlaubsland bisher ziemlich unbekannt. Dabei besticht es mit wunderschönen Landschaften und ist ein Paradies für Wanderer und Bergsteiger, denen allerdings ein gewisser Hang zur Abenteuerlust eigen sein sollte.

Nach 4500 Kilometern auf dem Rad haben wir schon einiges erlebt. Der Sommer in diesem Jahr war, auch für südosteuropäische Verhältnisse, extrem heiß. Die mörderische Hitze sollte uns auch auf der Etappe nach Ohrid in Mazedonien immer wieder zu schaffen machen.

Mehrvölkerstaat mit vielen Nachbarn

Vorbei an einem Denkmal für 20 000 geblendete Bulgaren – eine Strafaktion, die auf das Konto eines byzantinischen Kaisers ging – kommen wir zur bulgarisch-mazedonischen Grenze. Nach einer gründlichen Kontrolle an dem wenig belebten Übergang und nach einer Kaffee- und Geldwechselpause fahren wir durch eine landwirtschaftlich geprägte Ebene nach Strumica. Leider waren aufgrund der Basketball-EM alle Hotels ausgebucht. Wir erhalten aber einen Tipp für ein Motel am Stadtrand – hinter einem Slum (wir befürchten das Schlimmste...) und neben dem LKW-Parkplatz. Die Herberge macht allerdings einen sehr guten Eindruck. Die Besitzer, mit denen wir uns gut verständigen können, erzählen uns einiges über ihr Land.

Den größten Teil der Bevölkerung stellen slawische Mazedonier. Es gibt aber auch viele Türken, Albaner und einen kleinen Anteil Roma. Die Albaner streben Autonomie oder sogar die Unabhängigkeit an. Von den rund zwei Millionen Einwohnern arbeiten sehr viele im Ausland, offenbar vor allem in der Schweiz. Auf unserer Fahrt hatten wir angesichts der Autokennzeichen nämlich das Gefühl, in der Schweiz

Winkelige, uralte Gassen ziehen sich durch das Zentrum von Ohrid (o.). Klarstes Wasser und eine endemische Fora und Fauna sind Merkmale dieses fantastischen Gebirgssees (u., r.o.). Von der Festung aus bietet sich ein fantastischer Blick auf die Dächer von Ohrid (r.u.).

Das einzige griechische Theater Mazedoniens liegt in Ohrid. Die drei anderen im Land sind aus römischer Zeit. Allerdings wurden auch hier Gladiatorenkämpfe ausgetragen (o.). Der im Sommer üppig bestückte Markt von Ohrid (M.). An der Seestraße entlang zur albanischen Grenze (u.). Blick auf den wunderschönen See (r. o.).Die Kirche von St. Klement in Ohrid (r. u.).

Mazedonien

unterwegs zu sein. Die ehemalige jugoslawische Teilrepublik grenzt an Albanien, Kosovo, Serbien, Bulgarien und Griechenland. Mit Griechenland gibt es seit langem Streit über den Namen, weil beide Länder sich auf die mazedonische Tradition berufen und zum Beispiel Alexander den Großen für sich beanspruchen.

Auf der Suche nach Schatten

Von Strumica nach Negotino fahren wir quer durch den Gradeška-Gebirgsrücken oberhalb des Flusses Vardar. Die Hitze ist groß, es herrschen mehr als 40 °C; die Landschaft aber ist fantastisch. Am nächsten Tag brechen wir in der noch kühlen Morgendämmerung auf und treiben unsere Räder die Weinberge hoch. Als die Hitze des Tages unausweichlich heranrückt, geht es fast 30 Kilometer durch die Babuna Tren. Auf dieser Strecke sind die physischen Grenzen erreicht: Trotz starken Verkehrs stürze ich, wenn einmal ein Baum auftaucht, quer über die Straße in dessen Schatten. Kurz vor dem Pass gibt es Gott sei Dank ein Restaurant und frisches Quellwasser. Hier können wir Kraft tanken, um dann hinunter nach Prilep zu rollen.

Auch am nächsten Tag Richtung Resen durchfahren wir wieder eindrucksvolle Berglandschaften – und eilen von Baum zu Baum, zwischendurch ein Halt an einer Quelle. Auf dem Weg durch eine Schlucht ins Tal durchqueren wir herrlichen Wald, der überragt wird von Felsformationen. In Resen, einem sehr türkisch anmutenden Ort, verbringen wir einen sehr netten Abend.

Am nächsten Tag geht es von Resen lange bergauf, dann schließlich hinunter durch die beeindruckende Landschaft des Galičica-Nationalparks nach Ohrid und den Ohridsee. Von Menschenmengen und Verkehr zunächst überfordert, setzen wir uns erst einmal ans Seeufer, bevor wir uns in die Altstadt wagen. Dort finden wir ein einfaches Zimmer mit „Fahrradgarage". Nun können wir es nach den anstrengenden Bergetappen ruhig angehen lassen und lassen uns zum Abendessen Forellensuppe servieren.

Heiliges Ohrid

Der Jahrmillionen alte fischreiche Ohridsee – zwei Drittel gehören zu Mazedonien, der Rest zu Albanien – und die seit der

Mazedonien

Antike bestehende Stadt Ohrid ist als Weltkulturerbe ein Touristenmagnet. Das gleichnamige Erzbistum wurde während des Ersten Bulgarischen Reiches im 9. Jahrhundert gegründet. Der byzantinische Kaiser Basileios II. erkannte es 1018 als autokephales (griechisch-orthodoxes) Erzbistum an. Vom 11. Jahrhundert bis 18. Jahrhundert umfasste es weite Gebiete zwischen Adria (Epirus), Donau (Syrmien) und Thessalien im heutigen Griechenland. 1767 wurde es aufgelöst. Von 1398 bis zum Ende des Ersten Balkankriegs 1912 gehörte Ohrid zum Osmanischen Reich. Seit 1967 ist Ohrid Bischofssitz der autokephalen mazedonisch-orthodoxen Kirche.

Die Altstadt, die mittelalterliche Festung sowie die vielen Kirchen, Klöster (sie entstanden ab dem 9. Jahrhundert) und die Moscheen aus der osmanischen Zeit sind gut erhalten und bilden mit dem großen, sehr alten See ein herrliches Ensemble. Die Lage von Stadt und Festung mit dem See im Vorder- und den Bergen im Hintergrund erinnert entfernt an die Amalfiküste in Italien. Die Seepromenade und der kleine Hafen mit seinen Fischerbooten präsentieren sich pittoresk. Am jenseitigen Ufer konnten wir schon unser nächstes Ziel, Albanien, erkennen.

Auf unserem touristischen Programm lassen wir auch nicht die beiden wichtigsten Kirchen, Sveti Kliment und Sveti Sofija, aus. Die Kirche des Hl. Clemens beeindruckt durch ihre intensive und charaktervolle Freskenmalerei. Sehr lebendig wirken vor allem die Darstellungen zur Mariengeschichte. Die mittelalterliche Ikonensammlung neben der Kirche gehört zu den größten ihrer Art. Die Sophienkirche mitten in der Altstadt ruht auf den Fundamenten einer frühchristlichen Kirche und wurde im 11. Jahrhundert als dreischiffige Basilika mit drei Apsiden, einer Zentralkuppel und einem Glockenturm vor der Westfassade errichtet. Von den Türken zu einer Moschee umgebaut, überlebten die Fresken der Kirche verborgen unter dem Putz und wurden in mühevoller Kleinarbeit während der 1950er-Jahre wieder freigelegt. Wir haben das Glück, bei unserem Besuch ein Abendkonzert im Rahmen des Sommer-Musikfestivals zu erleben.

Nach dem kulturellen Programm darf natürlich auch Kulinarisches nicht fehlen. Am Rand des großen Marktes, der im Sommer eine große Fülle bietet, entdecken wir einen Fischstand, an dem man die endemische Ohrid-Forelle kaufen und sie auch gleich zubereiten lassen kann: ein Genuss!

Das Kloster von Sveti Naum (o.), das etwa 35 Kilometer von Ohrid entfernt liegt, gehört zu den beliebtesten Reisezielen in Mazedonien – kein Wunder, denn das Innere der Kirche ist voller prächtiger Fresken (u.).

Die Kirche des ehrwürdigen Naum

Nach einem Badetag steigen wir wieder aufs Rad und machen uns Richtung Albanien auf, wir fahren am See entlang Richtung albanische Grenze. Kurz vor der mazedonisch-albanischen Grenze erwartet uns noch das ebenfalls zum Welterbe zählende Sveti Naum, früher eines der bedeutendsten Klöster auf der Balkanhalbinsel. Leider wurde es 1870 bis auf die Erzengelkirche durch ein Feuer zerstört. Die danach errichtete Anlage ist zwar von Souvenirläden, Restaurants und Imbissen umringt, ihre Lage am Ohridsee lässt den versammelten Kitsch allerdings weniger scheußlich erscheinen. Außerdem gehört die noch im Original erhaltene Klosterkirche zum Schönsten, was wir auf dieser Reise gesehen haben. Sie ist zwar klein, aufgrund ihrer wunderschönen Fresken aber von großer Ausstrahlung.

Über einen kleinen Grenzübergang verlassen wir das kleine Balkanland, das uns an zahlreichen Orten angenehm überraschte, sodass wir uns vornehmen wiederzukommen.
Ulrike Walleitner

Mazedonien besticht mit wunderschönen Landschaften und ist ein Paradies für Wanderer und Bergsteiger, denen allerdings ein gewisser Hang zur Abenteuerlust zu eigen sein sollte.

Praktische Reisetipps

ANREISE
Direktflug nach Skopje oder Ohrid. Mit dem Auto über Österreich, Slowenien, Ungarn und Serbien. Alternativ: Mit der Fähre von Slowenien oder Italien nach Albanien und von dort weiter nach Ohrid. Fernbus nach Skopje.

VISUM
Keine Visumpflicht für Bürger aus EU-Staaten und der Schweiz. Es genügt ein mindestens sechs Monate gültiger Reisepass. Alle Ausländer sind verpflichtet, sich spätestens 48 Stunden nach der Einreise bei der nächsten Polizeidienststelle anzumelden. Für Hotel- und Pensionsgäste übernimmt in der Regel die Hotelleitung die Anmeldeformalitäten.

GESUNDHEIT
Vor Reiseantritt eine private Auslandskrankenversicherung inkl. Rücktransport abschließen!

REISEPLANUNG
Fast überall in Mazedonien kann man mit dem Euro bezahlen. Es empfiehlt sich dennoch, auch Münzgeld und kleine Scheine in der Landeswährung mitzuführen. Bankautomaten sind außer in Skopje und Ohrid selten. Wenn man es ebenfalls mit dem Fahrrad machen will: die meisten Fluglinien nehmen Räder mit. Vor Ort lassen sich meist auch einfache MTBs leihen.

AUSRÜSTUNG
Gute Tourenräder, empfehlenswert, die Bergübersetzung nachzurüsten, feste Taschen, nicht mehr als 7 kg Kleidergewicht und mit Zwiebeltechnik für alle Klimazonen gerüstet sein (je nach Jahreszeit gibt es von 0 Grad bis 40 Grad alles). Außerdem sollte man natürlich gutes Radwerkzeug und die wichtigsten Ersatzteile dabei haben. Radläden, Outdoor etc. sind kaum vorhanden bzw. haben meist nur schlechte Qualitäten.

INFO
http://www.mazedonien.com/

Das gesamte Ambiente ist hier im typischen Texas-Style eingerichtet (o.), im Restaurant gibt es natürlich saftige Rindersteaks und kühles Bier (M.), so fühlen sich nicht nur die Longhorns und Pferde richtig wohl (u.). Cowboys bei der Arbeit sind kein seltener Anblick (r. o.) sobald man das Eingangstor zur Wildcatter Ranch hinter sich gelassen hat (r. u.).

92 Auf dem Pferderücken Texas erleben

Die Wildcatter Ranch befindet sich etwa anderthalb Stunden nordwestlich von Fort Worth/Texas im sprichwörtlichen Nirgendwo. Hoch zu Ross erkundet man die Ranch, reitet vorbei an Erdölpumpen und durch ausgetrocknete Flussbetten. Beim Tontaubenschießen können nicht nur Männer zeigen, was sie können. Bei einem Drink auf der Veranda mit Blick auf einen romantischen Sonnenuntergang wird selbst der härteste Cowboy weich.

Es war geschafft, nach 90 Meilen von Fort Worth erreiche ich die Ranch. Mit gedrosseltem Tempo fahre ich einen kleinen Hügel hoch und parke gleich neben dem Hotel. Ein riesiger Hund schnuppert an mir, als ich aus dem Auto steige. Dann will er gerade am Reifen sein Bein heben, überlegt es sich im letzten Moment aber anders und erledigt sein Geschäft doch lieber im Gras.

Grashüpfer unter der Sohle

An der Rezeption werde ich herzlich empfangen, der Schlüssel für die Cabin – eine Art Bungalow – wird mir neben einem Orientierungsplan ausgehändigt. Und gleich ein wichtiger Tipp: »Brown and grey stay away«! Damit ist gemeint, dass ich mich vor braunen und grauen Schlangen in Acht nehmen soll. Auch gebe es auf der Ranch einige Skorpione, die unangenehm werden können. Ich bedanke mich für die nützlichen Informationen und fahre zur Cabin Nr. 1. Die Tür steht einen Spalt offen. Die ersten Besucher haben sich wohl bereits Zutritt verschafft. Als ich mein Gepäck hereinbringe, knackt es unter den Schuhsohlen recht kräftig. Zahlreiche Kleinstinsekten wie Grashüpfer haben wohl etwas Abkühlung in meinem klimatisierten Zuhause gesucht. Vergebens versuche ich die Tür zu schließen. Ein texanischer Cowboy ist jedoch in der Nähe, der mein Türschloss mit etwas Öl wieder in Ordnung bringt.

Das Zimmer ist riesig, mit Kamin ausgestattet und sehr rustikal eingerichtet. Neben einem Flachbildfernseher, den

Der wunderbare Sonnenuntergang (o.) wirkt von der Veranda mit ihren etwas in die Jahre gekommenen Schaukelstühlen (u.) aus immer wieder umwerfend; ein echter Cowboy allerdings reitet der untergehenden Sonne lieber entgegen (r.). Der Pferderücken bietet auch Schutz vor allerlei kriechendem Getier (M.), sofern man es in jeder Situation schafft, sich darauf zu halten.

ich jedoch nie nutzen werde, gibt es eine kleine Kochnische mit einem großen Kühlschrank und einer Mikrowelle. Auf der Veranda stehen neben einem Schaukelstuhl noch zwei weitere Stühle und ein Tisch. Was für eine spektakuläre Aussicht! Dass ich hier besonders die Sonnenuntergänge genießen würde, konnte ich noch nicht wissen.

Sonnenuntergang auf der Veranda

Das Territorium der Wildcatter Ranch hat eine Ausdehnung von sechs Millionen Quadratmetern, sodass ich selbst zum Restaurant mit dem Auto fahren muss. Das macht nichts, denn Ende September ist es abends ziemlich schwül, sodass jeder Schritt zu viel wird. Das Restaurant, ebenfalls mit rustikalem Ambiente, hat eine Außenterrasse. Dort lasse ich mir ein saftiges Steak und ein Bier schmecken. Am Nachbartisch sitzt ein junges Paar, wie ich später erfuhr, Chilenen. Schnell kommen wir ins Gespräch und verabreden uns später auf meiner Veranda zu einigen Drinks. Feuerrot, wie in einem kitschigen Film, geht die Sonne am Horizont unter. Bis tief in die Nacht erzählen wir uns wilde Geschichten, die wir auf unseren Reisen rund um die Welt erlebt haben.

Bei den Longhorn-Rindern

Um 8 Uhr morgens bin ich bereits im Hotel. Im Frühstücksraum sind 20 Geschäftsfrauen aus Graham versammelt, um an einer Veranstaltung auf der Ranch teilzunehmen. Nach dem Frühstück bin ich zur Fütterung der Longhorns angemeldet. Von meinen beiden Bekannten, die die Tour eigentlich mitmachen wollten, ist nichts zu sehen. Zwei junge Cowboys, Jay Brewer und Clint West, stellen sich vor und bitten mich auf ein Gespann, wo schon ein anderes Paar sitzt. Kein Pferd, sondern ein Elektrotraktor zieht uns den Hügel hinunter fast bis zum Ausgang der Ranch. Die Longhorns auf der rechten Seite kommen uns entgegen. Vermutlich kennen die Tiere den Traktor und wissen, dass es nun etwas zu fressen gibt. Die beiden Jungs mustern kurz eine Kuh und stellen fest, dass sich in deren rechter Klaue ein Stück Holz gebohrt hat. Sie fangen das Tier – natürlich nach Wildweststart mit dem Lasso. Der rund sieben Zentimeter lange Störenfried kann jedoch nicht so einfach entfernt werden. Immer wieder zieht das Tier den Fuß weg oder tritt nach sei-

nem Retter. Nach zahlreichen Versuchen ist es endlich geschafft. Freudestrahlend hält Jay das blutverschmierte Hölzchen wie eine Trophäe in die Höhe.

Nur für die Harten

Um 10 Uhr ist ein Ausritt geplant. Bevor es losgeht, muss ein »Waiver« unterzeichnet werden. Er befreit den Veranstalter, also die Ranch, bei einem möglichen Unfall von jeglicher Haftung. Die Sonne brennt, das Thermometer steht bereits bei 30 °C. Zwei Engländerinnen und meine Chilenen leisten mir Gesellschaft. Wir Greenhorns lernen nun, wie man so aufs Pferd steigt, dass man auf der anderen Seite nicht gleich wieder herunterfällt. Das Gefühl auf dem Pferderücken ist kaum zu beschreiben, auch wenn es mir zu langsam vorangeht. Jay muss mich bzw. mein Pferd einige Male bremsen.

Nach ungefähr einer Stunde unterwegs verlangt die Freundin von Felipe eine Pause; ihr sei es einfach zu heiß. Als Gentleman gebe ich ihr meine Basecap, damit sie vor der glühenden Sonne besser geschützt ist. Zehn Minuten später: »Ich habe Durst.« Felipe verdreht die Augen, einer der Cowboys reicht der Schmachtenden aber eine Flasche Wasser. Das hilft nur begrenzt. Total erschöpft erreicht sie die Stallungen und fährt gleich mit dem Auto zurück in die Unterkunft. Nicht mehr ganz Gentleman, werde ich von den anderen Damen für die Bemerkung scharf gescholten, das sei wohl mehr ein Ausritt für Frauen gewesen. Die beiden Cowboys können sich ein Grinsen nicht verkneifen, klopfen mir freundschaftlich auf die Schulter und gehen zu den Pferden.

Die Zeiten ändern sich: Öl wird zwar bis heute noch auf dem Ranchareal gefördert (o.), aber anstatt des Pferdes parkt heute der Leihwagen vor der Unterkunft, die aus Holz errichtet wurde (o. r.). Die Longhorns haben die Gelegenheit, sich auf riesigen Flächen die Beine zu vertreten (M.), die schiere Größe der Ranch ist auf den ersten Blick nicht zu erfassen (u.).

Die kommenden Tage bin ich nur noch mit Clint unterwegs. Nach jedem »Männer-Ritt« gönne ich mir einige Bahnen im angenehm warmen Wasser des Pools.

Anfängerglück oder Talent?

Ein weiterer Höhepunkt auf der Wildcatter Ranch ist das Tontaubenschießen, etwas, das ich noch nie zuvor gemacht hatte. Vom Highway die erste Ausfahrt raus geht's zum Schießstand. Kein Hinweisschild, aber der Rancher mit seinem Truck fährt vor mir her. Wieder muss ein Waiver unterschrieben werden – Texaner scheinen vorsichtig zu sein. Das Gewehr wird genau erklärt, auch Ohrstöpsel dürfen nicht fehlen. Die ersten vier Schüsse gehen daneben, aber der fünfte trifft – Anfängerglück. Als dann auch der übernächste Schuss trifft, fragte mich Jay, ob ich wirklich noch nie auf Tontauben geschossen hätte. Habe ich ein bisher unerkanntes Talent erweckt?

Eigentlich wollte ich noch eine Kajaktour unternehmen, der Fluss ist aber ausgetrocknet, weil es seit Monaten nicht geregnet hat. So bliebt nur noch entspannen bei guter Lektüre – Western-Romane – und der eine oder andere kühle Drink auf der von der untergehenden Sonne beschienenen Veranda. Was will ein Cowboy mehr!
Peter Schneider

Das Gefühl, auf einem Pferderücken zu sitzen, ist einfach nicht zu beschreiben – wenn man beim Aufsteigen nicht gleich wieder auf der anderen Seite herunterfällt.

Praktische Reisetipps

ANREISE
Mit Lufthansa oder American Airlines ab Frankfurt am Main in rund neun Stunden nach Dallas/Fort Worth.

VISA
Das Visum für die USA kann man sich unproblematisch vor Reiseantritt über das Internet besorgen (www.vusa.travel).

REISEZEIT
Die beste Reisezeit sind die Monate von September bis Mai.

REISEPLANUNG
In Texas kommt man nicht um einen Leihwagen herum. Der nationale Führerschein wird anerkannt. Ein GPS-Navigationsgerät bieten zwar alle Leihwagenfirmen an, jedoch zu sehr hohen Preisen (bis 40 US-$ pro Tag). Daher empfiehlt es sich, entsprechendes Kartenmaterial bereits im Heimatland zu kaufen und dann auf das eigene Navi zu übertragen.

AUSRÜSTUNG
Festes Schuhwerk fürs Reiten und für Spaziergänge auf der Ranch sind unumgänglich, ebenso eine Kopfbedeckung und eine gute Sonnenbrille nebst Sonnenschutzmittel. Trinkwasser hat der erfahrene Cowboy ohnehin immer dabei.

INFO
- www.wildcatterranch.com
- www.fortworth.com

Kasachstan/China

93 Im Seidenstraßenexpress durch das Siebenstromland

Es knistert und kracht in den metallischen Eingeweiden. Druckventile und Rohre sind seitlich zu erkennen. Der Samowar beginnt zu leben, als ich den Messinghahn aufdrehe und mir heißes Wasser auf meinen Tee gieße. »Pass auf, Marcus, gleich hörst du ihn singen!« Alexej nickt mir zu. Treffpunkt Abteilende, um 0.30 Uhr im Zug N896 von Almaty auf dem Weg durch die unendliche Weite der ostkasachischen Steppe nach Urumqi in der chinesischen Provinz Xinjiang. »Na sdarowje. – Wohl bekomm's«.

Russen wie Kasachen glauben, dass diese formschönen Wasserkessel eine Seele besitzen, da das kochende Wasser im Inneren Geräusche produziert. Hinter mir hockt Alexejs Ehefrau Gulmira im Abteilgang und schlürft eine dampfende Suppe mit Mantis, gefüllten Teigtaschen. Ainur, eine junge bei einer Erdölfirma am Kaspischen Meer angestellte Kasachin, lacht, als sie meine Mama-Instant-Bowl-Nudelsuppe sieht. »Was denn?«, entgegne ich: »Das schmeckt hervorragend. Ideal für 33 Stunden Zugfahrt!«

Treffpunkt Samowar

Die Odyssee im Expresszug entlang der legendären Seidenstraße begann im reich und eitel gewordenen Almaty, am Rande des Tian-Schan-Gebirges. Vollbepackt verließ ich dort das Hotel »Zhetysu«; das bedeutet »Siebenstromland«. Der Hotelname passt so gar nicht zu dem Betonklotz aus der Sowjetzeit. Hunderte Meter spärlich beleuchtete Flure ließen mich an den von bösen Geistern befallenen Jack Torrance denken, der in Stephen Kings Bestseller »Shining« mit der Axt in der Hand sein Unwesen treibt. Im Hotel saß eine schlanke Nachtwächterin am Ende der Treppe kerzengerade vor einem enormen Schreibtisch mit Telefon und registrierte die Gäste, die zu ihren Zimmern gingen. »Hello, Meesta Marcus. How are you?«, lächelte sie mich immer freundlich an. War mein Zimmer verwanzt? Vorsichtig grüßte ich zurück, um nicht ver-

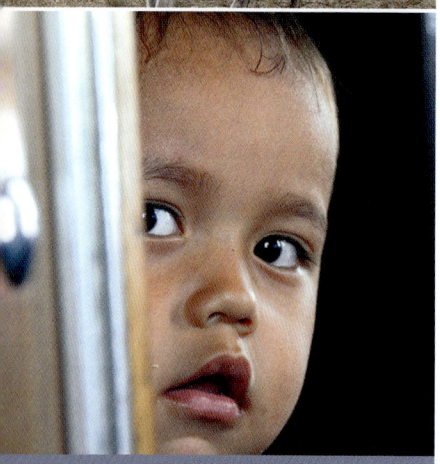

Zugfahrt durch die unendliche und oft gleichförmige Weite Kasachstans (o.). Hartgesottene Reiternomaden leben mit ihren Tieren im kargen Siebenstromland (M.). Neugierige Mitreisende betrachten mit großen Augen die Europäer im Zug, der nach China unterwegs ist (u.). Die Kasachin Gulmira macht sich mit ihrem Baby auf den Weg zum Samowar (r.).

Kasachstan/China

dächtig zu wirken. Nachdem aufgemotzte PS-Monster mit getönten Scheiben auf dem Weg zum Bahnhof Jagd auf mich gemacht haben, trinke ich im Zug zur Beruhigung mit dem Kasachen Alexej eine Tasse Tee. Ich frage ihn nach seinem Land. »Heute geht es uns viel besser als früher«, erklärt er offen und klopft zum Beweis mit beiden Händen auf seinen dicken Bauch. Zur Sowjetzeit war er in einem maroden Staatsbetrieb angestellt und verlor dann seinen Arbeitsplatz. »Gulmira litt erheblich darunter. Ich zog als Tagelöhner durchs Land, und sie verkaufte alles Mögliche auf den Straßen der Stadt.« Heute arbeitet Alexej bei einer Baufirma in Aktogay am Balchaschsee im Osten des Landes. »Gute Nacht«, wünscht er mir und schlürft seinen Tee aus. Ich schaue noch eine Zeit lang durch das Fenster in den Sternenhimmel.

Stockfisch schlägt Nudelsuppe

Am nächsten Morgen weckt mich gleißendes Sonnenlicht, das durch das Fenster dringt und die Staubpartikel in der Luft glänzen lässt. Ich schaue auf eine ockerfarbene Wüstenlandschaft mit nur wenigen grünen Grasbüscheln. Wie eine behäbige Raupe schiebt sich der Zug auf dem nördlichen Ast der uralten Seidenstraße durch die zentralasiatische Weite. Ich gönne mir eine Instantdusche (Deoroller unter das Hemd) und möchte mir das Frühstück zubereiten. Ainur schaut vorbei und ist entsetzt: »Nicht schon wieder diese elenden chinesischen Suppen!«. Auch Alexej hat meinen kulinarischen Fehltritt bemerkt und lädt mich zusammen mit Gulmira zu Wodka, Stockfisch, Brot und einer riesigen Wassermelone ein. »Chinasuppe nix gut!«, höre ich über mir den Prowodnik, den für den Waggon zuständigen Schaffner, sagen. Er raucht einen dicken Joint, zeigt wohlwollend auf die Wodkaflasche und wird als weiteres Mitglied in die Runde aufgenommen.

Gulmira deutet irgendwann einmal unvermittelt nach draußen, und ich folge ihrem Arm. Dort taucht der majestätische Balchaschsee auf. Kleine bunte Häuser stehen hier vor krummen Stromleitungen zusammengewürfelt am Seeufer. »Marcus, wir sind im Siebenstromland«, erklärt sie und meint damit eine Region, in der nomadische Turkvölker sich mit Mongolen entlang der sieben Zuflüsse eines der größten Seen Asiens vermischt haben. Zwei Stunden später drückt mich Alexej in Aktogay zum Abschied fest an seine kräftige Brust und schenkt mir eine Misbaha, eine reich verzierte muslimische Gebetskette. »Kannst du in China gebrauchen!«, witzelt er zum Abschied.

Schneebedeckte Pässe leuchten im Nirgendwo zwischen Kasachstan und China (o.). Man kommt sich zwangsläufig näher während der 33 Stunden lang dauernden Zugfahrt (M.). Eine fliegende Händlerin auf dem Bahnsteig versorgt die Reisenden mit Proviant (u.). Der Wochenmarkt in Almaty (o. r.) und die Fahrt entlang des Balchaschsees (u. r.).

Kasachstan/China

Boreas kalter Atem

Danach kämpft sich der Zug durch die Dsungarische Pforte und den Alatau-Pass hinauf. Der antike griechische Schriftsteller Herodot schrieb einst über die Grenzregion zu China, dass hier Greife, mächtige mythische Mischwesen aus Löwe und Vogel, Gold bewachen und dass der Boreas, der legendäre winterbringende Nordwind, aus einer Höhle bläst. Draußen peitscht ein Sturm den Staub der grauen Steppe gegen das Zugfenster. Ob Boreas wohl etwas gegen unser Eindringen hat?

»Pasport! Hinsetzen!«, schreit der Prowodnik durchs Abteil. Grenzsoldaten mit Spürhunden durchkämmen den Zug und kontrollieren uns penibel. Anspannung ist zu spüren. Die kasachische Grenze ist durch Wachtürme und Stacheldrahtzäune streng gesichert. »Der Schaffner hat jetzt Angst um sein Marihuana«, flüstert Ainur mir zu. Stunden später rollen wir schweißgebadet und müde auf die chinesische Grenze zu.

Zhang Qians Nachfahren

»Ihr Buch ist politisch! Damit dürfen sie nicht einreisen«, bekomme ich völlig verdattert von einem chinesischen Grenzbeamten zu hören. Mein Reiseführer enthält eine Übersichtskarte Asiens. »Taipei ist eine chinesische Stadt und nicht die Hauptstadt Taiwans. Das Buch wird konfisziert.« Ich kann es nicht glauben! »Wäre es möglich, die Karte herauszureißen?«, frage ich vorsichtig nach. »Wollen Sie Ärger bekommen? Das Buch ist hier nicht erlaubt!«, schnauzt mich der Grenzer sichtlich gereizt an. »Lass es gut sein, er kann uns noch viel mehr

Die goldenen Kuppeln der Christi-Himmelfahrt-Kathedrale funkeln im Abendlicht (o.). Der Nachmittag wird zu einem ausgiebigen Plausch mit den Mitreisenden im Zugabteil genutzt (M.). Gern lassen sich die Einheimischen in Almaty fotografieren (u.). Etwas monströs wirkt das monumentale Kriegsdenkmal der Panfilov-Helden in Almaty (r.).

wegnehmen.« Ainur hat recht. Das Buch bin ich los, der Spuk ist aber zu Ende. Die Pässe sind gestempelt, und der Zug rollt mit neuem Personal über die Grenze. Ich lese Ainur aus meinen Aufzeichnungen vor. »Das hier ist interessant. Die Dsungarische Pforte fand erstmals vor über 2100 Jahren Erwähnung, als der Han-Kaiser Wu seinen General Zhang Qian nach Westen schickte, um Verbündete im Kampf gegen die feindlich gesinnten Xiongnu-Barbaren zu finden. Seine Reise gilt als die Geburtsstunde der Seidenstraße.« »Ja«, entgegnet sie. »Damals haben die Chinesen wenigstens noch Seide gegen unsere großartigen Pferde getauscht! Heute fließt wertvolles Erdöl nach Osten, und wir bekommen dafür Plastikstühle und billige Lebensmittel zurück.« Vorsichtig schiebe ich eine weitere Packung Instant-Nudelsuppe mit dem Fuß unter meine Schlafkoje und hoffe, dass Ainur meinen Vorrat nicht entdeckt.

Draußen zieht eine grandiose Wüstenlandschaft an uns vorbei und ich komme mir vor wie in der Zeit gefangen. Urumqi werden wir erst in zehn Stunden erreichen. »Wer geht? Du oder ich?«, fragt sie mich und hält mir ihre Teetasse hin. »Ich«, und reihe mich in die Schlange vor dem Samowar ein. Urumqi lässt schließlich noch auf sich warten.
Marcus Hillerich

Wie eine behäbige Raupe schiebt sich der Zug auf dem nördlichen Ast der uralten Seidenstraße durch die zentralasiatische Weite.

Praktische Reisetipps

ANREISE
Direktflug mit Lufthansa von Frankfurt am Main nach Almaty (Kasachstan). Rückflug von Urumqi (Xinjiang/China) über Nowosibirsk (Russland), Astana (Kasachstan) oder Chengdu (Sichuan/China).

VISA
Visumpflicht für Kasachstan (mit verpflichtender Registrierung innerhalb der ersten fünf Reisetage) und China (www.visaforchina.org).

BESTE REISEZEIT
Frühjahr und Herbst.

REISEPLANUNG
Von Usbekistan per Zug nach Almaty und entlang des Balchaschsees durch die Dsungarische Pforte und über den Alatau-Pass nach Urumqi. Möglichkeit zur Weiterreise entlang der Seidenstraße oder per Zug bis Peking.

GESUNDHEIT
Keine Pflichtimpfungen. Tetanus, Hepatitis A + B sind empfehlenswert. Reiseapotheke inklusive Breitbandantibiotikum.

AUSRÜSTUNG
Leichte Trekking-/Funktionskleidung, dazu Anorak oder Fleecejacke für die Bergregionen. Robustes Schuhwerk und Sandalen. Taschenlampe und Sonnenschutz.

TRANSPORT
Gut ausgebautes Bus- und Bahnnetz. Bahnverbindungen in Zentralasien: www.seat61.com

INFOS
• www.auswaertiges-amt.de (Reise- und Sicherheitshinweise)
• www.stantours.com (Reiseagentur für ganz Zentralasien)

Kolumbien/Panama

94 Mit dem Boot um das Tapón del Darién

Regungslos hocke ich auf meinem roten Plastikstuhl und schaue geradeaus. Neben mir sitzen zwei kolumbianische Soldaten einer Spezialeinheit mit schusssicheren Westen, Funkgeräten am Gürtel und mit mächtigen Maschinengewehren bewaffnet. Eines davon ist auf mich gerichtet. Die Spannung ist mit Händen zu greifen. Keiner sagt ein Wort, nur ein altersschwaches Notstromaggregat rattert vor sich hin. Ich merke, wie sich in der Tropenhitze Schweißperlen auf meiner Stirn bilden.

Ohne Vorankündigung explodiert der Soldat neben mir. »Tooooor!«, schreit er, springt auf und rammt mir versehentlich den Gewehrlauf in die Rippen. »Gringo, el fútbol colombiano es el mejor del mundo – der beste der Welt!«, brüllt er mir ins Ohr. Die Menge vor dem Straßenfernseher gröhlt und lässt ihrer Freude freien Lauf. Ausnahmezustand in der Karibik. Grinsend bestelle ich mir eine weitere Cola.

Im Land des Chilis

Die Stimmung in Capurganá im äußersten Nordwesten Kolumbiens an der Grenze zu Panama ist ausgelassen. Ich schüttele zum Abschied den Fans der siegreichen Mannschaft die Hände und laufe auf einem schlammigen Trampelpfad durch dichten Regenwald in die nächste Bucht nach Sapzurro zurück. Dort wartet El Chileno, mein Hostelwirt, schon auf mich: »Heute Abend gibt es Fisch mit Bratkartoffeln und einen guten Schluck Rum.« Vorher springe ich zur Abkühlung noch schnell in das schon fast kitschig türkisblaue Meer. Das idyllische Örtchen Sapzurro liegt weit abseits des »Gringo-Trails« am Golf von Urabá im Departamento Choco. Als »Land des Chilis« bezeichneten die indigenen Guna diesen Landstrich, bevor sie ihn verlassen mussten und im heutigen Panama sesshaft wurden.

Bis vor kurzem tyrannisierte die FARC, eine marxistisch ausgerichtete Guerillabewegung, die Gegend und erpresste

Das San-Blas-Archipel vor der Küste Panamas ist ein Idyll mit Meer und Palmen (o.). Der Schuhmacher Carlos in Cartagena wartet auf Kunden (M.). Abwechslungsreicher Segeltörn mit der »One World« durch die Karibik nach Panama (u.). Impressionen: eine prachtvoll geschmückte Palenquera (o. r.) und die bunte Plazoleta de la Trinidad in Getsemani (u. r.).

Kolumbien/Panama

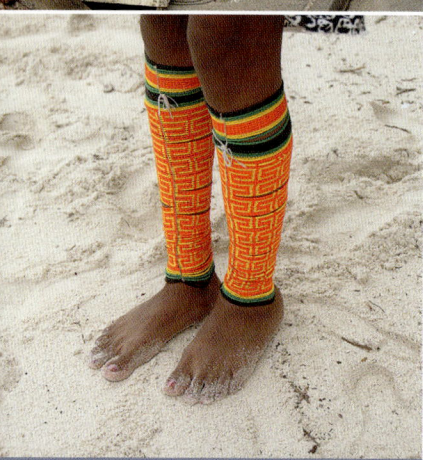

von der hilflosen Bevölkerung Schutzgelder, *vacunas* – Impfstoffe. Heute operieren immer noch Drogenschmuggler und paramilitärische Verbände im Grenzgebiet und behindern die touristische Entwicklung. El Chileno scherzt jedes Mal beim Anblick der hier stationierten Sicherheitskräfte: »Marcus, tu ejército es contigo – deine Armee ist mit dir!« – »Sogar beim Fußball! Was man von den Politikern nicht gerade behaupten kann«, erwidere ich, als ich den lauwarmen Kühlschrank öffne. Sapzurro muss den nächsten Stromausfall aushalten, da korrupte Amtsinhaber illegal den Treibstoff verkaufen und das Ölkraftwerk leer ausgeht. »Frag Shakira, Amigo«, antwortet er und summt eines seiner Lieblingslieder der Popdiva: Dónde están los Ladrones? – Wo sind die Diebe?

In der Heldenstadt

Achtzehn Stunden Busfahrt im »Chicken Express« oder acht Stunden auf einem Boot? Die Entscheidung ist einfach und so erreiche ich abends das berühmte Cartagena de Indias. Die Kathedrale wirkt von weitem wie ein großes Leuchtfeuer, das uns in den Hafen einer der schönsten Kolonialstädte Südamerikas zieht. An diesem einst größten Umschlagplatz für afrikanische Sklaven in der Neuen Welt schrieb der große Freiheitsheld Simón Bolívar 1812 sein politisches Manifest und proklamierte die Freiheit für den ganzen Kontinent.

Ich wohne im einst zwielichtigen Handwerkerviertel Getsemaní. »Bringst du mir ein paar Bilder für meine Homepage mit?«, ruft mir Doña Martha, die Besitzerin der Casa Villa Colonial zu, als ich mir wieder meine Kamera schnappe. Getsemaní ist rau und chaotisch, aber auch ungemein lebendig. Überall dudeln Transistorradios, die Menschen singen mit. Metallarbeiter, Maurer und Metzger gehen ihren Geschäften nach. Besonders schön ist die farbenprächtige Plazoleta de la Trinidad, ein magisches Südamerika in Miniatur. An mir rollen Chorizo-Würste und runde Maisfladen, Arepas, auf wackeligen Holzkarren vorbei. Hier und da bröckelt Putz von den bunten Mauern, die den Kampf gegen das feuchte Tropenklima aufgegeben haben. Das Leben findet bei diesen Temperaturen draußen im Plastikstuhl statt. In einem solchen treffe ich mehrmals am Tag den Schuhmacher Carlos. »Señior Marcus! Amigo, was macht Borussia Dortmund?«

»Hola chicos!«, Doña Martha schaut noch einmal in der Villa Colonial auf ein Club Colombia-Bier vorbei und wünscht

Das Hauptstadttor »Puerta del Reloj« in Cartagena imponiert mit mächtigen Mauern (o.). Eine Straßenszene in Getsemaní (M.). Bunte Unterschenkelbänder sind der Hit bei den Guna Yala-Bewohnern (u.). Der paradiesische Sandstrand (o. r.) und ein magischer Sonnenuntergang machen den Aufenthalt im kolumbischen Sapzurro zu einem besonderen Erlebnis (u. r.).

Kolumbien / Panama

den beiden Holländern und mir eine gute Nacht. Gegen 2.00 Uhr werde ich aus dem Bett gerissen. In der Kneipe gegenüber ist eine Koks-Party in vollem Gange: Ohrenbetäubende Musik, zahlreiche Damen aus dem horizontalen Gewerbe und viele zugedröhnte Männer. Unvermittelt kappt die Polizei den Strom in der Straße, um wieder Herr der Lage zu werden – die Party ist von einem Moment zum andern zu Ende, und es beginnt eine Nacht ohne Klimaanlage. In Schweiß gebadet, versuche ich noch etwas Schlaf zu bekommen.

Segeltörn nach Guna Yala

Der Pass ist gestempelt. Von Cartagena aus segle ich auf dem Zweimaster »One World« nach Panama – und gewöhne mich nur langsam daran, dass mein Kopf nachts bei Wellengang immer hart an die Kojenwand schlägt. Tagsüber begleiten uns neugierige Delfine und abends sehe ich fluoreszierende Algen im aufgewühlten Wasser unter dem Boot. Am dritten Tag taucht das tropische Utopia des aus über 300 Inseln bestehenden San Blas-Archipels auf. Die hierher vertriebenen Guna nennen ihre Inselwelt »Guna Yala«. Der britische Weltumsegler William Dampier sah im 17. Jahrhundert in den Inseln einen »Rendezvous-Ort für Piraten und jene, die sich verstecken möchten« – in heutiger Zeit gilt dies besonders für »Narcos«, Drogenkuriere auf ihrem Weg nach Nordamerika.

Die »One World« geht in einer flachen Lagune vor Anker und Kaptän Jeff begrüßt eine Guna-Gruppe an Bord. Der Kontakt mit dem »Saila«, dem Dorfhäuptling, ist wichtig. Von ihm erhalten wir die Erlaubnis, einige Palmeninseln betreten zu dürfen. Seine Frau trägt bunte, perlenbesetzte Bänder mit geo-

Zahlreichende fliegende Straßenhändler sind im Hafenviertel Cartagenas unterwegs (o.). Ein Schnorchelausflug zwischen den San-Blas-Inseln ist ein Highlight des Aufenthalts (M.). Zu Gast bei El Chileno in Sapzurro im Nordwesten Kolumbiens (u.). Ein Besuch bei den Guna in einer ihrer Siedlungen (o. r.). Ihre Vorfahren flüchteten vor den Spaniern hierher.

metrischen Mustern an Unterarmen und Waden. Die Sandkörner im Gesicht des Sohnes wirken auf der dunklen Haut wie Sommersprossen aus weißem Konfetti. Die Guna verkaufen uns riesige Hummer fürs Abendessen und die Frauen tauschen einige Perlenbänder gegen roten Nagellack, den sie bei uns an Bord gesehen haben.

Am nächsten Morgen habe ich bei einem Schnorchelausflug in die kristallklare Unterwasserwelt ein Tête-à-tête mit einer sanftmütigen Wasserschildkröte. Danach besuche ich die Guna auf ihrer Insel und stelle mit Verwunderung fest, dass Frauen wie Männer den Nagellack aufgetragen haben und sich dann voller Stolz von mir fotografieren lassen.

Wenig später kündigt sich am Horizont ein Gewitter an. Der Saila zeigt mir in seiner Hütte ein mächtiges Muschelhorn. »Mit dem Ton aus der Muschel kämpfen wir gegen die Chocosanos, die Stürme aus dem Osten«, sagt er. »Damit bitten wir unseren Gott Paba Tummat um Hilfe.« Ich probiere es, bringe aber nur einen kläglichen Ton zustande. Lachend nimmt der Chef die Muschel zurück. Vielleicht zählt bei Paba Tummat auch ein ernsthafter Versuch?

Die »One World« erreicht nach einem kurzen Regenschauer wohlbehalten den Hafen von Portobelo in Panama.
Marcus Hillerich

> Tagsüber begleiten uns neugierige Delfine, nachts sehe ich fluoreszierende Algen im aufgewühlten Wasser unter dem Boot.

Praktische Reisetipps

ANREISE
Von Frankfurt am Main oder Düsseldorf nach Bogotá oder Medellín.

VISUM
Keine Visumspflicht. Aufenthaltsgenehmigung durch die Migración Colombia für 30, 60 und auf Nachfrage für maximal 90 Tage. Rückflug mit Condor ab Panama-Stadt.

BESTE REISEZEIT
Ganzjährig. Weniger Regen in den Monaten Dezember bis März und Juli/August.

GESUNDHEIT
Keine Pflichtimpfungen. Tetanus, Hepatitis A + B empfehlenswert. Reiseapotheke inklusive Breitbandantibiotikum, evtl. Malariaprophylaxe.

AUSRÜSTUNG
Leichte Trekking-/Funktionskleidung, dazu Fleece für Bergregionen. Regenschutz. Robustes Schuhwerk und Sandalen. Sonnenschutz.

TRANSPORT
Per Bus oder per Inlandsflug.

INFO
Segeltörn nach Panama buchbar über www.bluesailing.net

REISESTATIONEN
Kolumbien: Von Medellín nach Salento in die Cordillera Occidental. Weiter über Turbo nach Carpurganá. Entlang der Karibikküste nach Cartagena und Santa Marta. Panama: Über die San Blas-Inseln nach Portobelo, Colón und nach Panama-Stadt.

95 Eine technische Meisterleistung – mit dem Zug in die Anden

Früher fuhr jeden Morgen von Limas schönem Bahnhof Desamparados ein Zug in die knapp 3300 Meter hoch gelegene Stadt Huancayo. Diese reguläre Verbindung zwischen der Hauptstadt und dem Agrarzentrum in den Bergen ist nun jedoch schon seit etlichen Jahren eingestellt. Heute fahren nur noch monatlich zwei Züge der Peruanischen Zentralbahn Ferrocarril Central Andino von der Pazifikküste hinauf in die Anden. Die zwölfstündige Fahrt ist jedoch nicht nur für Eisenbahnfreunde ein abenteuerliches, lohnendes Erlebnis. Bis zur Fertigstellung der Trasse Peking–Lhasa im Jahr 2007 trug diese Linie stolz den Titel »höchste Eisenbahn der Welt«. Die technische Meisterleistung der Streckenbauer der heute zweithöchsten Bahnlinie der Welt bleibt jedoch bestehen. Auf der 330 Kilometer langen Route rattern die knallroten Züge durch 69 Tunnels und über 58 teils schwindelerregende Brücken. Die steilsten Abschnitte überwinden sie im Zickzack an sechs dramatischen Spitzkehren. Den höchsten Punkt erreicht die Bahn im Galera-Tunnel – 4782 Meter hoch liegt der Scheitelpunkt. Nur wenige Meter tiefer gelegen ist der Bahnhof Galera, der zu den höchsten Stationen der Welt zählt. Unterwegs hat man eine atemberaubende Aussicht auf die Anden und kann sich im Speisewagen stärken. In Huancayo angekommen, lockt das schöne Valle del Mantaro mit verschiedenen Ausflugszielen.

INFO: FCCa Ferrocarril Central Andino, Reservierung E-Mail reservas@fcca.com.pe, www.fcca.com.pe

Die Anden einmal ganz anders erleben – und zwar an Bord einer Schmalspurbahn, die Peru und Bolivien durchfährt.

Peru • Schweden

96 Hoch zu Ross – in Schonen

Skåne ist die südlichste Provinz Schwedens, auf Deutsch kennt man sie besser unter der Bezeichnung Schonen. Der fruchtbare Landstrich ist eine skandinavische Bilderbuchlandschaft mit Burgen, Schlössern und Parks, mit goldenen Feldern und grünen Wäldern, sanften Hügeln und einer wunderschönen, schier endlosen Küste, an der sich steile Felsen mit langen Sandstränden abwechseln. Besucher finden in Schonen ein breites Kulturangebot in Städten wie Malmö, Helsingbord oder Ystad. Es ist aber auch die Region der Wanderer und Wassersportler, der Golfer und Tennisbegeisterten – und traditionell der Pferdefreunde. Das Pferd spielt in der Region seit Jahrhunderten eine wichtige Rolle. Bauern spannten es vor Kutschen und Pflüge, und selbst in der Ära des Automobils wurde es auf dem Land noch lange häufig genutzt, um von einem Dorf in das andere zu gelangen. Was liegt also näher, als die Provinz auf dem Rücken eines Pferdes zu erkunden? Angebote gibt es en masse. Besonders schön ist im Südosten von Schonen die Region Österlen. Stunden- oder tagelang kann man hier auf schmalen Pfaden durch die lauschigen Wälder am Höhenrücken Linderödsåsen und auf Kieswegen an den großen Gehöften vorbeireiten. Ein Höhepunkt jeden Ausrittes ist sicherlich ein vergnügter Galopp an einem der weiten Strände.

INFO: Malmö Tourism, Börshuset, Skeppsbron 2, SE-211 20 Malmö, http://visitskane.com

Unterwegs auf dem Pferderücken – im Sattel kann man die Natur auf gemächliche und ursprüngliche Art erleben.

97 Offroad zu den Beduinen: in der Wahiba-Wüste

Ganz im Osten der Arabischen Halbinsel reicht die rund 15 000 Quadratkilometer große Wahiba-Wüste bis an den Indischen Ozean. Gelb schimmert ihr Sand aus Quarz, Kalziumkarbonat und Ophilit, der sich zu rund 20 verschiedenen Dünenformen aufwirft. Eine unwirtliche Region in der dennoch rund 200 Tier- und 130 Pflanzenarten zu finden sind. Wer in die Wüste fahren möchte, braucht Geduld und flache Reifen. Und natürlich einen Geländewagen, denn obwohl das Straßennetz im ganzen Land gut ausgebaut ist, kommt man an unbearbeiteten Schotterstraßen kaum vorbei. Man hat also ein ordentliches Abenteuer vor sich, wenn man sich auf den Weg zu den Beduinen macht, die in den Wahiba Sands zusammen mit ihren berühmten Kamelen an wechselnden Lagerplätzen leben. Fahrten in die Wahiba beginnen häufig in Al Wasil, einem Dorf am Rand der großen Sandfläche. Am besten unternimmt man die Tour mit einem ortskundigen geübten Fahrer, der die örtlichen Gegebenheiten perfekt kennt und sein Handwerk beherrscht. Ja nicht langsam fahren oder gar bremsen, heißt die Devise auf der Fahrt über die Dünen, weil der Wagen sonst unversehens im Sand stecken bleibt. Bergab geht es teilweise so steil, dass sich der Wagen bei jedem versehentlichen Querlenken zwangsläufig überschlagen würde. Eine abenteuerliche Tour durch eine faszinierende Landschaft, bei der nicht nur begeisterten Offroad-Fans das Herz aufgeht.

INFO: Interface International GmbH, Karl-Marx-Allee 91A, 10243 Berlin, www.omantourism.de

Weg ins Nirgendwo: Zwischen den sandigen Dünen der Sahara verlieren sich die Reifenspuren in der Ferne am Horizont ...

Oman · Neuseeland · Island

98 Jenseits der Foveaux Strait: Stewart Island

Jenseits der Foveaux Strait liegt die Südinsel von Neuseeland, so sehen es zumindest die knapp 400 Bewohner von Rakiura, wie die Maori die dritte große Insel des Landes nennen. Rund 85 Prozent der Insel sind als Rakiura-Nationalpark deklariert – ein Refugium für seltene Tiere und ein Paradies für Wanderer. Von Oban führt eine dreistündige Tour zum Ackers Point, ein guter Beobachtungsplatz für Sturmtaucher, Albatrosse und Pinguine, die sich erst nachts an Land wagen. Drei Tage dauert der 29 Kilometer lange Rakiura Track über die Insel, auf dem North Circuit ist man acht bis zehn Tage unterwegs.

INFO: Rakiura National Park Visitor Centre, 15 Main Road, Stewart Island, www.doc.govt.nz

Eine Landschaft, die sich seit Jahrtausenden kaum verändert hat: Auf dem Rakiura Track in Neuseeland kann man sie entdecken.

99 Ab in die Wildnis – in Islands Osten

Das Islandpferd ist den Isländern heilig. Überall im Land gibt es kleine Familienbetriebe, die die charakterstarken robusten Pferde züchten und Besuchern gerne das Land aus der Reiterperspektive zeigen. Ausritte in Islands Wildnis kann man beispielsweise im Osten unternehmen. Dort erstreckt sich nördlich von Egilsstadir eine weite Marschlandschaft mit Gletscherflüssen, die von schneebedeckten Bergen begrenzt wird. Wer die lange Anreise in diese einsame Region nicht scheut, wird mit stressfreien Tagen in herrlicher, unberührter Natur belohnt.

INFO: East Iceland Region Information Centre, Mivangi 2-4, 700 Egilsstadir, www.east.is

Näher an der Natur kann man nicht auf Entdeckungsreise gehen: Auf dem Rücken der Isländer lässt sich die Vulkaninsel südlich des Nord-Polarkreises entspannt erkunden.

100 Rasant in die Wildnis – Jetboottour im Mount Aspiring National Park

Jetboote sind eine neuseeländische Erfindung: Ihre leistungsstarken Motoren saugen das Wasser an, das unter großem Druck durch schwenkbare Düsen am Heck wieder ausgepresst wird. Die Boote haben deshalb weder Ruder noch Schraube und können auf sehr seichtem Wasser fahren – ideal, um auf Neuseelands Bergbächen in

die Wildnis vorzudringen. Im Mount-Aspiring-Nationalpark auf der Südinsel kann man mit den Booten verschiedene Flüsse erkunden und sich den Wind auf den schnellen Touren rasant um die Nase wehen lassen. Kombiniert mit Wanderungen wird daraus ein abwechslungsreiches Abenteuer.

Info: Tititea / Mount-Aspiring National Park Visitor Centre, Ardmore Street, Wanaka 9305, www.doc.govt.nz

Mit dem Jetboot auf dem Dart und Wilkin River – eine abenteuerliche Wassertour führt durch den Mount-Aspiring-Nationalpark.

Die Autoren

ULRIKE AMMERMANN arbeitet als Journalistin in Hamburg. Ihre ausgedehnten beruflichen und privaten Reisen führten sie kreuz und quer durch die Welt. Ihre Texte werden in Bücher und Zeitschriften wie »Mare« oder »Für Sie« abgedruckt.

JÖRG BERGHOFF ist freier Autor und Journalist und führt seit 1998 bei Ansbach ein Pressebüro. Regelmäßige Reisen führen ihn nach Australien und Tasmanien, Irland, Island und Großbritannien.

UDO BERNHART arbeitet seit mehr als 35 Jahren als freier Fotograf und Fotojournalist. Seine Aufträge führten ihn in die ganze Welt: Feuerland, China, Alaska… Seine Aufnahmen wurden in etlichen Zeitschriften, Magazinen und Buchpublikationen veröffentlicht.

FRANZ BINDER lebt und arbeitet als freier Schriftsteller, Fotograf und Grafiker in München, reist für seine Aufnahmen und Recherchen um den Globus. Er hat bislang ca. 25 Bücher im Bereich Belletristik und Sachbuch, veröffentlicht.

KLAUS BÖTIG bereist er die Welt seit 40 Jahren als Reisejournalist und Buchautor. Griechenland, Zypern, Malta und Deutschlands Norden sind seine Spezialgebiete. Urlaub macht er eigentlich am liebsten in Indien oder Sri Lanka.

ANDREAS DROUVE ist freier Schriftsteller, Journalist und Korrespondent und lebt in Spanien. Er hat bereits über 100 Reise- und Kulturbücher publiziert. Seine Schwerpunkte sind die Iberische Halbinsel, Karibik, Süd- und Mittelamerika.

SABINE DURDEL-HOFFMANN lebt und arbeitet nach langjähriger Verlagstätigkeit als freie Autorin und Lektorin in Essen. Ihre Leidenschaft gehört aber dem Reisen – sowie dem Schreiben darüber.

PETRA FRESE ist als freie Lektorin, Autorin und Übersetzerin für Verlage und Werbeagenturen tätig, ihre Schwerpunkte sind geschichtliche/zeitgeschichtliche Themen, Reiseliteratur, Kunst und Architektur.

OLIVER FÜLLING hat Sinologie, Politik und Geschichte studiert bevor er sich 2004 als freier Autor selbständig machte. Sein Motto: »Wer reist, der tut es, um Augen und Ohren zu öffnen und seine Seele zu erleichtern.«

GABRIELE GERNER-HAUDUM ist seit 1998 selbständig als Reisefotografin und Autorin unterwegs. Sie hat schon zahlreiche Geschenkbücher, Kalender und Reiseliteratur publiziert. Ihre Abenteuer- und Expeditionsreisen führen sie rund um den Globus. Zwei ganz besondere Reiseerlebnisse schildert sie in diesem Band.

MARCUS HILLERICH arbeitet er als Lehrer, Studienreiseleiter und Fotograf. Seine Leidenschaft gilt dem Bergsport und Trekkingtouren in schwer zugänglichen Bergregionen. In jüngster Zeit führten ihn seine Reisen entlang der Seidenstraße und in den Himalaja. Er glaubt an den einen ganz besonderen

Moment, den er intensiv erleben und mit seiner Kamera einfangen möchte.

VOLKMAR E. JANICKE führte sein Beruf als Explorationsgeologe durch alle fünf Kontinente der Erde. Da traf es sich gut, dass Reisen und Fotografieren seine Leidenschaften sind.

ROLAND F. KARL schreibt seit 35 Jahren als freier Autor und Fotograf Reisereportagen für Printmedien und verschiedene Reise-Magazine. Darüber hinaus ist er mit seinen Texten und Bildern an zahlreichen Buchpublikationen beteiligt.

MARGIT KOHL arbeitete 19 Jahre lang als Redakteurin für die Süddeutsche Zeitung, wo sie auch das Reiseressort leitete. Im Anschluss war sie als stellvertretende Chefredakteurin des ADAC Reisemagazins tätig. Sie hat mehrere Bildbände publiziert und arbeitet heute als freie Journalistin und Autorin in München.

PETER LAUFMANN ist Journalist und schreibt für verschiedene Medien und arbeitet als Redakteur für das Umweltmagazin »natur«. Für seine Recherchen kommt viel in der Welt herum – und berichtet natürlich darüber.

BRIGITTE LOTZ arbeitet freiberuflich als Autorin und Lektorin an Texten unterschiedlicher Art, wobei ihre Schwerpunkte Politik, Kultur und Länderbände sind. In ihrer Freizeit bereist sie gerne die Welt. Dabei zählt für sie weniger die Entfernung als vielmehr das besondere Erlebnis jenseits der üblichen Pfade.

THOMAS MIGGE arbeitet u. a. für den Deutschlandfunk und schreibt für Zeitschriften und Magazine wie »Brigitte« und »Der Feinschmecker«. Er ist Autor zahlreicher Bildbände und lebt seit über 15 Jahren als Auslandskorrespondent in Rom.

JOCHEN MÜSSIG ist Autor für die Süddeutsche Zeitung und Frankfurter Allgemeine Zeitung sowie zahlreiche weitere Zeitungen und Magazine im In- und Ausland. Außerdem ist er Autor zahlreicher Reisebücher.

PETER SCHNEIDER ist Reisejournalist und hat für einen Radiosender ein Reisemagazin produziert sowie zahlreiche Artikel veröffentlicht. Auch für viele Reisebücher zeichnet er als Autor.

ULRIKE WALLEITNER ist gerne auf ungewöhnliche Weise unterwegs: mit öffentlichen Bussen von München durch die Türkei und Syrien, zu Fuß durch die Atacama oder für drei Monate raus aus dem Beruf und aufs Fahrrad, um ohne Mails, Telefon und Konferenzen wirklich auszusteigen.

RAINER WATERKAMP ist Politologe und Reiseautor. Seit vielen Jahren bereist er das außereuropäische Ausland. Er war stellvertretender Chefredakteur des Wiener »Reise-Journal" sowie Autor und Fotograf zahlreicher Publikationen.

WOLFGANG R. WEBER reist gern in den kanadischen Norden, ins australische Outback oder durch südamerikanische Länder – abseits von Zivilisation und Autobahnen, wo der Mensch noch fern und die Natur noch unberührt ist.

Register

Abu Dhabi 232 ff.
Ackers Point 283
Adria 260
Advat 44
Agadez 20
Agii Deka 196
Agios Georgios 198 f.
Aguas Caliente 47
Ägypten 152
Ahu Akivi 106 f.
Ahu Nau Na 107
Ahu Tongariki 106 f.
Ait Benhaddou 8
Aitutaki 60, 63
Akaiami 62
Akkeli 212
Aktogay 270
Al Wasil 282
Alaska 96, 252
Alatau-Pass 272
Albanien 198, 258 ff.
Alexandergletscher 137
Almaty 268 ff.
Alta 202
Altafjord 202
Altai 132, 137
Altiplano 126 f.
Amalfiküste 260
Amanzimnyama 87
Amazonas 123, 156 f.
Amerika 57
Ammassalik 113
Anahoa 244
Anakena 106
Anden 26, 47, 123, 156, 280
Anden 47
Angola 49, 86
Angra do Reos 83
Annam 46
Antalya 81
Arabien 44
Arabische Halbinsel 282
Aralsee 43
Ararat 240
Arbanasi 205
Arbol de Pietra 130
Arequipa 121
Argentinien 90 ff., 128 ff.
Argithea 182, 186 f.
Arguipélago do Marajó 157
Arktis 108, 250
Ärmelkanal 200
Askja-Calderen 202
Atitlán 241
Atiu 63
Atlantik 46, 144, 157, 161, 204
Atuona 246
Austfonna 254
Australien 138 ff., 140, 142
Aventureiro 83
Ayeyarwady (Irrawaddy) 14, 19

Babuna Tren 258
Bad Münstereifel 170
Bagan (Pagan) 14 ff.
Bahía Ballena 68
Baie des Vierges 249
Baksan-Tal 140
Balchaschsee 270
Balclutha 159
Bali 32, 37
Balkan 205, 261
Banat 176
Bangkok 19, 52, 57
Bangladesch 48, 236
Baňská Štiavnica 205
Baraque Michel 175
Barichara 26
Barmou 20
Baru 212
Be'er Sheva 150, 155
Beagle-Kanal 90
Bega-Kanal 176, 180
Belém 57
Belgien 170 ff.
Belgrad 176
Bellvue 156
Berges Moléson 188
Bethlehem 238
Bhutan 52 ff.
Bikaner 208, 213
Bird Island 70 f., 75
Birkholm 200
Birma 16
Blackstone River 96
Blomstrandhalvøya 250
Boca del Diabo 94
Bogotá 28, 31, 279
Bogside 166
Bolivien 126, 131, 280
Bombay 57
Borana 210
Botrange 170 f., 175
Botswana 86 f.
Bournemouth 203
Brasilien 83, 157
Bratley View 203
Brazo Norte 94
British Columbia 45
Broc 190
Bryher 46
Buccoo Point 84
Buccoo Reef 84
Buchara 38 ff.
Budapest 176, 181
Buenos Aires 94 f.
Bukarest 176
Bulgarien 204 f., 258
Buyant-Fluss 136
Byzanz 44

Cabo da Roca 204
Cache La Poudre River 156
Cadgwith 200
Calama 128
Cameron Pass 156
Canapa 128
Cancha Carrera 94
Cangshan- Gebirge 48
Cañón de Cotahuasi 121
Cap Ekaterinis 198
Caprivi 86
Capurganá 274
Cartagena 274 ff.
Castara 84
Catarata de Sipia 121
Cathedral Caves 159
Cerro Torre 92
Ceylon 214
Chachapoyas 123, 156
Chagford 239
Chapel Down 46
Charism 42
Chile 92 ff., 102 ff., 122 ff.
Chimeira 80
China 48, 82, 122, 137, 160, 268 ff.
Chiwa 38, 42
Choco 274
Cirali 76 f.
Claravagen 254
Cocachimba 156
Cochinchina 46
Colcapampa 47
Colchaní 126
Collingwood 122
Colombo 214 ff., 216, 219
Colombo-Fort 214
Colorado 156
Con Dao 160
Cookinseln 58 f.
Corcovado 66
Cordillera del Sal 131
Cornwall 46, 200
Coropuna 121
Costa Rica 64 f.
Costa Vicentina 203
Cotahuasi 120
County Armagh 164
Cranz 45
Cuc Phuong 85
Cueva del Milodón 95
Curio Bay 159
Cusco 47, 121

D'Entrecasteaux-Inseln 114
Dadèstal 13
Dakka 57
Dali 48
Dänemark 112, 200
Dartmoor 239
Darwi 132 f.
Dawson City 96, 101
Dehli 57, 213
Denpasar 37
Denver 156
Dettifoss 146
Diyatalawar 214, 218
Dominikanische Republik 69, 82
Donau 205, 260
Dong 160
Doubtful Sound 82
Down 164
Dråatal 8 f., 13
Drejø 200
Drewsteignton 239
Dubai 232f.
Durgun Nuur 134

Eagle Plains 98
Eej Khairkhan Uul 132
Egilsstadir 283
Eilat 154
Ein Advat 44, 152
Eismer 96
El Calafate 92 ff.
El Cobre 157
Elbrus 240
Eldgjá 148
Elea 204
Ellinika 186
Embalse del Tranco de Beas 201
England 200, 203
Englishman's Bay 84
Epirus 260
Er Hai (Ohr-See) 48
Erfoud 13
Erg Chebbi 8, 13
Eupen 170

Fairbanks 96
Fakarava 248
Falster 200
Farewell Spit 122
Fatu Hiva 248 f.
Fergusson Island 114
Fermanagh 166
Feuerberge 128
Feuerland 94
Finnmark 202
Fitz Roy 92
Fjadrá 158
Fjaðrárgljúfur 158
Fort Collins 156
Fort Worth 262
Fossil Forest 159
Foveaux Strait 283
Frangiana 182
Französisch-Polynesien 244 ff.
Fribourg 188
Fringilla 45
Fujian 82

Galera 280
Galicien 159
Galle Face 214
Gallien 76
Gangkar Punsum 54
Gaza 44, 152
Getsemaní 274 f.
Gion 220, 225
Gobi 132
Golden Bay 122
Golf von Akaba 150
Golfstrom 46
Goodenough 114, 118
Goroka 118
Gradeška 258
Graham Island 45
Grand Canyon 121
Grasland 20
Griechenland 182 ff., 258 f.
Grönland 108 ff.
Großbritannien 46, 164, 200, 203
Gruyère 188 ff.
Guadalquivir 201
Guanakos 90
Guangxi 160
Guatemala 241
Guilin 160
Guna Yala 276 f.

Haida Gwaii 45
Hakahau 244 f.
Hanavave 248 f.
Hanga Roa 104, 107
Hanoi 46, 85
Hapatoni 248
Hardangerjøkul 83
Hardangervidda 83
Hecate Strait 45
Helsingborg 281
Himalaya 52 ff.
Hiva Oa 246
Ho-Chi-Minh-Stadt 46
Hohen Venn 170 ff.
Hoher Atlas 8, 12 f.
Huancayo 280
Huaping 160
Huayana Picchu 47

Ilha de Marajó 157
Ilha Grande 83
Imilchil 8, 10
Incahuasi 128
Indien 57, 208 ff., 226 ff., 236
Indischer Ozean 70, 74, 87, 214, 282
Indonesien 32, 37
Indus 228
Innere Seychellen 70, 75
Inseln der Haida 45
Invercargill 159
Irimote 85
Isla de los Pescadores 129
Isla Robinsón Crusoe 122
Island 108, 113, 144 ff., 158, 202, 283
Isle aux Vaches 72
Isles of Scilly 46
Israel 150 ff.
Italien 90, 260

Jack's Blowhole 159
Jaén 201
Jaisalmen 213
Jama 131
Jammu 226
Jantra 205
Japan 85 f., 220 ff.
Jerusalem 238
Jiuquxi 82
Jordanien 150
Josefstadt 180
Juán-Fernandez-Archipel 122
Jugoslawien 256

Kali Komi 184 ff.
Kalifornien 68
Kaliningrad 45
Kalkutta 57
Kalterherberg 170
Kanada 96 ff.
Kangphuang 54
Kaó 20
Kaokoland 49
Kaokoveld 161
Kap Hoorn 90
Karajía 121
Karakalpakstan 43
Karakum 48
Karasjok 202
Karibik 82, 274
Kasachstan 268 ff.
Kaschmir 226
Kaspisches Meer 268
Kathmandu 52, 57
Kaukasus 240
Kavango-Sambesi-Transfrontier-Schutzgebiet 86
Keflavík 113, 149
Kerkyra 194 ff.
Khovd (Chowd) 134 ff.
Khüysiyn-Gobi 132
Kidron-Tal 238
Kirkjubæjarklaustur 158
Kjarval 148
Kleine Antillen 84
Klondike 96
Kollumúli 158
Kolumbien 26 ff., 274 ff.
Kong-Oscar-Fjord 110
Königswald 45
Konstantinopel 187

Kopenhagen 200
Kordillere 128
Korfu 194 ff.
Koromin 58
Kosi Bay 87
Kosovo 258
Krini 194, 198
Kuba 157
Kuélap 123
Kujawa 116
Kulusuk 113
Kurische Nehrung 45
Kverkfjöll 202
Kwando 86
Kynance Coyé 200
Kyoto 220, 224 f.
Kyushus 87

La Catarata Gocta 156
La Paz 126, 131
La Playa 47
La Serena 64 f.
La Valla 158
Ladakh 226 f.
Lago Argentino 92 f.
Lago de Atitlán 241
Lago Gray 94
Lago Sarmientos 94
Laguna Colorado 130
Laguna de Guatavita 26 ff.
Laguna Hediodonda 128
Laguna Verde 131
Laki-Krater 158
Lakones 194, 198
Laksefjord 202
Lakselv 202
Land's End 46, 200
Langfjord 202
Las Villas 201
Leh 226, 231
Leontito 182 f.
Lesnoje 45
Liapades 194, 198
Licancabur 131
Lima 280
Limpopo 87
Linderödsåsen 281
Liwa-Oase 232 ff.
Lolland 200
Lón-Lagune 158
Londonderry 164 ff.
Longsheng 160
Longyearbyen 250, 255
Lónsöræfi 158
Los Glaciares 94
Lucho 121
Lunahuaná 121
Lüttich (Liège) 175
Lyø 200

Machu Picchu 47
Madrid 31
Magerøya 202
Mahé 75
Malay 114
Mali 12
Malmédy 170 ff.
Malmö 281
Mamshit 150 f.
Mandalay 14, 19
Mangaratiba 83
Maputaland Coastal Forest Reserve 161
Mar Saba 238
Marajó 157
Marokko 10 f.
Marpa 121

Marquesas-Inseln 244 ff.
Marrakesch 8 f., 13
Massang Gang 54
Masset 45
Mazedonien 256 ff.
Medellín 278
Medina 8
Mekong Delta 160
Meran 90
Merv 48
Miami 31
Miao 160
Mingun 14
Mittelmeer 44
Mizpe Ramon 152 ff.
Mo 54
Moléson 188
Mollepata 47
Møn 200
Monchique 203
Mongolei 132 ff.
Monquirá 28 ff.
Monschau 170
Monserrate 30 f.
Mopane-Wälder 87
Morskoje 45
Mosambik 87, 161
Motu Nui 107
Mount Hagen 118
Mouzaki 184
Mpungwini 87
Mullion-Bucht 200
Muri Beach 58, 62
Myanmar 14 ff.
Myra 80

Namafjall 144
Namib 161
Namibia 49, 86 f., 161
Nandus 90
Nansei-Archipel 87
Nanzhao 48
Nationalpark
- Abel-Tasman 122
- Archipiélago Juan Fernández 12
- Cilento und Vallo di Diano 204
- Daintree 138 f., 143
- Exmoor 203
- Galicia 258
- Kahurangi 122
- Mapungubwe 87
- Mount Aspiring 283
- New-Forest 203
- Prielbrussje 240
- Skaftafell 146 ff.
- Stabbursdalen 202
- Tayan-Bogd 137
- Timna 150
- Tongariro 121
- Whanganui 121
Neapel 204
Negev-Wüste 44, 150 ff.
Negotino 248
Nepal 57
Neuguinea 114
Neuseeland 58 f., 82, 121 f., 159, 283
Nhlange 87
Niamey 25
Niger 20
Nihiwatu 32 ff.
Nordirland 164 ff.
North Circuit 283
North Fork Pass 96
North Park 156

Norwegen 83 f., 120, 202
Nugget Point 159
Nuku Hiva 246
Nukus 42
Ny-Ålesund 250

Oban 283
Ogilvie Mountains 96
Ohrid 258, 260
Ohridsee 256 ff.
Okavango 86
Okinawa 85
Ölberg 238
Ollagüe 128
Olympos 76 ff.
Oman 44
Omoa 248
One Foot Island 60
Onelli- See 94
Oneroa 58
Øresund 200
Osa-Halbinsel 66
Osaka 225
Osmanisches Reich 260, 283
Ostchinesisches Meer 85
Osterinsel 102 ff.
Österlen 281
Ostgrönland 108 f.
Ostsee 200
Ouarzazate 8 f., 13
Outer Islands 63
Owaka 159

Padula 204
Paestum 204
Painemassiv 90, 94 f.
Pakistan 236
Pampamarca 121
Panama 122, 274 ff.
Pantokrator 194, 198 f.
Papeete 248
Papua-Neuguinea 114 ff.
Paris 25
Paro 52 ff.
Parque Natural do Sudoeste Alentejano e Costa Vicentina 203
Pasola 37
Passo San Francisco 128
Patagonien 90 ff.
Patons Rock 122
Pazifik 45, 58 f., 66 f., 87, 107, 121 f., 248
Peking-Lhasa 280
Pelekas 198
Peneda-Gerês 159
Perithia 199
Perito-Moreno-Gletscher 94
Peru 121 ff., 128, 156, 280 f.
Petra 44
Phaselis 80
Phippsøya 252
Pho 54
Pico do Papagaio 83
Pigeon Point 84
Pilón 157
Pindos-Gebirge 182
Pite Havsbad 120
Piteå 120
Piteholmen 120
Pohara 122

Polynesien 104
Porpoise Bay 159
Porsangerfjord 202
Port Moresby 114
Porto Camará 157
Portobelo 279
Portugal 159
Portugal 159, 203 ff.
Potaningletscher 137
Praia do Sul 83
Prijut 240
Prilep 258
Prince Rupert 45
Pringy 190
Puamau-Tal 246
Puerto Banderas 94
Puerto Mont 95
Puna 126ff.
Punakha 52f .
Punta Arenas 95
Purakaunui 159

Qasr Al Sarab 234
Queen Charlotte City 45
Queen Charlotte Islands 45

Rajasthan 208 f.
Rakiura 283
Ramon-Krater 154
Rano Kau 107
Rano Raraku 106f.
Rapa Nui 102
Ráquira 30 f.
Rarotonga 58, 63
Reinøya 202
Resen 258
Reykjavík 108, 113, 144 ff.,158
Río Borosa 201
Río Cañete 121
Río Claro 64
Río Cocahuayco 156
Rio de Janeiro 83
Río Gachaneca 30
Río Gallegos 90
Río Pingo 94
Río Serena 64f.
Rio Tocantins 157
Rio Urubamba 47
River Foyle 164
Riviera Caribe 157
Robinson-Crusoe-Insel 122
Rocktail Bay 161
Rocky Mountain 156
Rom 44
Romahapa 159
Rossøya 252
Rotes Meer 154
Rub Al Khali 232
Rumänien 176 ff.
Russland 45, 137, 240
Rybatschi 45

Saane-Ebene 188, 192
Sagaing 14
Sagoin 46
Sahara 12, 20, 25, 282
Sahel 22, 25
Salar de Chiguana 128
Salar de Uyuni 126 f.
Salerno 204
Salisbury 203
Salkantay 47
Salto Ángel 156
Salvaterra 157
Samaná 82

Samarkand 38 ff.
Sambesi 86
Sambia 86
San José 69
San Juan Bautista 122
San Marcos La Laguna 241
San Pablo 156
San Pedro 241
San Pedro de Atacama 126 ff.
San-Blas 274, 278 f.
Santa Bárbara de Samaná 82
Santa Cruz 90
Santiago de Chile 95, 102, 107
Santiago de Cuba 157
Sapzurro 274 ff.
Savanne 24
Schonen 281
Schottland 90
Schweden 120, 281
Schweiz 57, 188 ff.
Sde Boker 152
Seeland 200
Segura 201
Seidenstraße 48, 213, 268 ff., 273
Selenogradsk 45
Sequilé 31
Serbien 176, 258
Sermiligaaq-Fjord 113
Seychellen 70 ff.
Shashe River 87
Siebenstromland 268 f.
Sierra Cazorla 201
Sierra de Pozo 201
Sierra Maestra 157
Sifungwe 87
Silca (Saillapata) 47
Simbabwe 86 f.
Sinai 155
Singapur 57
Sioli-Wüste 130
Sipia 121
Skandinavien 255
Skåne 281
Skiathos 186
Skopie 258
Slope Point 159
Slowakei 205
Smeerenburg-Gletscher 255
Smeerenburgbreen 254
Sodwana Bay 87, 161
Sol de Mañana 128
Soraypampa 47
Soure 157
Southampton 203
Spa 172 ff.
Spanien 203
Sperrin Mountains 166
Spitzbergen 250 ff.
Sri Lanka 214 ff.
St. Agnes 46
St. Martin's 46
St. Mary's 46
Stewart Island 283
Stiller Ozean 104
Store Bay 84
Strand von Anakena 107
Straße der Kasbahs 8
Strumica 256 f.
Stryne 200
Südchinesisches Meer 46, 160

Südsee 58, 62 f., 102, 244, 249
Sugi-Wälder 87
Sumba 32 ff.
Sundainseln 32
Sværholt 202
Sveti Naum 261
Syrmien 260

Taakoka 58
Tahai 104, 107
Tahiti 246
Tahoua 20
Tahtalı Dağı 80
Tahuata 248
Taiohae 246
Taipivai-Tal 246
Taiwan 85, 272
Takaka 122
Taktshang-Lhakang 54
Tambolaka 37
Tamnougalt 10, 13
Tanafjord 202
Tapón del Darién 274
Tapu 58
Taschkent 38, 43
Tasiilaq 108 ff.
Tasman Bay 122
Tasmansee 121
Tata Beach 122
Tatio 131
Taumarunui 121
Taurus-Gebirge 76, 80
Tayshiryn 132
Tchin-Tabaraden 20
Te Awa o Whanganui 121
Te Wahipounamu 82
Te Waikoropupū 122
Tel Aviv 150, 155
Temeschwar 176 ff.
Texas 262
Thailand 52, 57
Thar 208, 212
The Catlins 159
The Lizard 200
Thessalien 200
Thessalische Ebene 182 f.
Thimphu 54 f.
Tian-Schan 268
Timbuktu 12
Timişoara 176 ff.
Tinerhir 12 f.
Tobago 84
Tolimán 241
Tombouctou 12
Tonga 62
Tongariro-Vulkan 121
Tonking 48
Torra Bay 161
Torres del Paine 92
Tota 213
Totes Meer 150, 238
Trikala 182, 187
Trinidad 84
Trobriand Islands 116
Trollholmen 202
Trollholmsund 202
Tsagan Gol 132, 137
Tsambagarav 136
Tsambagarav Uul 136
Tsast Uul 136
Tuamotu 248
Tugela Falls 156
Tundra 96, 255

Türkei 76 ff.
Tyrrhenisches Meer 204

Ua Huka 244
Ua Pou 244
Ulanbataar 137
Ulgii 137
Ungarn 176
Upsala-Gletscher 94
Urabá 274
Urumqi 268, 273
USA 156, 262 ff.
Usbekistan 38 ff.
Utah 156
Uvita 66f.
Uyuni 128

Vaitahu 248
Valle del Mantaro 280
Valle des los Volcanos 121
Vancouver 101
Vanil Bland 188
Vardar 258
Várzea-Wälder 157
Vatnajökull 148 f., 158, 202
Venezuela 156
Venn-Plateau 170 f.
Vereinigte Arabische Emirate 232 ff.
Vereinigtes Königreich 166
Vestenskov 200
Vietnam 46, 85 f.
Vila do Abraão 83
Villa de Leyva 26 ff.
Vlacherna 194
Vogelinsel 70

Wahiba-Wüste 282
Waihola 32
Waikawa 159
Walden 156
Wales 90
Wallonie 172
Weliko Tarnowo 204 f.
Whanganui 121
Whanganui River 121
Wharariki Beach 122
White Island 46
Whitehorse 96
Whitestone River 96
Wulaia Bucht 94
Wuyi-Gebirge 82
Wuyishan 82
Wyoming 156

Xingcun 82
Xinjiang 268

Yaeyama-Archipel 85
Yakushima 87
Yanartaş 80
Yangon (Rangun) 19
Yangshuo Guilin 160
Yao 160
Ystad 281
Yu-Long-Fluss 160
Yubu 85
Yukon 96, 98 ff.
Yunnan 48

Zagora 10 ff.
Zanskar 228
Zin 44
Zipaquirá 26, 31

Impressum

Verantwortlich: Dorothea Sipilä
Satz: Mediaservice Rudi Stix, München
Redaktion: Henning Aubel, Dortmund
Repro: Repro Ludwig, Zell a. See
Umschlaggestaltung: Mediaservice Rudi Stix, München
Kartografie: Astrid Fischer-Leitl, München
Druck: Printer Trento, Italien

Sind Sie mit diesem Titel zufrieden? Dann würden wir uns über Ihre Weiterempfehlung freuen.
Erzählen Sie es im Freundeskreis, berichten Sie Ihrem Buchhändler, oder bewerten Sie bei Onlinekauf.
Und wenn Sie Kritik, Korrekturen, Aktualisierungen haben, freuen wir uns über Ihre Nachricht an Bruckmann Verlag, Postfach 40 02 09, D-80702 München oder per E-Mail an lektorat@verlagshaus.de.

Unser komplettes Programm finden Sie unter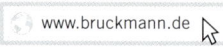

Textnachweis
Janicke: S. 48 (o.); Ulrike Walleitner: S. 75; Sarah Bock: 241; Anregungen zu den kurzen Empfehlungen aus: Highlights Israel: S. 44, 83; Highlights Kanada: 45 (o.); Highlights Russland: S. 45 (u.); Highlights Englands Süden: S. 46 (o.), 239; Highlights Vietnam: S. 46 (u.), 85, 158 (m.); Highlights Peru: S. 47, 121 (o.), 156 (u.), 282; Highlights China: S. 48 (l.), 82, 160 (u.); Highlights Namibia: S. 49, 87, 161 (o.); Highlights Neuseeland: S. 82, 121 (u.), 122 (o.), 159 (o.), 283 (o. und u.); Highlights Karibik: S. 82, 84; Highlights Brasilien: 83 (l.), 157 (l.); Highlights Skandinaviens: S. 83 (r.), 160 (o.), 201 (u.); Highlights Japan: 85 (o.), 87 (m.); Highlights Südafrika: S. 87 (o. und u.), 161 (u.); Highlights Schweden: S. 120; Highlights Chile: S. 123; Highlights USA Der Westen: S. 156 (o.); Highlights Kuba: S. 157 (l.); Highlights Island: 158 (o.), 158 (u.), 202 (o.), 283 (m.); Highlights Portugal: S. 159 (u.), 204 (l.), Highlights Andalusien: S. 203; Highlights Italien: 204 (r.);

Bildnachweis
Alle Bilder der einzelnen Reportagen stammen von den jeweiligen Autoren mit Ausnahme von: Brom: S. 158 o.; Gabriele Gerner-Haudum, München: S. 206/207; Look-Foto, München: 120 (Hauke Dressler); Mauritius Images GmbH, Mittenwald: S. 20 o. (Alamy), 23 o. (Alamy), 23 u. (Alamy), 86 (John Warburton-Lee), 108 o. (Warburton-Lee), 109 o. (Römmelt), 110 M. (Römmelt), 111 u. (City: P), 112 o. (Auth), 112 u.(Schäfer) , 112 M. (Krüger), 122 u. (Alamy), 161 o. (Alamy), 170 o. (Alamy), 172 o. (Howes), 172 o.r. (Alamy), 172 M. (Alamy), 174 M. (Alamy), 205 o. (Mattes), 283 u. (Alamy), 283 M. (Original). Kt Miller: S. 250, 251, 252, 253, 254, 255 Pheople: 157 l.; www.shutterstock.com: S. 1 , 4 l. (martchan), S. 4 r. (Kochneva Tetyana), 5 r., 6/7 (Bule Sky Studio), 38 M. (posztos), 38 o. (Marc van Vuren), 38 u. (Tracing Tea), 39 (Daniel Prudek), 40 o. (alfotokunst), 40 u. (posztos), 40 M. (Cardaf), 41 u. (Anton_Ivanov), 41 o. (javarman), 42 M. (alfotokunst), 42 u. (posztos), 42 o. (nouseforname), 44 (gali estrange), 45 o. (Christopher Kolacz), 45 u. (Trofimenko Sergei), 46 o. (Stephen Rees), 46 u. (pcruciatt), 47 (Alexey Stiop), 48 o. (Tracing Tea), 48 u. (Meiqianbao), 49 (Blaine Stuart), 50/51 (David PETIT), 64 u. (worldswildlifewonders), 64 o. (evantravels), 64 M. (CREATISTA), 65 (lvalin), 66 o. (Nacho Such), 66 u. (worldswildlifewonders), 67 o. (Pierre-Jean Durieu), 67 u. (zippy), 68 M. (chriss73), 68 u. (CREATISTA), 68 o. (CREATISTA), 72 (18042011 Caption-Abstract), 76 o. (NCG), 76 u. (silver-john), 76 M. (79mtk), 77 o. (Roxana Bashyrova), 78 o. (muratart), 79 u. (Bahadir Yeniceri), 80 M. (mountainpix), 82 o. (Lukasz Kurbiel), 82 u. (ChameleonsEye), 82 u. (Ramona Heim), 83 l. (ostill), 83 r. (Jens Ottoson), 84 (bcampbell65), 85 o. (Kennerth Kullman), 85 u. (Galyna Andrushko), 87 M. (aijiro), 87 u. (Karel Gallas), 87 o. (Villiers Steyn), 88 (hecke61), 104 o. (Tero Hakala), 104 M. (hecke61), 104 u. (Oleksandr Zaichuk), 105 o. (Andrzej Gibasiewicz), 105 u. (Alexander Chaikin), 106 u. (Andrzej Gibasiewicz), 106 o. (shin), 108 u. (Egon NYC), 110 o. (Francesco Dazzi), 111 o. (Steve Allen), 112 M. (stocksolutions), 121 o. (samsonovs), 121 u. (RnDmS), 122 o. (Nadly Aizat), 123 (Yolka), 138 u. (Kathie Nichols), 140 o. (EpochCatcher), 140 M. (Hugh Lansdown), 144 o. (Galyna Andrushk), 144 u. ND Johnston), 144 M. (Galyna Andrushko), 150 o. (ChameleonsEye), 150 u. (kavram), 150 M. (Berit Kessler), 151 u. (kavram), 151 o. (Alexander Ishchenko), 152 o. (Sergei25), 152 M. (Protasov AN), 152 u. (Rostislav Glinsky), 153 (Josef F. Stuefer), 154 u. (ChameleonsEye), 154 M. (Rudy Mareel), 154 r. (slavapolo), 154 o. (vblinov), 156 o. (marekuliasz), 157 o. (Richard Se), 158 M. (javarman), 158 u. (Ase), 159 o. (Nicram Sabod), 159 u. (dinozzaver), 160 o. (Pecold), 160 u. (fuyu liu), 161 l. (Pichugin Dmitry), 162 (r.classen), 164 M. (Barnes Ian), 170 u. (r.classen), 170 M. (Bildagentur Zoonar GmbH), 171 u. (NicVW), 171 o. (DJP3tros), 172 u. (DJP3tros), 173 (travelpeter), 174 o. (defotoberg), 174 u. (Bildagentur Zoonar GmbH), 174 r. (DJP3tros), 176 M. (Tupungato), 176 o. (Ioan Florin Cnejevici), 176 u. (Tupungato),177 (Tupungato), 177 o. (Ioan Florin Cnejevici), 178 u. (Ioan Florin Cnejevici), 178 o. (Draga), 178 M. (Mihai-Bogdan Lazar), 179 (Sandra Kemppainen), 180 M. (Baloncici), 180 o. (Ioan Florin Cnejevici), 180 (Sandra Kemppainen), 200 o. (Andrea Ricordi), 200 u. (Martin Fowler), 201 (Ana del Castillo), 202 o. (Filip Fuxa), 202 u. (saasemen), 203 o. (Helen Hotson), 203 u. (Nicole Ciscato), 204 u. (Circumnavigation), 204 o. (Filipe B. Varela), 205 u. (Maran Garai), 208 u. (Rafal Cichawa), 209 o. (David Evison), 209 u. (f9photo), 210 u. (oksana.perkins), 212 r. (saisnaps), 212 o. (Rafal Cichawa), 212 u. (Kaetana), 217 u. (joyfull), 238 (leospek), 239 (Helen Hotson), 240 (Mikadun), 241 (davesimon), 242 (wien-tirol), 259 u. (ollirg), 262 u. (BoldAngles.com), 265 (Chris DeRidder), 266 u. (BoldAngles.com), 280 (RIRF Stock), 281 (Phillip Rubino), 282 (cdrin), 283 o. (Eldad Yitzhak), 284 (SueC); St. Armant, Martin: S. 156 u.; Wolfgang R. Weber, Darmstadt: S. 3/4, 124/125, 284.

Umschlag
Vorderseite: Heißluftballon über Bagan am Abend Karl Johaentges/ LOOK-foto
Oben links: Mit dem Jeep durch die Wüste (Wolfgang R. Weber)
Oben Mitte: Yukon-Trapper, Kanada (Udo Bernhart)
Oben rechts: Kajakfahrer in Montenegro bei Sonnenuntergang (www.shutterstock.com/Koval, Vasily)
Rückseite:
Oben links: Reiter in der mongolischen Wildnis (www.shutterstock.com/Pichugin Dmitry)
Oben Mitte: Wanderer im Dschungel von Hawaii (www.shutterstock.com/PaulL)
Oben rechts: Abgelegenes Strandhaus auf Ilha Grande, Rio de Janeiro, Brasilien (www.shutterstock.com/Diego Cardini)

S.1: Sonnenaufgang beim Camping
S. 2/3: Durch die Wüste mit dem Jeep
S. 4: Links: Fischer am Ohrid See; rechts: Abendstimmung mit Lagerfeuer
S. 5: Fotostimmung in Bagan, Myanmar
S. 6/7: Tempel in Bagan, Myanmar
S. 50/51: Die Aitutaki-Lagune, Cookinseln
S. 88/89: Perito-Moreno-Gletscher, Patagonien
S. 124/125: Atacama, Chile
S. 162/163: Hohes Venn, Belgien
S. 206/207: Yasaka Kōshin-dō, Japan
S. 242/243: Eisberge in der Arktis
S. 284 links: Zugfriedhof von Uyuni; rechts: Strand auf La Dique, Seychellen
S. 285: Kamelkarawane in der Wüste Thar

Die Deutsche Nationalbibliothek verzeichnet diese Publikation in der Deutschen Nationalbibliografie; detaillierte bibliografische Daten sind im Internet über http://dnb.d-nb.de abrufbar.

© 2014 Bruckmann Verlag GmbH, München
ISBN 978-3-7654-6268-9